長崎唐通事の
満洲語学

松岡雄太

明石書店

序　言

　満洲語は 1616 年以降、中国に清朝を建国した満洲族の言語であり、1912 年の滅亡まで、清朝の公用語の一つであった。現在も中国に 1,000 万人ほどいるとされる満洲族だが（趙阿平 2006: 8）、ほぼみな満洲語を解さない。いわゆる危機言語である。満洲語はツングース諸語に含まれるが、膠着型言語で SOV を基本語順とし、助詞を用いる点などは日本語と似ている。文字はモンゴル文字に改良を加えた満洲文字を用いる（【付録 1】を参照）。

　日本でいち早くこの満洲語に着目したのは享保年間（1716 ～ 1735）に「満文考」を著述した儒学者の荻生徂徠とされるが（新村 1914; 1927: 48-52）、ある程度体系的に研究、学習したのは幕府天文方の高橋景保と本書で扱う長崎唐通事で、ともに 19 世紀になってからのことであった。羽田（1937）の序言に以下のような記述がある。

　我が国に於ける満洲語学は文化元年露西亜の国使が日露両文の外に満洲文で書いた国信を齎して、徳川幕府に開国を求めたのを契機として、同五年その翻訳の命を蒙った日官高橋景保によって始められた。満文輯韻二十七巻、増訂満文輯韻十二巻、清文鑑名物語抄六巻等の著述はこの難業に成功した景保が、更に斯学に精進した苦心の結晶に外ならぬ。別に同じ機縁に由って、幕府は長崎の訳官等にも同語の研究を命じ、辞書の編纂に従事せしめたがこれは容易に進捗せず、約五十年後の嘉永四年以来安政二年にかけて清文鑑和解または翻訳清文鑑と題する四巻五冊と翻訳満語纂編五巻十冊とを作り得たに止まって、計画した辞書の完成を見るには至らなかった。此の如く我が国に於ける満洲語の研究は江戸と長崎との両地に発芽したのであったが、本来露西亜との政治的交渉に促されて播かれた種であっただけに、その後この語が国交上に用無きことが認められると共に、折角萌え出した若芽に培うものもなく、無残に枯死の情態に陥ってしまったのは、惜しみても余りあることと言わねばならぬ。　　　　　　（下線は筆者による。日本語の表記も若干改める）

19世紀初に満洲語の学習を命じられた唐通事は、それから約半世紀後、学習の成果として2種類の満洲語辞書を編纂することになる。これが長崎奉行所に進呈され、その後、長崎県立図書館を経由し、現在は長崎歴史文化博物館に所蔵される『翻訳満語纂編』と『翻訳清文鑑（清文鑑和解）』である[注1]。本書で主に利用した（写真掲載含む）長崎歴史文化博物館本の書誌情報は(1)の通りである。

(1) 長崎歴史文化博物館本の書誌情報
　(a)『翻訳満語纂編』
　　　5巻10冊（各巻上下2分冊）
　　　文献番号：12/1-2/1～10
　(b)『翻訳清文鑑（清文鑑和解）』
　　　4巻5冊（巻2のみ上下2分冊）
　　　文献番号：12/2-2/1～5
　　　巻1と巻4の表題に『清文鑑和解』とあり、巻2と巻3の表題に『翻訳清文鑑』とある（以下、本書では『翻訳清文鑑』と表す）

写真0-1　『翻訳満語纂編』巻1上と『翻訳清文鑑』巻1の表紙
（長崎歴史文化博物館蔵　以下同）

『翻訳満語纂編』と『翻訳清文鑑』は、長崎歴史文化博物館以外にも駒澤大学図書館濯足文庫に写本が所蔵されている。濯足文庫本の書誌情報は (2) の通りである。

(2) 濯足文庫本の書誌情報
　(a)『翻訳満語纂編』
　　　3 巻 6 冊（各巻上下 2 分冊）
　　　文献番号：濯足 474-1
　(b)『翻訳清文鑑』
　　　2 巻 3 冊（巻 2 のみ上下 2 分冊）
　　　文献番号：濯足 474-2

　濯足文庫本については第 6 章でふれるが、本書では濯足文庫本の使用を参考程度に留める。いずれにせよ、これらの辞書は共に 1771 年に北京で編纂された『御製増訂清文鑑』[注2]（以下、本書では『清文鑑』と表す）を底本にして、以下の (3) に例示するように、見出し満洲語の右側に満洲文字の読み方を示したかな表記を、また、その下に続く満洲語文の語釈に日本語訳をふしたものであり、『翻訳満語纂編』、『翻訳清文鑑』ともその体裁は同じである。

(3) 内容の一例（次頁の写真 0-2）
sejen・車 ○　fara　muheren -i　jergi jaka　be　acabume　feilefi　morin
セエチエム　　轅　　輪　　　　ナド　　ヲ　組ミ　　　立テ　　馬
ihan -i　jergi　ulha　tohofi　niyalma　tere　jaka　juwerengge　be
牛　　等ノ　牲畜ニ　套（カケ）　人　　乗リ　物　運モノ（ハコブ）　ヲ
sejen　sembi.[注3]
車　　ト云フ

　見出し満洲語とその漢語訳および満洲語による語釈の部分は、底本の『清文鑑』のものをそのまま採用しているわけであるから、唐通事によるオリジナリティーは、満洲文字に対するかな表記と、語釈に対する日本語訳の部分にある。

本書は「長崎唐通事の満洲語学」と題し、『翻訳満語纂編』と『翻訳清文鑑』における上記の分析を通じて、唐通事たちがいかにして満洲語を学び、どのくらい満洲語ができたのか、何のために満洲語を学んだのか、といった点について考察する。

写真 0-2　sejen 車の項目

　本書は満洲語と満洲語文献に関する一定の知識を前提に書かれている(注4)。以下、まず、第1章では『翻訳満語纂編』と『翻訳清文鑑』がいかにして編纂されるに至ったか、その背景と過程について明らかにする。第2章では『翻訳満語纂編』の語句選択がどのようにして行なわれたのかについて考察する。第1章で後述するが、『翻訳清文鑑』が『清文鑑』の巻1から巻4をほぼ忠実に訳出したものであるのに対し、『翻訳満語纂編』は『清文鑑』全体の中から適当な語句を抽出して十二字頭順に並べ替えたものだからである。第3章では見出し満洲語の右側にふされたかな表記について考察する。続く第4章で見出し満洲語の表記とその特徴についてふれたのち、第5章では満洲語の語釈にふされた日本語訳について考察する。第6章では上述した駒澤大学図書館濯足文庫に所蔵されるもう一つの写本について考察し、最終の第7章では「唐通事にとって満洲語学習とは何だったのか」という問いに答えながら、全体のまとめをして結論に代える。

　序言の最後に、長崎唐通事について簡略に紹介しておこう。唐通事とは、鎖国下の江戸時代に幕府直轄地の長崎で、唐船貿易に関わる諸業務、中国語の翻訳、通訳といった外交、貿易に携わった地役人である。初代唐通事は慶長9（1604）年に登用された馮(ひょう)(ほう)六であるとされ、以後、慶応3（1867

年の解散までに、24の役職と延べ1,644人（実数は826人）を数えた。唐通事はもともと大通事、小通事、稽古通事の3段階であったが、唐船貿易が発展する中で、定員増員や職制分化を繰り返し、唐通事頭取や唐通事諸立など17役が新たに設けられた。また、下級通事として唐年行司、内通事、暹羅通事、東京通事、モフル通事などが置かれ、定数外として唐年行司格や唐年行司見習などの6役が新たに設けられた（次頁の図0-1を参照）。このように大通事・小通事とこれらから分化した役職は上級通事層を、稽古通事以下は下級通事層をそれぞれ構成し、実際の通訳業務においても1名の大通事か小通事に数名の稽古通事が付属して一つの班を組織し、その業務を行なった。唐通事はほぼ全員が明末清初に渡来した唐人とその子孫であると言われ、その後世襲化されていった。家系は70数家があったとされる（長崎市史編さん委員会［編］2012: 570-582などを参照）。

序言の注

1　長崎歴史文化博物館に所蔵される同文献には「嘉永3（1850）年、幕府は唐通事に満洲語を、蘭通詞に英・露語等を研修させた。この書はその結果として翌4年より訳出されたもので、現在、清文鑑和解5冊、翻訳満語纂編10冊を蔵す。長崎奉行所より長崎県に引き継ぎたるもの」と書かれたカードがふされている。

2　本書で『御製増訂清文鑑』を参照する際には、天理図書館所蔵本のマイクロフィルム（天理図書館所蔵満語文献集、雄松堂フィルム出版、1966）の版本を使用している。

3　本書における満洲文字の転写はMöllendorff（1892）に従う。

4　満洲語と満洲語文献に関する基本的な情報は、今西（1966）、Li（2000）、河内・清瀬（2002）、津曲（2002）などを参照のこと。

図 0-1　唐通事の主な職制分化表

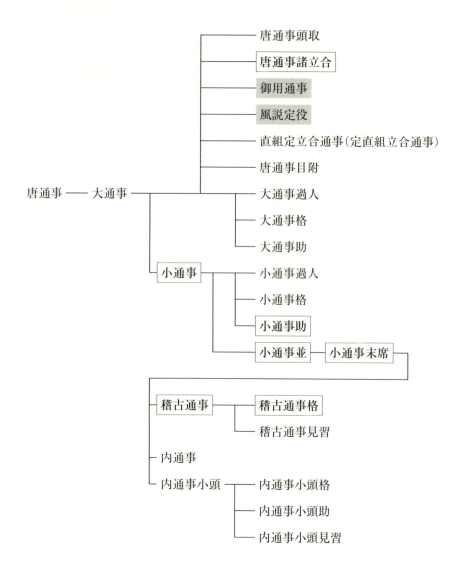

〔林（2010: 5）と長崎市史編さん委員会［編］（2012: 570-574）をもとに作成。一部の職位は省略。網掛けは嘉永年間に既に廃止されている職。四角囲いは満洲語辞書の世話掛並びに訳編者たちの嘉永3（1850）年当時の職位〕

長崎唐通事の満洲語学

目　次

序　言 ……3

序言の注　　7

第1章　『翻訳満語纂編』と『翻訳清文鑑』の編纂過程 ……15

1. 辞書の編纂を開始するまで　　16

　1.1.　満洲語の学習を命じられる　　16

　1.2.　満洲語の学習を始めなかった理由　　19

　1.3.　満洲語の学習を再開した理由　　21

2. 辞書の編纂過程　　24

　2.1.　世話掛　　24

　2.2.　訳編者　　26

　2.3.　底本と参考書　　33

　2.4.　『翻訳満語纂編』の編纂計画　　36

　2.5.　『翻訳清文鑑』の編纂時期　　40

3. 辞書編纂の打ち切り　　44

4. まとめ　　48

第1章の注　　49

第2章　『翻訳満語纂編』の語句選択基準 ……55

1. 部類別による分析　　57

2. 他に選択基準として考えられるもの　　60

　2.1.　見出し満洲語の漢語訳　　60

　2.2.　派生語　　63

　2.3.　熟語　　65

2.4. 反義語　68

2.5. 同音異義語　68

2.6. 擬声擬態語　75

3. 手抜き　76

4. 語釈の長さ　77

5. まとめ　82

第2章の注　83

第3章　満洲文字のかな表記 ……85

1. 「清文字頭国字対音」について　87

2. 先行研究の見解　94

3. 本書の見解　95

3.1. 音節末子音以外の表記　97

3.2. その他の表記　99

3.3. 「清文字頭国字対音」にない音節を表す工夫　99

4. 満洲語かな表記の誤り　101

4.1. 満洲文字に対する理解不足が原因の誤り　101

4.2. かな表記の「決まり」の煩雑さが原因の誤り　107

4.3. 実際の発音が表記に反映したと考えられる誤り　110

4.4. 空白・欠如　112

4.5. 原因不明の誤り　114

5. まとめ　114

第3章の注　115

第4章　見出し満洲語の表記 ……119

1. 見出し満洲語のつづり字の誤り　120

　1.1.　圏点の有無に関する誤り　120

　1.2.　子音字に関する誤り　127

　1.3.　母音字に関する誤り　129

　1.4.　注意不足が原因と思われる誤り　130

　1.5.　日本語にない音の区別ができなかったことが原因の
　　　　誤り　134

　1.6.　原因不明の誤り　135

2. 見出しの満洲語語句に見られる特徴　135

　2.1.　満洲語の語釈からの修正　135

　2.2.　『清文鑑』に確認されない語句　136

3. まとめ　137

　第4章の注　137

第5章　満洲語語釈の日本語訳 ……139

1. 日本語訳の原則　143

　1.1.　先行研究　143

　1.2.　文法の理解　145

　1.3.　語句の理解　149

　　1.3.1.　漢語(訳)をもとに訳文を作る　150

　　1.3.2.　できれば自然な日本語に　156

　　1.3.3.　日本語にならないものは説明　157

　　1.3.4.　長崎方言　159

　　1.3.5.　個人差　161

2. 意訳　　162

　　2.1.　語句に関するもの　　163

　　2.2.　文法に関するもの　　165

　　2.3.　その他　　167

3. 誤訳　　169

　　3.1.　語句に関するもの　　173

　　3.2.　文法に関するもの　　175

　　　　3.2.1.　助詞に関する誤訳　　175

　　　　3.2.2.　文の構造に関する誤訳　　176

　　3.3.　その他の誤植　　180

4. 訳編者間の語釈比較　　181

　　4.1.　『翻訳清文鑑』との比較　　181

　　4.2.　重複する語句の語釈比較　　183

5. まとめ　　188

　第5章の注　　191

第6章　駒澤大学図書館濯足文庫本について ……193

1. 歴博本との書誌比較　　195

2. 濯足本は稿本(草稿)である　　197

　　2.1.　序文の記述　　197

　　2.2.　訳編者名と筆跡　　198

　　2.3.　欠如箇所　　199

　　2.4.　追加・修正箇所　　201

　　2.5.　その他　　206

3. 濯足本の資料的価値　　207

3.1. 歴博本の補足　　207

3.2. 内容比較　　208

　　3.2.1. 収録語句の比較　　208

　　3.2.2. 満洲語のかな表記の比較　　211

　　3.2.3. 満洲語語釈の日本語訳の比較　　212

　　3.2.4. 修正するのかしないのか　　216

4. まとめ　　217

第6章の注　　218

第7章　唐通事にとって満洲語学習とは何だったのか ……219

1. 満洲語の学習を再開したもう一つの理由　　220

2. 満洲語辞書の編纂をやめたもう一つの理由　　224

3. 職位の昇格　　226

4. その後の唐通事　　230

　　4.1. 鄭幹輔と鄭永寧　　231

　　4.2. 頴川道恭と頴川春重　　234

5. まとめ　　237

第7章の注　　237

参考文献　　240

付録　　245

あとがき　　290

人名索引　　293

第1章

『翻訳満語纂編』と
『翻訳清文鑑』の編纂過程

1. 辞書の編纂を開始するまで

1.1. 満洲語の学習を命じられる

　文化元（1804）年9月6日、ロシアの使節レザノフ（Resanoff）が、露文の国書に添えて、日本文と満洲文の副文をもたらした際、日本側に露文と満洲文を解する者はおらず、肝心の日本文は、文字は読めるが主意が分からず、結局、9月10日に、レザノフに同行していたオランダ語に通じるドイツ人外科医ラングスドルフ（G. H. von Langsdorff）に、ロシア語をオランダ語に翻訳してもらうことで、国書の内容を解読するに至ったという。露・満・日文の写し3通とオランダ語訳から日本語訳した書簡1通は、9月14日、江戸に送られる。翌文化2（1805）年2月末、江戸から遠山金四郎が来崎し、3月10日に国書を返却、レザノフは半年ほどの長崎滞留を経て国外に追放される（新村 1914; 1927: 52-56、武藤1917a, b、上原1977ほか）。また、長崎ではこの3年後にいわゆる「フェートン号事件」も発生する。

　相次ぐ外国船舶の来航を背景に、幕府は文化5（1808）年、江戸の高橋景保と長崎の唐通事に満洲語を、また阿蘭陀通詞にロシア語と英語の学習を命じた。唐通事のもとには同年11月29日、町年寄高島四郎兵衛から満洲語学習の命が下されている。学習を命じられたのは、大通事神代太十郎、小通事頴川仁十郎、東海安兵衛、彭城仁左衛門、小通事並彭城太次兵衛、小通事末席平井考三郎、楊又四郎、稽古通事呉定次郎の8名であった（古賀1947: 7-12、森永1974: 434-438）。

　その後まもなく、清国より『清文鑑』が取り寄せられ、文化5（1808）年にそれを与えられた高橋景保は、レザノフがもたらした満洲文国書の和訳、『魯西亜國呈書萬文訓訳強解』を文化7（1810）年に完成させる。高橋はその後も精力的に満洲語の研究を続け、いわゆる「シーボルト事件」で失脚し、文政12（1829）年に獄中死するまでのあいだ、文化13（1816）年に『満文輯韻』と『満文散語解』、文政8～10（1825～1827）年に『清文鑑名物語抄』といった著述

を次々と完成させる（新村 1914: 1927：57-66、上原 1961, 1977）。

表 1-1　高橋景保略年表

西暦	年号	年齢	事項
1785	天明 5	1	大阪で生まれる。
1801	享和 1	17	漢文素読の試験において成績優秀により賞を受ける。
1804	文化 1	20	1-5 父高橋至時没。4-3 父の跡を継ぎ、幕府天文方となる。
1807	文化 4	23	12- 幕府より世界地図の編集を命じられる。
1808	文化 5	24	幕府より外国文書の翻訳業務を命じられる。
			7-『蕃賊排擯訳説』成る。
1809	文化 6	25	8-『北夷考証』成る。
1810	文化 7	26	3-『新訂万国全図』成る。
			9- *『魯西亜國呈書萬文訓訳強解』成り、上呈。
1811	文化 8	27	蕃所和解御用の主管となる。
1813	文化 10	29	2-23 暦局官舎が失火により全焼。『清文韻府』が灰燼と化す。
			11- *『満字随筆』*『俄羅斯国書翰解』成る。
1814	文化 11	30	2-3 幕府書物奉行となる。（天文方兼任）
1816	文化 13	32	3- *『満文輯韻』（首巻 1 冊、26 巻 18 冊）成る。
			8- *『満文散語解』（2 冊）成る。
1823	文政 6	39	*『亜欧語鼎』（5 巻）成る。
1824	文政 7	40	12-17 *『清文鑑訳語抄』（6 冊、補編 1 冊）成る。
1827	文政 10	43	1- *『清文鑑名物語抄』成る。（文政 8 年正月起稿）
			11-26 *『増訂満文輯韻』浄書（～翌年 10 月 8 日）
1828	文政 11	44	10-10 シーボルト事件、逮捕される。
1829	文政 12	45	2-16 獄死

〔嘉数（2016: 140, 163-166, 181-186）、同関連年表ⅰ-ⅲ、上原（1977: 895-950, 1154-1169）をもとに作成。*は満洲語関連の書物〕

　一方で、同時期に満洲語の学習を命じられた長崎唐通事はと言えば、この間、文化 8（1811）年 4 月に『清文鑑』が長崎に届き[注1]、翌 5 月には長崎（中島）

聖堂[注2]で『清文鑑』の閲覧が許されるようになるものの[注3]、その後、満洲語の学習が進んだという史料はなく、二度の中断を経て[注4]、結局、満洲語の学習を始めたのは、序言に示したように、高橋景保から遅れること約40年後の嘉永3（1850）年のことであった。

写真1-1　一番左にある建物が長崎聖堂（上野彦馬撮影 1875年頃 長崎大学附属図書館蔵）

写真1-2　上と同じ場所から撮影した現在の風景（筆者撮影 2018年）

写真1-3　長崎聖堂大学門（越中・白石［編］1979: 87 撮影者・時期不明）

写真1-4　長崎聖堂遺構大学門（県有形文化財）。現在は興福寺境内に移転（筆者撮影2013年）

1.2. 満洲語の学習を始めなかった理由

　この間、なぜ唐通事は満洲語を学びはじめなかったのか、或いはなぜ二度に亘る中断があったのか。唐通事の手元に『清文鑑』が届いたとき、満洲語を学ぶ契機であったレザノフの満文国書は既に高橋景保によって訳出されていたため、学ぶ理由がなくなっていたと考えられなくもないが、この点については、新村（1917; 1927）と羽田（1936）に記述が見られる。新村（1917; 1927: 89-90）は、長崎の郷土史家古賀十二郎氏から聞いた話として、唐通事は明末に日本へ亡命した者たちの子孫であるから、清朝を建国した満洲族の言語である満洲語を学ぶことを潔しとしない者があった、といった内容が、唐通事の蔡慎吾（1849-1876）の碑文（実際は墓碑）に見られると述べる。羽田（1936: 548）は、新村（1917）のこの指摘を受け、実際に長崎の本蓮寺に存する蔡慎吾の墓碑を探り当て、そ

の事実を確認している[注5]。

写真 1-5　蔡慎吾の墓。墓碑は両側面と裏面に刻まれている（筆者撮影 2012 年）

　ときに、唐通事と同時期にロシア語と英語の学習を命じられていた阿蘭陀通詞はと言えば、以後、『諳厄利亜語和解（諳厄利亜興学小筌）』（1811）をはじめ、数種類の英語辞書を編纂している（次頁の表 1-2 を参照）。ただ、ロシア語の学習は容易に進捗しなかった模様である。

表1-2 外国語辞書編纂

西暦	年号	場所	辞書［言語］
1796	寛政 8	江戸	ハルマ（波留麻）和解［蘭］
1810	文化 7	京都	訳鍵［蘭］
1811	文化 8	長崎	*諳厄利亜国語和解（諳厄利亜興学小筌）［英］
1814	文化 11	長崎	*諳厄利亜語林大成［英］
1817	文化 14	長崎	*払郎察辞範［仏］
			*和仏蘭対訳語林（成立年不明 1817?)［仏］
1834	天保 4	長崎	*ドゥーフ・ハルマ（道訳法児馬）［蘭］（1811-)
1851	嘉永 4	長崎	*エゲレス語辞書和解（-1854)［英］
1854	嘉永 7	江戸	三語便覧［仏蘭］
1857	安政 4	長崎	ペイル（パイル）英文典初歩［英］
		?	和魯通言比考［露］
1858	安政 5	長崎	和蘭字彙［蘭］
1859	安政 6	長崎	長崎版会話書（和英商賈対話集初編）［英］
1860	万延 1	長崎	番語小引［英］
1861	文久 1	長崎	*英語箋［英］
1862	文久 2	江戸	英和対訳袖珍辞書［英］

〔長崎市史編さん委員会［編］（2012: 805-810)、園田・若木（2004: 139-177) をもとに作成。
＊は阿蘭陀通詞の手によると確認されるもの〕

1.3. 満洲語の学習を再開した理由

では、このように長年に亘って満洲語の学習を放棄していた唐通事が、なぜ1850年になって突如、満洲語の学習を再開したのだろうか。この点については、古賀（1947: 56-57) に記述がある。

嘉永三庚戌九月十五日、町年寄福田猶之進及び高島作兵衛両名は、唐通事並に蘭通詞中、若年の者たちの満洲語、魯西亜語、英語などの兼学や言語和解の取締掛を命ぜられた。そして、満洲語は唐通事、魯語及び英語は蘭通詞が勤学する事になった。

第1章 『翻訳満語纂編』と『翻訳清文鑑』の編纂過程 *21*

尋いて、九月二十四日、阿蘭陀大通詞西吉兵衛、小通詞森山栄之助（のち多吉郎と改む）、唐方諸立合大通事平野繁十郎、小通事鄭幹輔、潁川藤三郎などが、世話掛を命ぜられた。

（日本語の表記を若干改める）

　上の記述から唐通事たちが満洲語の学習を再開することになったのは、町年寄（長崎奉行）からの命令によるものだったこと、また、世話掛の決定、すなわち実質的な活動開始日が嘉永3（1850）年9月24日だったことが分かる。

　この背景には弘化、嘉永年間になって外国船の入港が頻繁になっていた点が挙げられよう（次頁の表1-3を参照）。さらに、嘉永元（1848）年に長崎に送られたマクドナルドから数名の阿蘭陀通詞が英語を学んだ点もきっかけの一端を担っているものと思われる。だが、ロシア語と英語はよいとして、満洲語の学習を命じなければならなかった積極的な理由が分からない[注6]。文化元（1804）年にレザノフが長崎に来航した際に満洲語文の副文を携えていて、それを解読できなかったことから、文化5（1808）年に満洲語の学習を命じたときは理解できる。だが、1850年頃に満洲語で書かれた国書の類が齎されたという事実は確認されていない。この点については、第7章で再度考察する。

表 1-3　外国船の長崎来航

西暦	年号	事項
1804	文化 1	9- ロシア使節レザノフ、長崎に来航。
1807	4	4-27 アメリカ船、長崎来航。
1808	5	8-15 フェートン号事件おこる。
1825	文政 8	2- 異国船打払令発布。
1844	弘化 1	7- オランダ国王より開国をすすめる親書をたずさえた使節来航。
1845	2	7-4 イギリス測量船長崎入港。
1846	3	5-6 アメリカ捕鯨船ローレンス号の乗組員、択捉島へ漂着。長崎に送られる。
		6-6 フランス軍艦 3 艘長崎入港。
1848	嘉永 1	6-7 アメリカ捕鯨船ラゴダ号から脱走した乗組員 15 名が松前に漂着。上陸後、長崎に送られる。
		7- アメリカ捕鯨船プリマス号の乗組員マクドナルドが利尻島に上陸。長崎に送られる。
1849	嘉永 2	3-25 アメリカ軍艦長崎来航。
		4-18 米東インド艦隊プレブル号グリン艦長、長崎に来航してラゴダ号船員らを引き取る。
1853	嘉永 6	7-18（8-15〈22?〉）ロシア使節プチャーチンの艦隊長崎来航。
1854	嘉永 7	1-3 プチャーチン、長崎に再来航。
		閏 7-15（10-14）英東インド艦隊司令長官スターリング、長崎来航、日英和親条約締結。イギリス船に対し長崎・箱館を開港することに。
1855	安政 2	2-7 日露和親条約が結ばれ、長崎・箱館・下田にロシア船が入港することになる。
		3-18 フランス軍艦長崎来航。
		7-（12-1）長崎海軍伝習所が設置される。（1859 年に閉鎖）
1859	安政 6	6-2（7-1）横浜・箱館・長崎、開港される。

〔瀬野ほか（1998）付録年表 p.18、西川（2016: 13, 124, 170-176）をもとに作成〕

第 1 章　『翻訳満語纂編』と『翻訳清文鑑』の編纂過程　　23

2. 辞書の編纂過程

　満洲語の学習を再開したといっても、文化5（1808）年に満洲語の学習を命じられたときの唐通事たちが満洲語を学んだわけではない。当時満洲語の学習を命じられていた神代太十郎（??-1845）、頴川仁十郎（??-??）、東海安兵衛（1778-1826）、彭城仁左衛門（1778-1820）、彭城太次兵衛（1786-1858）、平井考三郎（1776-1818）、楊又四郎（??-1831）、呉定次郎（1788-1809）の8名は、生没年不詳者もいるが、嘉永3（1850）年までにほぼこの世を去っている。唯一嘉永3（1850）年時点での存命が確認される彭城太次兵衛は、天保12（1841）年に御暇御免となり既に引退している。したがって、実際に嘉永3（1850）年に満洲語を学習したのは、その子または孫の世代の者たちである。

2.1. 世話掛

　古賀（1947: 56-57）にもその名が挙げられているが、まず、『翻訳満語纂編』の各巻の序文の末尾に3名が名を連ねている。実際に翻訳作業に携わったのは2.2.で述べる比較的若年の小通事助以下並びに稽古通事たちであるが、この3名は年齢も高く、特に平野繁十郎祐長は当時の大通事であり、残る2名も小通事で身分が高いことから、辞書の監修ないしは取りまとめの任に当たっていたものと考えられる。以下、宮田（1979）をもとにその詳細を示す（年齢と職位は1850年当時）。

1．平野 繁十郎 祐長（＝馮璞）（1796-1857）　54歳　諸立合大通事
　　馮六を祖とする平野氏の第8代。諱は祐長。没後の安政5(1858)年に御暇御免。

2．鄭 幹輔 永昌（＝鄭昌）（1811-1860）　40歳　小通事
　　諱は昌延。鄭二官（宗明）を祖とする鄭氏の第7代（?）。1年目の辞書編纂を終えた直後の嘉永4（1851）年12月に大通事助、最終年の辞書編纂を終

えた翌安政3 (1856) 年4月に大通事過人に昇格。安政4 (1857) 年7月に大通事に昇格（同年の平野祐長の死去に伴った人事と考えられる）。安政6 (1859) 年に游龍彦三郎、彭城大次郎（以上2名は『翻訳満語纂編』の訳編者）、太田源三郎、何禮之助、平井義十郎らとともにアメリカ船に赴き、Daniel Jerome Macgowan について英語を学ぶことを許される。

3. 頴川 藤三郎 道恭（＝陳勛）(??-1859)　年齢不詳　小通事
　陳冲一を祖とする頴川氏の本家8代頴川藤左衛門。先に藤三郎、諱は道恭。安政4 (1857) 年3月に大通事助、同年10月に大通事過人に昇格（同年の平野祐長の死去に伴った人事と考えられる）。その翌安政5 (1858) 年3月に大通事に昇格。

　上の3名が世話掛であったもう一つの根拠として、『翻訳清文鑑』と『翻訳満語纂編』を町年寄に提出した際の記録と考えられる『両通詞諸州之語年々和解之儀ニ付書付』（長崎歴史文化博物館蔵　文献番号：B) 12 6-2) にこの3名の名が確認される点も挙げられる。なお、この3名のうち、実質的な中心人物は恐らく鄭幹輔だったと考えられる。

写真1-6　郷土先賢紀功碑（筆者撮影2012年）

　写真1-6は、現在、長崎市内の諏訪神社隣にある長崎公園内に立てられている「郷土先賢紀功碑」と呼ばれる碑文である。「長崎の発展に功績のあった78

人の日本人と 22 人の外国人を、海外貿易、医学、国文学、儒学、史学、天文地理学、蘭学、砲術、活版術、写真術、美術、公益、慈善、烈士、外国人など、29 の項目毎に刻んだもので、篆書体の題字は徳川家達の揮毫になるもの」であるが（長崎市立博物館［編］2004: 38）、その中に「支那語満洲語 鄭幹輔」の名が見える。

2.2. 訳編者

まず、『翻訳清文鑑』の訳編者と校合者は、以下の表 1-4 に挙げる鄭永寧、彭城昌宣、彭城廣林、頴川雅範、頴川春重の 5 名である。訳編者と校合者の名は、各巻における担当箇所に記載があるので、そこから全て分かる。

表 1-4 『翻訳清文鑑』の訳編者と担当巻

巻 1	清文鑑序：鄭永寧（訳述）、頴川雅範（校合）
	増訂清文鑑序：彭城昌宣・彭城廣林（訳述）、鄭永寧（校合）
	本文：頴川雅範（訳述）、鄭永寧（校合）
巻 2 上	鄭永寧（訳述）、彭城昌宣・彭城廣林（校合）
巻 2 下	鄭永寧（訳述）、彭城昌宣・彭城廣林（校合）
巻 3	彭城昌宣（翻訳）、鄭永寧（校合）
巻 4	頴川春重（訳述）、鄭永寧（校合）

次に、『翻訳満語纂編』の訳編者は、「衆学生」を仮に 1 名と数えると総勢 22 名、以下の表 1-5 に挙げる通りである。こちらも訳編者の名は、各巻の序文及び各人の担当箇所に記載があるので、そこから全て分かる。また、『翻訳満語纂編』は序文に識語があるので、成立年もそこから分かる。巻 1 の成立年は嘉永 4（1851）年であり、以後年 1 巻（上下 2 分冊）のペースで、最後の巻 5 は安政 2（1855）年に進呈されている。なお、『翻訳清文鑑』も『翻訳満語纂編』と同時期に成立したと考えられるが、この点については 2.5. で詳述する。

表1-5 『翻訳満語纂編』の訳編者と担当巻

	氏名	巻1 1851年	巻2 1852年	巻3 1853年	巻4 1854年	巻5 1855年
1	鄭 右十郎 永寧^{注7)}	×	×			
2	彭城 大次郎 昌宣	×			×	
3	鉅鹿 太作 篤義					
4	彭城 助次郎 種美					
5	高尾 宗三 延之					
6	穎川 保三郎 春重^{注7)}					×
7	蘆塚 五郎助 恒徳					
8	蔡 恒次郎 正邦					
9	官梅 源八郎 盛芳					
10	彭城 定三 廣林	×				
11	游龍 彦三郎 俊之					
12	石﨑 次郎［太］親之					
13	神代 時次 定光					
14	神代 時次 延長					
15	彭城 政次郎 永祥					
16	早野 新次郎 志明					
17	穎川 君平 雅範	×				
18	穎川 藤吉郎 道香					
19	彭城 常三郎 雅美					
20	衆学生					
21	呉 碩三郎 為祥					
22	早野 新次郎 晴貞					

（網掛け部分が担当巻。「×」は同時期に『翻訳清文鑑』の訳編も担当したことを表す）

　上に挙げた訳編者たちの素性、すなわち、どの家系の者で、また、年齢や職位がどの程度であったかを宮田（1979）をもとに示すと以下の通りである（年齢と職位は、満洲語の学習を命じられた1850年9月当時）。

1．鄭 右十郎 永寧（1829-1897）　22歳　無給稽古通事
　　鄭二官（宗明）を祖とする鄭氏第8代（?）。鄭幹輔の子（養子）。嘉永4（1851）

年に小通事末席に昇格。万延元（1860）年に小通事過人に昇格。後年は外務省の権大書記官となり、日清修好条規の調印にも参加。死去の直前に穎川君平『訳司統譜』の跋文を書く。

2．彭城 大次郎 昌宣（1832-1874）　19歳　稽古通事
劉鳳岐を祖とする彭城氏の本家第11代彭城中平。嘉永4（1851）年に小通事末席に昇格。安政2（1855）年に小通事並、安政5（1858）年に小通事助、万延元（1860）年に小通事過人に昇格。安政6（1859）年には鄭幹輔とともにマクゴーワンから英語を学ぶ。文久2（1862）に譯家学校の洋学世話掛となる。

3．鉅鹿 太作 篤義（1830-1892）　21歳　稽古通事
魏之琰を祖とする鉅鹿氏の第8代。嘉永4（1851）年12月に小通事末席に昇格。後年、明治7（1874）年には台湾牡丹社討伐に通訳として参加。

4．彭城 助次郎 種美（1832-1854）　19歳　小通事末席
劉焜薹を祖とする彭城氏の分家第7代彭城助次郎か。だが、安政元（1854）年12月3日に死去しているので、『翻訳満語纂編』巻5の訳編者に名を連ねる事実とやや辻褄が合わない。巻5の編纂は1854年秋から始まったと考えられるので、編纂途中に急死し、巻5が出たときに名前のみ残ったか。

5．高尾 宗三 延之（1830-1864）　21歳　稽古通事
樊玉環を祖とする高尾氏の別家（高尾藤九郎から分かれる）第7代。安政4（1857）年に小通事末席に昇格。高尾分家の最後の唐通事。

6．穎川 保三郎 春重（1831-1891）　20歳　無給稽古通事
陳冲一を祖とする葉姓の穎川氏の本家第8代。嘉永4（1851）年に小通事末席に昇格。安政2（1855）年11月に小通事並、安政4（1857）年3月に小通事助に昇格。同年江戸学問所勤めとなる。明治13（1880）年には鄭幹輔の碑（第7章で後述）を撰文する。

7．蘆塚 五郎助 恒徳（1820-1858）　31歳　小通事末席
蘆君玉を祖とする蘆氏第8代蘆範二郎と思われる。諱は殷明。嘉永5（1852）
年に小通事並、嘉永6（1853）年に小通事助、安政3（1856）年に小通事過人
に昇格。没後の安政6（1859）年に御暇御免。第9代蘆高朗の名が鄭幹輔の
碑文に見える（第7章で後述）。

8．蔡 恒次郎 正邦（1817-1858）　34歳　稽古通事格
蔡昆山（三官）を祖とする蔡氏の第8代。嘉永3（1850）年に稽古通事格、
安政2（1855）年に稽古通事に昇格。安政3（1856）年に御薬園唐方誂方にな
る。稽古通事とはいえ、蔡家から出た初めての唐通事。

9．官梅 源八郎 盛芳（1816-1860）　35歳　小通事並
林公琰を祖とする林（官梅）氏の分家第8代官梅三十郎。嘉永4（1851）年
に小通事助、安政3（1856）年に小通事過人に昇格。万延元（1860）年に病
没御暇。

10．彭城 定三 廣林（1831-??）　20歳　無給稽古通事
劉一水を祖とする彭城氏の別家（彭城安右衛門から分かれる）の彭城直治か。
嘉永6（1853）年に御暇御免。『翻訳満語編纂』と『翻訳清文鑑』の編纂に関
わったのも1853年までであるから、辻褄は合う。

11．游龍 彦三郎 俊之（1829-1865）　22歳　小通事末席
劉一水を祖とする彭城氏の別家、游龍氏（游龍雲蔵から分かれる）の游龍彦
次郎。先名が彦三郎。嘉永4（1851）年に小通事並に昇格。安政2（1855）年
に小通事助、万延元（1860）年に小通事過人に昇格。

12．石﨑(嵜)次郎[太]親之（1822-1882）　29歳　小通事助
柳姓の人を祖とする柳屋（石﨑）家の分家第4代。嘉永7（1854）年に小通事過人、
安政7（1860）年に小通事に昇格。

第1章　『翻訳満語纂編』と『翻訳清文鑑』の編纂過程　　29

13. 神代 時次 定光

詳細不明。或いは 14 の神代時次延長と同一人物か。辞書編纂に関わった時期も神代時次延長と相補分布する。

14. 神代 時次 延長（1831-1894）　20 歳　無給稽古通事

熊姓の人を祖とする神代氏の家系。妻は 6 の頴川保三郎の 13 歳年下の妹。嘉永 4(1851) 年に小通事末席に昇格。老年は東京外国語学校、長崎外国語学校、長崎県中学校教諭となる。

15. 彭城 政次郎 永祥（1829-??）　22 歳　小通事末席

劉焜薹を祖とする彭城氏の本家第 10 代彭城政次郎か。安政 6（1859）年に御暇御免。

16. 早野 新次郎 志明（1822-1856）　29 歳　小通事末席

俞惟和を祖とする河間氏の早野新次郎。先名は河間新次郎、諱は志明。天保 11（1840）年に旧姓早野と改姓。嘉永 4（1851）年に小通事並、安政 2（1855）年に小通事助に昇格。

17. 頴川 君平 雅範（1822-1862）　29 歳　小通事助

陳冲一を祖とする葉姓の頴川氏の別家第 8 代。嘉永 3(1850) 年 12 月に小通事、文久元（1861）年に大通事過人に昇格。雅範の子第 9 代頴川君平（1843-1919）は『訳司統譜』の著者。

18. 頴川 藤吉郎 道香（??-1860）　年齢不詳　小通事末席

陳冲一を祖とする頴川氏の本家第 9 代頴川四郎次。第 8 代藤左衛門道恭の子。先に藤吉郎、諱は道香。安政 2（1855）年に藤吉郎から四郎次に改名。

19. 彭城 常三郎 雅美（1825-1869）　26 歳　小通事末席

劉一水を祖とする彭城氏本家第 9 代彭城三十郎（朗）か。先名は淺太郎・常太郎。文久元（1861）年に小通事助に昇格。

20. 衆学生

　　詳細不明。21名以外の学生がいたのか、21名の中から数名が合同で担当したのか、どちらかが考えられる。

21. 呉 碩三郎 為祥（1824-1891）　27歳　小通事末席

　　呉振浦を祖とする呉家の第8代。嘉永4（1851）年に小通事並、嘉永6（1853）年に小通事助、安政3（1856）年に小通事過人、文久元（1861）年に小通事に昇格。明治維新後は厦門、上海などの領事館に勤務。もともとは呉榮宋（一官）を祖とする呉氏第8代呉用蔵の子。のちに爐粕町の呉氏（呉振浦を祖とする呉家）に養子に行った。

22. 早野 新次郎 晴貞

　　詳細不明。或いは16の早野新次郎志明と同一人物か。辞書編纂に関わった時期も早野新次郎志明と相補分布する。

　　数多の家系がある唐通事の中で、上に名を挙げた21名（衆学生を除く。仮に13と14、16と22が同一人物だとしたら都合19名[注8]）がなぜ選抜されたのか。一見したところ、職位は小通事（助、並、末席）の者が多く[注9]、当時の唐通事の中で比較的身分の高い者たちが集まったとも考えられよう。だが中には稽古通事もいるので、一概にそれだけが理由だとは考えにくい。

　　こうしたなか、まず、1の鄭右十郎永寧が選ばれた理由は分かりやすい。世話掛の一人鄭幹輔の子（実際は養子）だからである。鄭永寧は『翻訳満語纂編』と『翻訳清文鑑』の双方にかなり精力的に関わっており、鄭幹輔と併せて親子で辞書編纂作業の中心的役割を果たしていた可能性が高い。21の呉碩三郎為祥が選ばれた理由も恐らくは鄭永寧と同じ縁戚関係にある。呉為祥は鄭永寧の実兄であり、二人の父は呉榮宋（一官）を祖とする呉氏第8代呉用蔵（1794-1831）である。呉為祥はその後呉振浦を祖とする呉氏第7代呉藤次郎のもとに養子となり、鄭永寧は鄭幹輔のもとに養子となったのである。ちなみに呉氏の本家は長男の呉泰蔵（1818-1865）が第9代を継いでいる。同様に、5の高尾宗三延之が選ばれたのも同じような理由からだと考えられる。高尾延之の父は張

第1章　『翻訳満語纂編』と『翻訳清文鑑』の編纂過程　　31

三峯を祖とする清川（清河）氏第8代源十郎の子敬太郎だが、高尾延之は樊玉環を祖とする高尾氏別家第7代を相続している。この高尾氏本家の第8代に養子として迎えられたのが鄭永寧と呉為祥二人の実兄、高尾和三郎なのである。つまり高尾和三郎と高尾延之は元来別々の家系に属する者であったところ、同じ高尾家に移ってきて、当時は本家と別家の関係にあったのである。このように様々な家の養子に出された呉兄弟であるが、その祖父（すなわち、第8代呉用蔵の父）の第7代呉定四郎（1788-1809）は、1808年に最初に満洲語の学習を命じられた者の一人呉定次郎その人だと考えられる。つまり、呉兄弟はもともと満洲語の学習と縁があったことになる。これに類するのが11の游龍彦三郎俊之である。游龍俊之の父游龍彦十郎（1803-1862）は鄭幹輔と同世代で、二人は親しい間柄にあったと考えられる[注10]。以上、鄭永寧、呉為祥、高尾延之、游龍俊之の4名は、世話掛の一人鄭幹輔の伝手で招集がかかったと言えそうである。

　次に、18の穎川藤吉郎道香が選ばれた理由も分かりやすい。世話掛の一人穎川道恭の子だからである。もう一人の世話掛穎川道恭とのつながりから見ると、6の穎川保三郎春重と17の穎川君平雅範は、穎川道恭、道香親子とともに、もとを辿ると陳冲一を祖とする穎川氏であり、穎川道恭、道香親子が本家なのに対し、穎川春重は第3代の時代に葉姓を名乗って別家となった家系の第8代、穎川雅範はさらにその葉姓穎川氏の分家第8代である。つまり、穎川道香、春重、雅範は同じ家系であるのみならず、みな同世代なのである。14の神代時次延長が選ばれた理由も恐らくこの延長線上にある。神代延長の妻は穎川春重の13歳年下の妹である。神代延長と穎川春重は同い年で1850年当時20歳、このとき神代延長が結婚していたとは思えないが、当時から両家は近い関係にあった可能性はある。むろん、満洲語の辞書編纂を機に穎川春重と神代延長が知り合い、そのつながりをもとに両家の婚姻話が上がったという逆の可能性もある。神代延長はやや決定打に欠けるが、少なくとも穎川道香、穎川春重、穎川雅範の3名は穎川道恭の伝手で集められたと言えそうである。ちなみに、穎川道恭つながりからの中心的人物は穎川春重だと思われる。鄭永寧と同様、『翻訳満語纂編』、『翻訳清文鑑』の双方の編纂にかなり精力的に関わっているからである。

だが、神代延長にはもう一つ選ばれる理由がある。神代延長はもとを辿れば、1808年に満洲語の学習を命じられた者の一人、しかもその当時大通事で最も身分の高かった神代太十郎と、熊姓の人を祖とする神代氏で同じ家系なのである。このように、1808年最初に満洲語の学習を命じられた者との関係から見ると、19の彭城常三郎雅美の祖父は1808年当時に満洲語の学習を命じられた中に名があり、文政3（1820）年に既にこの世を去った彭城仁左衛門である。また、2の彭城大次郎昌宣は同じく1808年に満洲語の学習を命じられ、1850年にまだ存命だった彭城太次兵衛の孫である。なお、彭城昌宣も鄭永寧や穎川春重と同様、『翻訳満語纂編』、『翻訳清文鑑』の双方の編纂にかなり精力的に関わっている。彭城太次兵衛がいまだ存命だったことが影響したのだろうか。

　以上の10名の外は、残念ながらなぜ選抜されたのかはっきりしたことは言えない。筆者の推測だが、残りの者たちは、恐らく唐通事の各家系から1名ずつ、比較的若者を中心に家系代表者として集められたのではなかろうか。いずれにせよ、辞書編纂に中心的な役割を果たした人物は、世話掛との縁戚関係を通じて選ばれていたと考えてよさそうである。

　ところで、世話掛のうち、諸立合大通事と最も身分の高かった平野繁十郎祐長が訳編者の人選に関わっていないように見えるのは、彼が総責任者の立場だったからかもしれないが（『翻訳満語纂編』の序文も彼の手によると考えられる）、もう一つの理由として、1850年当時、平野祐長の子の第9代平野平兵衛祐義（1815-1847）はその3年前に病死しており、平野祐義の子の第10代平野栄三郎祐之（1843-1882）は8歳とまだ若年だったため、満洲語学習と辞書編纂に参与できなかったことも挙げられる。

2.3.　底本と参考書

　次に、『翻訳清文鑑』と『翻訳満語纂編』の編纂に使われた底本について確認しておく。まず、『翻訳清文鑑』はその内容が『清文鑑』の巻1から巻4をほぼ忠実に翻訳したものである[注11]。したがって、『清文鑑』が底本であることに疑いの余地はない。一方、『翻訳満語纂編』もまた『清文鑑』を翻訳したものである。しかし、『翻訳清文鑑』が『清文鑑』の巻1から巻4をほぼ忠実

に翻訳しているのに対して、『翻訳満語纂編』は『清文鑑』全巻約 18,000 語句のうちから 2,632[注12] を選抜したもので、さらに語句の配列順も十二字頭順に並べ替えられているところが異なる。

　では、唐通事たちは『清文鑑』以外の満洲語の書物を見る機会があったのだろうか。この点に関して、上原（1971: 15-16）は、満洲語の語釈にふされた日本語訳から、唐通事の満洲語文法に対する理解度を推測し、「「清文啓蒙」「清文虚字指南編」等の書すらも、目を通していなかったのではないかと思われる」と述べている。筆者も唐通事たちが目にすることができた満洲語の書物は『清文鑑』、しかもそれは 1 部のみであったろうと推測する。『翻訳満語纂編』の序文にある記述がその根拠の一つである。

（前略）…今也幸値聖治隆化之興唯頼乾隆増訂清文鑑一部闡闢廣文之門譯言甫能就緒…（後略）［巻 1 の序文］
〈意訳：…今や幸いにも聖治隆化の興にあい、ただ乾隆増訂清文鑑一部、闡闢廣文の門に頼って、翻訳作業はやっと緒に就くことができた…〉

（前略）…祇縁偏取于一部清文鑑外竝無彼地書籍勘覈抑且首務本等漢譯而旁習兼修不能獨専其力於一歎所以然也但陶鎔之以漢字音韻雕鏤之以本邦訓解較之清人學滿字反覺便捷而経與緯可併而得矣…（後略）［巻 2 の序文］
〈意訳：…ただ偏に清文鑑一部がある外に参照できる満洲語の書籍はないため、そもそも漢語訳を通して学ぶしかなく、いきなり満洲語からとはいかない。そういったわけだから、満洲語を理解するのに、漢字の音韻を用い、日本語のかなや訓で比較したら、満洲人が満洲語を学ぶよりも便利かと思われ、経と緯を同時に得るはずだ…〉

満洲之學始興而其所習修甫経四年唯治本于一部清文鑑除外無有参攷引用之書然以漢譯為宗以國學経緯之即學者今已思過半矣…（後略）［巻 4 の序文］
〈意訳：満洲語を学びはじめてから 4 年が経った。ただ参照、引用できる書物は清文鑑一部以外にない。よって漢語訳を最重要視し、日本語でこの経緯としている。満洲語を学ぶ者は漢語だけで半分を理解しているようなものだ

…〉　　　　　　　　　　　　　　　　　（以上、下線は筆者による）

　ここから唐通事たちは少なくとも『翻訳満語纂編』の巻4を編纂する安政元
(1854) 年まで、『清文鑑』以外の満洲語書籍を見る機会がなかったことが分かる。
巻5の序文に『清文鑑』に関する指摘はないが、恐らくは終始『清文鑑』のみ
が彼らの満洲語学習に際して参考にすることができた書物であったろうと推察
される。
　参考にできるのが『清文鑑』のみであったとして、次に唐通事らだけで満洲
語を学習したのか、すなわち、唐通事の周りに満洲語を教えてくれる教師的存
在はいなかったのかが気になる。この点についても、『翻訳満語纂編』の序文
に記述がある。

（前略）…然而満人終難面訊研詰今也以書辦事…（後略）［巻2の序文］
〈意訳：…そういうわけで満洲人に面と向かって問うて確認するのは難しく、
　今は書物（＝清文鑑）を使って仕事をしており…〉

（前略）…詢之清舶来商欲加研精窮究衆皆茫然罔知…（後略）　［巻4の序文］
〈意訳：…満洲語のことを清舶来商に質問して、研精窮究を加えたいと思
　うけれども、みな茫然として知る人はいない…〉

『翻訳満語纂編』の巻4は安政元（1854）年に進呈されたわけだから、満洲語
の学習を始めて少なくとも4年間は、中国からやってくる「清舶来商」[注13] の
中に満洲語を解する者はいなかったことになる。巻5の序文に「清舶来商」に
関する記述はないが、序文の内容を信じると、恐らく終始一部の『清文鑑』の
みを頼りに自力で満洲語を学習していたものと思われる[注14]。

第1章　『翻訳満語纂編』と『翻訳清文鑑』の編纂過程　　35

2.4. 『翻訳満語纂編』の編纂計画

　『翻訳満語纂編』はどのような手順で編纂されたのだろうか。『翻訳清文鑑』は前述の通り、その内容が『清文鑑』の巻1から巻4とほぼ一致し、語彙も部類別に配列されており、訳編者と校合者も各巻1・2名ずつと決まっていることから、その編纂過程はそれほど複雑なものではなかったと推測される。しかし、『翻訳満語纂編』は20名前後の訳編者が関わっており、さらに『清文鑑』の語彙が字音（十二字頭）順に並び替えられている。したがって、その編纂過程は『翻訳清文鑑』に比べると、幾分複雑である。まず、『翻訳満語纂編』の各巻の収録語句数を示すと表1-6の通りである。巻によって大きな変動はない。

表1-6　『翻訳満語纂編』の収録語句数

巻		1		2		3		4		5		合計
		上	下	上	下	上	下	上	下	上	下	
語句数		199	204	263	259	334	347	194	233	281	318	2,632
巻別語句数		403		522		681		427		599		2,632

　『翻訳満語纂編』は、1851年から1855年にかけて、年に1巻2冊のペースで進呈されたが、どの時期の編纂に関与したかは訳編者によって異なる。5年間を通じて全巻に関与した訳編者がいる一方で、1年間のみ関与した訳編者もいる。次頁からの表1-7は各訳編者が各巻においてどの字頭を担当したかを示したものである。

表 1-7　訳編者別に見た担当字頭

	訳編者	巻	担当字頭
1	鄭永寧	1	a, e, i, o, u, ū
		3	ki, gi, hi, ku
		4	he, ki, gi, hi
		5	a, e, i, o
2	彭城昌宣	1	fe, fi, fo, fu, wa, we
		2	gū, hū, ba, be, bi, bo
		3	go, ho, kū, gū, hū
		4	le, li, lu, ma, me, mi, mo, mu
		5	de, to, do, tu, du, la
3	鉅鹿篤義	1	yo, yu, ke, ge, he, ki
		2	ji, jo, ju, ya, ye, yu
		3	co, cu, ja, je, ji, jo, ju
		4	i, o, u
		5	še, šo, šu, ta, da, te
4	彭城種美	1	ta, da, te, de, to, do
		2	ce, ci, co, cu, ja, je
		3	gu, hu, fa, fe
		4	ba, be, bi, bo, bu
		5	fa, fe, fi, fo, fu, wa, we
5	高尾延之	1	na, ne, ni, no, nu, ka
		2	ga, ha, ko, go, ho, kū
		3	fi, fo, fu, wa, we
		4	ho, kū, gū, hū
		5	ci, co, cu, ja, je, ji
6	頴川春重	1	tu, du, la, le, li, lo
		2	bu, pa, pi, po, pu, sa, se
		3	ba, be, bi, bo, bu, pa, pi, po, pu
		4	a, e
7	蘆塚恒徳	1	gi, hi, ku, gu, hu, fa
		2	lo, lu, ma, me, mi, ca
		3	du, la, le, li, lo, lu, ma, me, mi
		5	u, na, ne, ni, no, nu, ka, ga

第 1 章　『翻訳満語纂編』と『翻訳清文鑑』の編纂過程　　*37*

	訳編者	巻	担当字頭
8	蔡正邦	2	si, so, su, ša, še, šo
		3	da, te, de, to
		4	ca, ce, ci, co, cu, ja, je, ji
		5	jo, ju, ya, ye, yo, ke
9	官梅盛芳	2	a, e, i, o, u, ū
		3	i, o, u, ū
		4	tu, du, la
		5	po, pu, sa, se, si, so, su, ša
10	彭城廣林	1	gū, hū, ba, be, bi, bo
		2	šu, ta, da, te, de, to
		3	ša, še, šo, šu, ta
11	游龍俊之	1	si, so, su, ša, še, šo, šu
		2	fe, fi, fo, fu, wa, we
		3	ya, ye, yo, yu, ke, ge, he
12	石﨑親之	1	bu, pa, pe, pi, po, pu, sa, se
		2	hi, ku, gu, hu, fa
		3	nu, ka, ga, ha, ko
13	神代定光	1	ga, ha, ko, go, ho, kū
		2	do, tu, du, la, le, li
		3	na, ne, ni, no
14	神代延長	4	de, to, do
		5	ge, he, ki, gi, hi, ku, gu, hu
15	彭城永祥	4	ga, ha, ko, go
		5	le, li, lu, ma, me, mi, mo, mu, ca, ce
16	早野志明	4	so, su, ša, še, šo, šu
		5	ho, ba, be, bi, bo, bu, pa, pi
17	潁川雅範	1	ca, ce, ci, co, cu, ja
18	潁川道香	1	lu, ma, me, mi, mo, mu
19	彭城雅美	1	je, ji, jo, ju, ya, ye
20	衆学生	2	na, ne, ni, no, nu, ka
			yu, ke, ge, he, ki, gi
21	呉為祥	3	a, e
22	早野晴貞	3	do, tu

　1年間しか編纂に関わらなかった者はさておき、効率的に編纂しようと思うのであれば、2年間以上関わる者は、その担当字頭を予め完全に決めておけば

よさそうなものである。しかし、表1-7の網掛け箇所が示すように、彭城昌宣、高尾延之、鄭永寧、官梅盛芳、潁川春重、蘆塚恒徳、彭城廣林の7名が複数年に亘って、同じ字頭を担当している箇所が若干あるだけで、全体的に見て各人は毎年違う字頭を担当している。このことは、巻1を編纂しはじめた1850年ないしは1851年の段階では『翻訳満語纂編』の編纂に誰がどのように参加し、最終的にどのような形にするかといった青写真が決まっておらず、満洲語学習と同時進行的に、毎年その年の編纂計画を立てていたことを示唆する。そして、その方針は5年間結局定まらなかったものと思われる。

　また、字音（十二字頭）順に語句を並べるのであれば、同時期に阿蘭陀通詞が編纂した『エゲレス語辞書和解』のように、全巻を通じて字音順に並べたほうが実用的なはずである（但し、『エゲレス語辞書和解』は僅かにaとbを翻訳しただけで作業は中断してしまった）。しかし、羽田（1936: 43）も指摘するように、『翻訳満語纂編』は各巻ごとに「a」から「we」へと語句を並べており、結果、各巻それぞれが独立した辞書のようになってしまっている。つまり、この辞書を使って何かの語句を調べようとしても、それが第何巻に収録されているのか（或いはどこにも収録されていないのか）は、全巻を見ないことには分からない形になっているのである。このこともやはり、編纂の開始時点では、青写真が決まっていなかったことを示唆している。

　次に、『翻訳満語纂編』において重複する語句があるのかどうかといった語句選抜の計画について述べる。上原（1971: 22）は「総語彙数2,635には重複はない。字頭は同じでも、年々新しい語句を訳出したものである」と述べている。しかし、筆者が調査した限りにおいて、重複する語句は存在する。『翻訳満語纂編』に収録される2,632語句の中で重複するのは、管見の限り、以下に示す10語句である[注15]。

『翻訳満語纂編』において重複する語句
　(a) biya gehun 月朗［巻2上26a 彭城昌宣、巻4上24b 彭城種美］
　(b) fakū 魚梁［巻2下40b 石﨑親之、巻3下46b 彭城種美］
　(c) hoton 城［巻1上23a 神代定光、巻4上19b 高尾延之］
　(d) huwejen 攔魚簿子［巻2下38a 石﨑親之、巻3下45b 彭城種美］

第1章　『翻訳満語纂編』と『翻訳清文鑑』の編纂過程　　*39*

（e）kakū 閘［巻1上19b 高尾延之、巻3上25a 石﨑親之］

（f）lala juhe efen 糉子［巻1下5b 頴川春重、巻4下11a 官梅盛芳］

（g）mejin cecike 信鳥［巻4下14b 彭城昌宣、巻5下10a 彭城永祥］

（h）namun 庫［巻1上16a 高尾延之、巻3上17b 神代定光］

（i）picir seme 物碎雜［巻2上31a 頴川重春、巻3上44b 頴川重春］

（j）yuyumbi 饑餒［巻2下29a 衆学生、巻3下30b 游龍俊之］

このように重複する語句はあるものの、全体の中ではごくわずかだと言える。唐通事たちは一部の『清文鑑』を使いながらも、互いに訳出する語句が重複しないように注意を払っていたことが窺い知れる。ところで、上の中では（i）がやや興味深い。「picir seme 物碎雜」はともに頴川重春による訳出である。前年に一度訳出して掲載したことを忘れてしまっていたのだろうか。

2.5. 『翻訳清文鑑』の編纂時期

『翻訳清文鑑』はいつ編纂されたのか。上述の通り、『翻訳満語纂編』は序文に識語があるので、成立年はそこから分かる。巻1の成立年は嘉永4（1851）年であり、以後毎年1巻（2冊）のペースで、最後の巻5は安政2（1855）年に進呈されている。これに対して、『翻訳清文鑑』は底本となった『清文鑑』の序文の和訳はあるものの、『翻訳満語纂編』にあるような独自の序文がなく、識語も見られないため、序文から成立年を特定することはできない。

このような『翻訳清文鑑』の成立年について、新村（1917; 1927: 82）は「巻三の首には甲寅三と書いてあるが、これは嘉永七年甲寅三月譯出の意味であろう」と述べている。一方で、上原（1971: 23）は「五冊の成立年月は不明であるが、その訳述者・校合者が「翻訳満語纂編」の訳編者と重複することは、同時にこの二種の翻訳が進められたとは考えられないから、その成立は「翻訳満語纂編」以後でなければならない。巻四までを完訳してそれで終っていることは、表紙の全五冊は後からの記入で、この書は恐らく幕府末期のもので、その崩壊によって中途に中止せられたものなのであろう」と述べている。

このように『翻訳清文鑑』の編纂時期に関する先行研究の見解は一致してい

ないが、結論を言えば、新村（1917）の指摘が正しい。つまり、『翻訳清文鑑』の編纂は『翻訳満語纂編』と同時並行的に、すなわち『翻訳満語纂編』は嘉永4（1851）年から年1巻（2冊）のペースで編纂されたが、『翻訳清文鑑』も同様に嘉永4（1851）年から年1冊ずつ、最後の巻4は安政2（1855）年に成立したのである。このことは『両通詞諸州之語年々和解之儀ニ付書付』から同定できる（新村 1917; 1927: 83-84）。『両通詞諸州之語年々和解之儀ニ付書付』は、唐通事が『翻訳清文鑑』と『翻訳満語纂編』を、阿蘭陀通詞が『エゲレス語辞書和解』を、長崎奉行所に進呈する際にそのことを書きとめた記録であるが、唐通事（阿蘭陀通詞）が町年寄の福田猶之進と高島作兵衛に提出した年月と、その町年寄が長崎奉行所に進呈した年月（日）が記載されている[注16]。

表 1-8 『両通詞諸州之語年々和解之儀ニ付書付』記載の進呈年月（日）

唐通事から 町年寄に	町年寄から 長崎奉行所に	進呈物
亥八月 （=1851 年）	亥八月十（廿?）二日	翻訳満語纂編 弐冊 清文鑑和解 壹冊
子九月 （=1852 年）	子九月五日	翻訳満語纂編 二冊 翻訳清文鑑 一冊
丑十月 （=1853 年）	丑十月	翻訳満語纂編 弐冊 翻訳清文鑑 壹冊
寅十月 （=1854 年）	寅十月	翻訳満語纂編 弐冊 翻訳清文鑑 壹冊
卯十月 （=1855 年）	卯十月	翻訳満語纂編 弐冊 翻訳清文鑑 壹冊

　この点については、以下の表 1-9 も示唆的である。表 1-9 は『翻訳満語纂編』に収録されている『清文鑑』巻1から巻5の語句数とその訳出年、及びその巻を使った（つまり、その巻に収録されている語句を選抜し、訳出した）訳編者を一覧表にしたものである[注17]。

表1-9 『翻訳満語纂編』と『清文鑑』の関係

	巻1	巻2	巻3	巻4	巻5
巻1		高尾延之 [1] 彭城昌宣 [3] 蔡正邦 [2] 蘆塚恒徳 [2]	頴川春重 [5] 蔡正邦 [1] 彭城種美 [1]	高尾延之 [4] 彭城種美 [6] 蔡正邦 [1] 鉅鹿篤義 [1]	鉅鹿篤義 [2]
	0人0語	4人8語	3人7語	4人12語	1人2語
巻2	頴川春重 [1] 頴川衞香 [1] 高尾延之 [2] 石嵜親之 [1] 鄭永寧 [1] 彭城雅美 [2] 彭城種美 [1] 彭城廣林 [1] 游龍俊之 [1] 蘆塚恒徳 [4] 鉅鹿篤義 [2]	彭城昌宣 [2] 頴川重春 [1] 蔡正邦 [1] 蘆塚恒徳 [1]	頴川春重 [8] 彭城昌宣 [2] 蔡正邦 [3]	高尾延之 [11] 神代延長 [2] 彭城種美 [2] 彭城昌宣 [2]	高尾延之 [2] 彭城永祥 [4] 鉅鹿篤義 [18]
	11人18語	4人5語	3人13語	4人17語	3人24語
巻3	高尾延之 [1] 彭城種美 [2] 頴川雅範 [2] 鉅鹿篤義 [1] 蘆塚恒徳 [5]	彭城昌宣 [1] 彭城廣林 [1] 神代定光 [3] 衆学生 [2] 石嵜親之 [1]	官梅盛芳 [1] 呉為祥 [3] 石嵜親之 [1] 早野晴貞 [1] 彭城種美 [2] 彭城昌宣 [3] 彭城廣林 [1] 游龍俊之 [2] 蔡正邦 [1] 鉅鹿篤義 [2]	神代延長 [2]	高尾延之 [2]
	5人11語	5人8語	10人17語	1人2語	1人2語
巻4	神代定光 [1] 彭城廣林 [2] 彭城種美 [2] 頴川雅範 [1] 彭城雅美 [2] 鉅鹿篤義 [1] 蘆塚恒徳 [2] 彭城昌宣 [2]	官梅盛芳 [1] 高尾延之 [2] 彭城昌宣 [2] 蔡正邦 [1] 彭城廣林 [4] 神代定光 [1] 彭城種美 [1] 鉅鹿篤義 [3]	官梅盛芳 [1] 呉為祥 [9] 石嵜親之 [4] 早野晴貞 [2] 彭城昌宣 [3] 彭城廣林 [3] 游龍俊之 [7] 蔡正邦 [1]	彭城種美 [3]	鉅鹿篤義 [1]
	8人14語	8人15語	8人30語	1人3語	1人1語

	巻1	巻2	巻3	巻4	巻5
巻5	神代定光 [3] 石嵩親之 [2] 彭城種美 [3] 頴川春重 [1] 頴川衛香 [1] 蘆塚恒徳 [1]	官梅盛芳 [1] 彭城廣林 [1] 神代定光 [3] 蘆塚恒徳 [2] 彭城種美 [3] 石﨑親之 [2]	頴川春重 [2] 官梅盛芳 [3] 呉為祥 [4] 神代定光 [3] 石﨑親之 [1] 早野晴貞 [3] 彭城種美 [2] 彭城昌宣 [1] 彭城廣林 [1] 蔡正邦 [1] 蘆塚恒徳 [4]	官梅盛芳 [1] 早野志明 [3] 鄭永寧 [2] 彭城種美 [3] 彭城昌宣 [1] 蔡正邦 [1]	官梅盛芳 [1] 神代延長 [1] 早野志明 [2] 鄭永寧 [15] 彭城種美 [17] 彭城昌宣 [12] 蔡正邦 [1] 蘆塚恒徳 [2] 鉅鹿篤義 [10]
	6人11語	6人12語	11人25語	6人11語	9人61語
巻6以下は省略					

　表1-9からは、『翻訳満語纂編』巻1に収録する語句のうち、『清文鑑』の巻1からとったものは一つもないことが分かる。『清文鑑』の巻1から巻4は『翻訳清文鑑』巻1から巻4と重複し、上述の通り、唐通事らが使用できたのは1部の『清文鑑』のみだったので、これは『翻訳清文鑑』巻1が『翻訳満語纂編』巻1と同時期に編纂されていたことを意味する。同様に、『翻訳満語纂編』巻2・3に収録する語句のうち、『清文鑑』の巻2からとったものは非常に少ない。すなわち、『翻訳清文鑑』の巻2（上下2冊）は『翻訳満語纂編』巻2・3と同時期に編纂されていたことを示唆する。また同様に、『翻訳満語纂編』巻4・5に収録する語句のうち、『清文鑑』の巻3、4からとったものは非常に少ない。すなわち、『翻訳清文鑑』巻4と巻5はこの『翻訳満語纂編』巻4・5と同時期に編纂されていた可能性が高いと言えるのである。なお、この最後の2年間分まとめて編纂していたかのように見える「ずれ」は無視できない。この点については、本章3節及び第6章で触れる。

　以上をまとめると、満洲語辞書の編纂時期は次頁の表1-10のように推定される。

表 1-10　推定される辞書の編纂時期

翻訳清文鑑	翻訳満語纂編	編纂時期	町年寄に進呈
巻 1	巻 1 上・下	1850.9-1851.8	1851.8
巻 2 上	巻 2 上・下	1851.8-1852.9	1852.9
巻 2 下	巻 3 上・下	1852.9-1853.10	1853.10
巻 3	巻 4 上・下	1853.10-1854.10	1854.10
巻 4	巻 5 上・下	1854(1853?).10-1855.10	1855.10

3.　辞書編纂の打ち切り

　このようにして『翻訳清文鑑』と『翻訳満語纂編』は編纂されていったと考えられるが、辞書の編纂作業は突然終焉を迎える。『翻訳清文鑑』は巻4で終わっているが、これは『清文鑑』の巻1から巻4までを翻訳したものである。底本の『清文鑑』は巻32まで存在するわけだから、その作業はまだまだ継続が可能だったはずである。それにも拘わらず、安政2（1855）年で辞書編纂作業は終わってしまったのである。同様に、『翻訳満語纂編』もやはり巻5を最後に編纂作業は終わる。このように、唐通事が満洲語の学習を中止したことについて、古賀（1947: 62-66）は以下のように言及している。

　　しかるに、第十九世紀の後半に至り、嘉永六癸丑年 一八五三年 米国海軍提督ペルリの渡来の頃より、吾邦と欧米諸国との交渉は、急激に展開するに至りしため、蘭通詞のうち江戸出張を命ぜらるる者も亦増加し、翻訳や通弁の必要は、いよいよ深く感悟せらるるに至った。しかも、蘭語の外に、吾邦と交渉密接なる国の言語を、蘭通詞の外、一般有志の者にも学習させて、西力の東進に対応すべき必要が十分認識せらるるに至った。
　　…（中略）…
　　それから、閣老阿部伊勢守は、安政二乙卯年十一月廿七日附、長崎奉行宛書取に於て、「通詞の外にも、有志之輩は、勝手次第稽古為致、飜譯通辧等出来候方可然」と述べている。

44

随って、長崎奉行川村對馬守は、洋学の修業方に就きて、一応唐通事及び
蘭通詞の意見を徴する事にした。

　彼は、唐通事たちに、満洲語の学習を中止して、洋学に転ずる方が、御用
弁にもならうと諭してみると、唐通事たちに於ては、いづれも異議なく承知
した。そして、唐通事たちより、洋語に唐音を附したる五車韻府、其他、右
類の書籍を支那より取寄せ度き旨を申出でた。

　古賀（1947）によれば、安政2（1855）年をもって、唐通事が満洲語の学習、
すなわち、満洲語辞書の編纂をやめた理由は、長崎奉行川村対馬守に洋語の学
習に転じることを勧められ、それに応じたからということになる。なお、同時
期に阿蘭陀通詞が編纂していた『エゲレス語辞書和解』も、安政元（1854）年、
すなわち、『翻訳満語纂編』巻5が進呈される1年前に、やはり作業を完遂す
ることなく、中途で終焉を迎えている。

　ところで、この作業終了に関して、『翻訳満語纂編』巻5の編纂に興味深い点
が確認される。以下の表1-11は、毎年各訳編者が担当する項目の語句を選抜
する際に、『清文鑑』のどの巻から何語を選択したのかを示したものである[注18]。
以下に3名分を挙げるが、全訳編者の分布は【付録2】と【付録3】に掲載し
ている。

第1章　『翻訳満語纂編』と『翻訳清文鑑』の編纂過程　　*45*

表 1-11 『清文鑑』のどの巻をいつ見たか（訳編者ベース）〔一部〕

鄭永寧

	1	2	3	4	5	6	7	8	9	10	11	12	13	14	15	16
1		2		1			3				2					
3						3	2		11		4	1				1
4					2		4	7	4	9		1	3	**23**	3	
5					**15**	**12**	**23**	7								

	17	18	19	20	21	22	23	24	25	26	27	28	29	30	31	32
1			1	4	1			2			1	1	1		1	
3				2		6	4		2					1		
4	1	1					1	1							2	
5																

彭城昌宣

	1	2	3	4	5	6	7	8	9	10	11	12	13	14	15	16
1				2		1	3						1			1
2	3	2	1	2			4		4		1					
3		2	3	3	1	6	1	3	1		2					1
4		2			1	1	3	1				1			2	
5					**12**	**10**	**11**	9	**13**							

	17	18	19	20	21	22	23	24	25	26	27	28	29	30	31	32
1			1	6		2	1		1			2		1	2	
2	1		2	7		2		1	1	1	1	2	2	5	2	
3	1	1	2	2	2	4	1	2	2	1		2		4		1
4		1	1	1	2			3	2		5	3	3	4	5	2
5																

彭城種美

	1	2	3	4	5	6	7	8	9	10	11	12	13	14	15	16
1		1	2	2	3	1	2	1	3							1
2				1	3	1	7	4	2	2	1					
3	1		2		2	6	2		4	2						
4	6	2		3	3	3	1			3	2	1	4		1	
5					**17**	**17**	**16**	7								

	17	18	19	20	21	22	23	24	25	26	27	28	29	30	31	32
1			1	2	1	8		2	1			2		3	2	1
2			1	3		3	1	1	1			1	1	4	1	2
3				2	2	2	1		3			1	1	5	1	2
4	1															5
5																

　表1-11（並びに【付録2】）を見ると、まず、全体として各訳編者は『清文鑑』の各巻から満遍なく語句を訳出していることが分かる。これは上述した、唐通事たちの使用できた満洲語の書物が、『清文鑑』1部のみであったことを示唆している。『翻訳満語纂編』の語句を選抜する際に、訳編者は恐らく一つの巻を熟考するよりは、自分が翻訳できそうな語句をいち早く探しては、その巻を次の訳編者に渡し、幅広く語句を収集していたことが窺えるのである。

　表からは、『翻訳満語纂編』巻5の編纂に関して、もう一つ興味深い事実が窺える。表1-11（並びに【付録3】）を見るに、巻1から巻4を編纂する際に、各訳編者が『清文鑑』の各巻から10語句以上を訳出した例はほとんど見られない。これに対して、巻5は各訳編者（特に、鉅鹿篤義、彭城昌宣、彭城種美、鄭永寧、彭城永祥の5名）が『清文鑑』の各巻から10語句以上を訳出した例が圧倒的に増えるのである。すなわち、巻5のみに関しては、様々な巻から幅広く語句を収集するのではなく、一つの巻から集中的に収集しているのである。これは『翻訳満語纂編』巻5の編纂が急務であったことを示唆するといえよう。恐らくその前年に阿蘭陀通詞が『エゲレス語辞書和解』の編纂を終えていること、また今後自分たちも西洋語の学習に転じなければならないことがあ

第1章　『翻訳満語纂編』と『翻訳清文鑑』の編纂過程　　*47*

る程度分かっていたのかもしれない。『翻訳満語纂編』巻5の序文に西洋語の
学習に関する記述が見られるのも無関係ではなかろう。

夫清文字母六音横列串通而呼者共有一百三十一字以綜覈萬物包括宇宙而交四
方之國者無餘遺焉又嘗聴讀佛朗西史籍者亦有指頭□六字乃為字母其音響殆與
清文相彷彿可謂奇矣賈舶人曰曩有游學花旂國者比其反也識熟天文地理測量等
術藝渠云花旂乃為亞墨利加内地所呼米喇幹是也又云凡論歐羅巴各洲之學淵源
探遠滙流蕃盛難更僕數而佛朗西則為其最總而言之志于西洋學者莫若辨識滿字
但得貫而通之尤為捷便宜乎吾歷代帝王之有欽定増訂ノ舉唯璞輩不學西洋未識
此語果然與否…（後略）

〈意訳：満洲語の母音は6個ある。音節単位で発音すると全部で131字ある。
これによって萬物が網羅でき、宇宙を包括して、余すことなく四方の国々と
交われる。また、かつてフランスの歴史書を読んでいるのを聞いたところに
よると、フランス語も母音を表す文字が6字ある。その音声もほぼ満洲語を
彷彿させる。奇妙と言うべきだ。来舶清人が言うには「以前、花旂国に遊学
していた者がいたが、帰国に及んで、天文、地理、測量などの技術に習熟し
ていた。その人曰く『花旂とはアメリカ、大陸で言うところのメリケンであ
る』。また曰く『凡そヨーロッパ各国の学問を論ずるに淵源探遠、滙流蕃盛、
難更僕數、フランスはその最たるものである』。要するに西洋学を志す者は
満洲文字を理解できたほうがよい。ただちに西洋学に通じるだろう。便利で
よいことだ。我が歴代皇帝の『御製増訂清文鑑』があなた方にはある」と。
ただ、璞（＝平野繁十郎）らは西洋のことを学んでいないので、いまだにこ
の人の言が果たして正しいのかどうか分からない…〉

4.　まとめ

　以上、本章では唐通事が満洲語の学習を始めて、満洲語辞書を編纂するに至
るまでの過程を追いながら、できる限り、その詳細や背景について考察してき
た。時代の波に翻弄されながらも、わずか1部の『清文鑑』のみを頼りに、満

洲語の学習と辞書の編纂に格闘していた唐通事の姿が思い浮かぶ。満洲語辞書の編纂作業は、時代の波に取り残されるように終了したが、結果的に唐通事自体も江戸幕府の終焉とともにその役割を終える。『翻訳清文鑑』と『翻訳満語纂編』の最終巻が進呈された安政2（1855）年と言えば、その1年前に締結された日米和親条約によって下田、箱館の2港が開港されており、また、その3年後に日米修好通商条約によって長崎とともに、神奈川、新潟、兵庫が開港される頃である。このように、江戸時代の長崎に与えられていた貿易の特権が次第に失われていく中で、『翻訳清文鑑』と『翻訳満語纂編』の編纂は、唐通事たちの唐通事としての最後の輝きだったと言えるのかもしれない。唐通事が試みた満和辞書の編纂事業は、その後、形を変えて序言に紹介した羽田（1937）に引き継がれていくのである。

第1章の注

1　慶應義塾大学斯道文庫所蔵「文化七庚午十二月ヨリ 唐船持渡書物目録留」の中の「午三番船」に「御製増訂清文鑑 拾二部各八套」、「午六番船」に「音漢清文鑑 一部一套四本」、「午拾番船」に「御製増訂清文鑑 壹部八套」との文字が見えるので、この時期に『清文鑑』が長崎に持ち込まれたことが分かる（大場1967: 423-425）。

2　長崎聖堂は正保4（1647）年に向井元升（1609-77）によって創建された儒学の教育機関。その後、正徳元（1711）年に中島川畔へ移転されたことから、中島聖堂とも呼ばれる。儒学の教育のみならず、唐船持渡書の検閲、落丁や摩滅の有無の調査、書物目録の作成といった書物改の業務も執り行なった（長崎市史編さん委員会［編］2012: 754-756）。『清文鑑』が中島聖堂に保管されたのはそのためであろう。また、唐通事が辞書編纂を行なった場所もこの中島聖堂、さらに言えばその明倫堂だったのではないかと筆者は推測している（唐通事会所だった可能性もある）。享保元（1716）年、中島聖堂の明倫堂内に「唐音勤学会」が設置される。これは唐通事の子弟たちの学校で、毎月定日に大通事や小通事の指導により、中国語の学習が行なわれたという。唐音勤学会は一時期廃止されるが、天保10（1839）年に再興され、唐通事自体がその役割を終える明治元（1868）年まで、活動を行なったとされる（長崎市史編さん委員会［編］2012: 576, 757）。唐通事が満洲語の学習を再開した嘉永3（1850）年は、唐音勤学会が既に再興され、その活動を行なっていた時期にあたる。

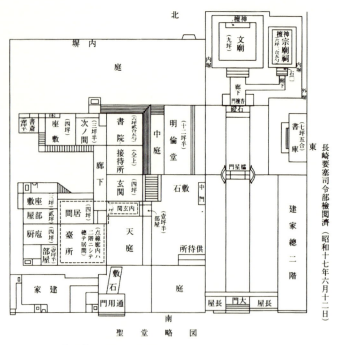

図 1-1　長崎聖堂平面図（長崎長崎市史編さん委員会［編］2012: 747）
　　　　図面中央やや上に「明倫洞」（12坪半）と見える

3　文化7年に『清文鑑』が中島聖堂に備え付けられたことについては、書物改役の向井元仲が記した『書物改一件』から確認される（武藤 1917a: 217-220, 新村 1917; 1927: 90-91）。
4　着手までに2度の中断があったという事実は『翻訳満語纂編』巻1の序文より分かる（新村 1917; 1927: 88-89）。
　　「（前略）…向蒙憲命繙譯不成而止者再焉…（後略）」
　　〈意訳：…以前幕府からの命を受けたが翻訳するに至らず、中断は二度あった…〉
5　筆者も2012年夏に蔡慎吾の墓碑を実際に確認したが、羽田博士が踏査したときから原子爆弾の投下を経て80年近くが経った現在に至っては、墓石の側面に刻まれた文字は、墓石を丹念に洗って拓本でも取らない限り、目視での判読は既に困難な状態になってしまっていた。だが、墓碑文の一部は幸い、羽田（1936: 548-549）で紹介されており、羽田博士は次のように解釈している。
　　「（前略）…これに拠ると満語研究の命を蒙りながら辞退して応じなかったのは、①蒋慎吾の父に当る綺石先生という人で、②慎吾は明治九年に三十八歳で没したとのことであるから、その生時は天保十年に当る。③また「十歳失怙」というから、綺石先生の没したのは嘉永元年である。生寿は判明し難いが、兎も角上述初めて満語研究が

50

長崎唐通事に命ぜられた文化五年から、三度目に同じ事業に従事した嘉永三年の前々年迄に亘る頃は、この人の活動時代であったことは疑いない。此頃の長崎唐通事には、明末亡命の客の系に出るものが多いのであるから、満語研究の如きことを好まないのは、独り綺石先生ばかりではなかったらしく、これがこの事業の進捗を見なかった重なる理由の一つであったであろうことはほぼ疑いない。…（後略）」

（下線は筆者による。また、日本語の表記も若干改める）

上の羽田（1936）の記述にはいくつか齟齬と思われる箇所がある。以下、宮田（1979: 871-873）をもとに述べると、まず下線部①の「綺石先生」は蔡慎吾の父である第8代蔡恒次郎に違いない。蔡恒次郎の墓碑に「枕流院噸江奇石居士」とある。だが、次の下線部②は、正しくは「慎吾は明治9年に28歳で没した」である。よって慎吾の生年は嘉永2（1849）年となり、これに伴って下線部③も変わってくる。慎吾が10歳で父を失うのは正しいが、その年は安政5（1858）年である。よって、蔡慎吾の父である蔡恒次郎は、満洲語辞書の編纂に関わった蔡恒次郎正邦（1817-1858）ということになり、蔡恒次郎は当初満洲語の学習を拒みながらも、結局はその一員に加わったことになる。蔡恒次郎は1817年生まれのため、この墓碑文は、文化5（1808）年に唐通事らが満洲語の学習を拒んだ理由とはならない。この墓碑文の内容が事実だとして、これが意味するところは、唐通事が2度目に満洲語の学習を命じられた際に拒絶した理由ということになろう。

6　新村（1917: 1927: 88）は「（前略）…従って嘉永三年に長崎の訳官が英語の字引を訳し始めたのは、全く時局の要求に応ずるものに違なかった。然し露国との交渉が存外穏やかであった時節に方って、英語学の巻添えに満語学を唐通事に課したのは、長崎の官憲が、文化時代の旧夢を見ていたからで、他日若し日露間に事端の起った時の用意に満語辞書を編しておこうとしたのである。…（後略）」（下線は筆者による。また日本語の表記を若干改める）と述べているが、その出所は明かしていない。

7　鄭永寧は『翻訳満語纂編』巻2の名簿にも、同様に頴川重春は同巻5の名簿にも名前が挙がっているが、共に実際その巻の担当した形跡はない。巻2の名簿には「時令部繙譯鄭永寧」とあり、巻5の名簿には「清文鑑設官部繙譯　頴川保三郎春重」とあるので、これは同時期に彼らが別途『翻訳清文鑑』の該当巻を担当していたことを表していると考えられる。

8　『翻訳満語纂編』巻2の序文の冒頭に以下のような記述があるので、衆学生を含め、満洲語を学習していた者は少なくとも20名以上いたと思われる。

　　「嚮於庚戌之秋奉旨肄習清学者二十餘人璞等身任協理校正之鼓勵之…（後略）」
　　〈意訳：先に庚戌年（1850年）の秋に命を受けて満洲語を学ぶ者は20余人。璞（＝平野繁十郎）らは自ら取りまとめ役となり、彼らの満洲語を校正し、彼らを激励している…〉

9　上原（1971: 16）は、満洲語の辞書編纂に関わった唐通事たちは「すべて20歳前後の青年で、せいぜい稽古通事、多くは稽古通事格か稽古通事見習の者であった」と述べるが、やや外れている。上原の研究した当時はまだ宮田（1979）が出ていないので、致し方ない面もある。改めて『訳司統譜』を中心に唐通事の家系を整理した宮田（1979）に負うところは大きいと言わざるをえない。

10　鄭幹輔は嘉永2(1849)年に游龍彦十郎とともに崇福寺三門の建設発起人になっている（宮

田 1975: 248, 253）。
11 『翻訳清文鑑』と『清文鑑』巻1〜4の収録語句は、『清文鑑』の単語配列と『翻訳清文鑑』の単語配列にわずかに配列順の違っている所があることを除けば（これは『翻訳清文鑑』を綴じる際に、誤って丁の順が前後したためと考えられる）、全く同じである。
12 羽田（1936: 551）は『翻訳満語纂編』の総収録語句数を2,555 と、上原（1971: 22）は2,635と述べている。また、各巻の担当者ごとの最初に担当語句数の記載があるが、これを合計すると2,636である。だが、担当者ごとに記載のある担当語句数には齟齬があり、筆者の計算によると、総収録語句数は2,632 である。
13 いわゆる「来舶清人」がこれに相当するかと思われる。原田（1999: 95-96）によると、来舶清人とは「唐僧に代わって、以後、中国の文化をもたらした…（中略）…人達であった。その数は合計で500人にも及んだといわれるが、大部分は貿易のために来航した人々であり、詩文や書道、絵画、煎茶道、音曲などをたしなむ文化人でもあった」。

写真1-7　来舶清人
（「唐館書房之図」　長崎歴史文化博物館蔵）

14 内藤（1993: 75）は「（前略）…それから後引続いてやる人が無かつたのですが、偶然是とは関係なしに、嘉永年間になって、外国との交通が盛んになって来た為か、長崎の通事などが、満洲語の研究をしたいという考を起した。<u>幸いに其の頃長崎へ来て居る人で、満洲人の端くれがあったので、それに就いて研究をしたのであります。</u>…（後略）」（下線部は筆者による。日本語の表記は若干改める）と述べているので、或いは唐通事の周囲に満洲語のできる清人がいた可能性も完全には否定できない。
15 本書では、『翻訳満語纂編』のデータ処理に際して、栗林均氏（東北大学名誉教授）作成の「『五体清文鑑』検索システム」並びに東京外国語大学の「Full Text Search」を使用した。
16 『両通詞諸州之語年々和解之儀ニ付書付』は、唐通事が『翻訳清文鑑』と『翻訳満語纂編』

を、阿蘭陀通詞が『エゲレス語辞書和解』を長崎奉行所に進呈した際の記録であるが、これらが1冊にまとめられていることからも、唐通事の満洲語辞書編纂と阿蘭陀通詞の英語辞書編纂のあいだに関連があったことが分かる。

17 表1-9の見方であるが、一番左の縦列は『清文鑑』の巻数、一番上の横列は『翻訳満語纂編』の巻数を表している。氏名は『翻訳満語纂編』の該当巻を担当する際に、『清文鑑』の該当巻を使用した人物、氏名の右にある括弧内の数字は『清文鑑』の該当巻から選抜した語句の数である。例えば、『翻訳満語纂編』巻2を編纂する際に、『清文鑑』の巻1を見たのは高尾延之、彭城昌宣、蔡正邦、蘆塚恒徳の4名であり、それぞれが選抜した語句数は1、3、2、2語句であったことを示している。

18 表1-11の見方であるが、一番左の網掛けになっている縦列の1～5は『翻訳満語纂編』の巻数、一番上と真ん中の網掛けになっている横列の1～32は『清文鑑』の巻数である。それぞれのセルにある数字は『清文鑑』の該当巻から『翻訳満語纂編』の当該巻に何語句が選抜されたかを表している。例えば、1の鄭永寧の場合、『翻訳満語纂編』巻1を編纂する際に、『清文鑑』巻2から2、巻4から1、巻7から3語句選抜したことを示している。

第2章

『翻訳満語纂編』の語句選択基準

第1章で述べたように、『翻訳満語纂編』は、『清文鑑』に収録される約18,000語句から2,632語句を選抜して、各巻字母順に、すなわち十二字頭順に並べ替えて編纂したものである。本章では『翻訳満語纂編』を編纂する際に、唐通事たちがどのような基準によって語句を選択したのかについて考察する。考察に先立って、まず、『翻訳満語纂編』巻3の序文を以下に挙げる。

　嚮所繙譯清文内題名満語纂編者唯領八十七字母毎名譔出三十言或四五十言而編成今且率由舊章者焉又別有頂著十一字頭而呼用之章句殊為繁多始今習學之人除此而暨停譔入者祇恐各人任意採擇字句精粗擯斥其注釋簡約者不収撫拾其詞意駢麗者充數反嫌…（後略）
〈意訳：先に翻訳した辞書のうち、「翻訳満語纂編」は87字母に分けて一人につき30ないしは4・50語句を選出して編纂したが、今しばらくこのやり方を踏襲する。また別に新たな11字頭で始まる語句を加える。語句は殊更に複雑で多く、初めて満洲語を学ぼうとする者の仲間入りをしばらくお断りしている。ただ各人が任意に語句を採択したら、精粗が混ざってしまうのを憂う。その語釈が簡単なものは拾っても収録せず、語釈の日本語訳が駢儷なものは反対があっても数に加える…〉
　　　　　　　　　　　　　　　　　　　　　　　（下線は筆者による）

　上の序文から世話掛は、実際に翻訳に携わった者たちが任意に語句を訳出するのを危惧していた様子が窺え、また語釈の内容が語句選択基準の一つであったと分かる。
　まず、『清文鑑』のそれぞれの巻からどのくらいの語句が『翻訳満語纂編』に選択されたかを示すと以下の表2-1の通りである。

表 2-1 『清文鑑』の巻別に見た『翻訳満語纂編』の収録語句数[注1]

巻	1	2	3	4	5	6	7	8
語句数	29	77	40	63	123	146	251	92
巻	9	10	11	12	13	14	15	16
語句数	121	71	49	47	44	65	26	14
巻	17	18	18	20	21	22	23	24
語句数	31	50	92	133	36	158	69	95
巻	25	26	27	28	29	30	31	32
語句数	89	47	94	68	106	137	78	91

　表 2-1 から言えるのは、『翻訳満語纂編』を編纂する際に『清文鑑』の補編は使われていないということである。次に、表 2-1 を全体的に眺めてみただけでも、『清文鑑』の巻別で選択語句数に差異があるのは明白である。巻 7 からは最も多い 251 語句も選ばれているのに対して、巻 16 からは最も少ない 14 語句しか選ばれていない。これは部類（語句の意味）が選択基準にある程度関与した可能性を示唆するものである。そこで、まずはじめに『清文鑑』のどのような部類から語句を選択しているかから、詳しく見てみることにする。

1.　部類別による分析

　表 2-2 は『清文鑑』の部別に見た『翻訳満語纂編』の収録語句数の一覧である。量の差こそあれ、『清文鑑』の全ての部から語句を収録していることが分かる。

表 2-2 『清文鑑』の部別に見た『翻訳満語纂編』の収録語句数[注2)]

順位	部	語数	順位	部	語数	順位	部	語数
1	人部 (9)	398	13	樂部	64	25	蟲部	26
2	武功部 (2)	213	14	牲畜部 (2)	56	26	時令部	25
3	文學部	188	15	地部	52	27	諭旨部	23
4	居處部 (3)	182	16	布帛部	47	27	營造部	23
5	産業部 (2)	175	17	鱗甲部	44	27	雜糧部	23
6	禮部	149	18	花部	42	30	烟火部	21
7	鳥雀部	137	18	獸部	42	31	技藝部	18
8	政部	118	20	草部	34	32	船部	14
9	食物部 (2)	117	21	樹木部	31	33	車輛部	10
10	衣飾部	95	22	天部	29	34	君部	9
11	器皿部	89	22	雜果部	29	35	醫巫部	8
12	設官部 (2)	71	22	僧道部	29	36	奇異部	7

　また、表2-3は『清文鑑』の類別に見た『翻訳満語纂編』の収録語句数の一覧である。表2-3では収録語句数が10語句以上の75類のみを挙げている（全ての類における分布は巻末の【付録4】を参照）。

表 2-3　『清文鑑』の類別に見た『翻訳満語纂編』の収録語句数

順位	類	語数	順位	類	語数	順位	類	語数
1	部院類（12）	119	25	衣服類（4）	29	49	海魚類	14
2	書類（8）	91	25	果品類（4）	29	52	兵類	13
3	鳥類（10）	80	28	時令類（9）	25	52	封表類（2）	13
4	軍器類（7）	70	28	樂類（3）	25	52	喪服類（2）	13
5	器用類（8）	69	30	佛類（2）	24	52	製造軍器類（4）	13
6	鹵簿器用類（5）	53	31	蟲類（4）	23	52	言論類（4）	13
6	臣宰類（14）	53	32	飯肉類（4）	22	52	街道類	13
8	地輿類（14）	52	33	祭祀器用類（2）	21	52	飾用物件類	13
9	雀類（6）	47	33	人身類（8）	21	59	歩射類	12
10	打牲器用類（4）	44	33	烟火類（4）	21	59	畋獵類（3）	12
11	征伐類（8）	43	36	儀器類	20	59	容貌類（8）	12
12	文學什物類（2）	42	37	政事類	19	59	衡量類（2）	12
12	花類（6）	42	37	河魚類（4）	19	59	生産類	12
14	貨財類（2）	40	39	鈍繆類	17	59	冠帽類（2）	12
15	樂器類（3）	39	39	貿易類（2）	17	65	筵宴類	11
16	菜蔬類（4）	38	39	城郭類	17	65	文學類	11
16	獸類（7）	38	42	祭祀類（2）	16	65	人倫類（2）	11
18	聲響類（6）	36	42	戲具類	16	68	朝集類	10
19	事務類（4）	35	42	室家類（4）	16	68	諭旨類	10
20	草類（4）	34	42	餑餑類（3）	16	68	撩跤類（2）	10
21	工匠器用類（3）	33	42	米穀類（4）	16	68	爭鬪類（2）	10
21	布帛類（6）	33	47	禮儀類	15	68	刑罰類（2）	10
23	樹木類（10）	31	47	數目類	15	68	行走類（4）	10
23	人類（4）	31	49	鞍轡類（2）	14	68	羽族肢體類（2）	10
25	天文類（7）	29	49	船類（4）	14	68	馬匹類（3）	10

　表2-2と表2-3の順位は、ひとまず唐通事がどのような部類に関心を持っていたのかを表していると言ってよかろう。最も多い人部からは398語句を選ん

第2章　『翻訳満語纂編』の語句選択基準　　59

でいるが、この数は『翻訳満語纂編』全体の語句のうち、15.1%を占める。逆に最も少ない奇異部からは7語句しか選んでおらず、これは全体の0.3%に過ぎない。巻末に示した【付録4】を見ると分かるように、類の中には1語句も選ばれていない類も数多く存在する。それぞれの部類の中からどのような語句が選ばれたのかを見た場合、唐通事が日常よく接していた語句、中国（清）に固有の文物、文化などを反映している語句などを選んだのだろうと考えたいが、残念ながら明確な基準は見出しにくい。

　一方で、表2-2、表2-3を見ると、上位に来ている部類は、概ね部類数が複数に亘っていることが分かる。つまり、例えば人部からの収録語句が最も多いのは、唐通事が人部の語句に特に関心を持っていたと考えられる一方、もしいろいろな部から満遍なく語句を抽出しようとしていたのであれば、単に人部が第1から第9まであったためという可能性も出てくる。実際に、類別に見た場合、最も多くの語句が選ばれたのは部院類からであるが、部院類は人部ではなく、居處部に属する。このように見ていくと、主観的な判断ではあるが、類別に見た場合の上位10位までに鳥に関する語句である鳥類と雀類が入っているのは注目すべきである。鳥類の80と雀類の47を合わせると、部院類の119を上回る。

2.　他に選択基準として考えられるもの

　1節で見たように、部類の観点から語句選択基準としての大きな傾向を見出すのは難しい。そこで、本節では『清文鑑』からの語句選択基準として部類以外に考えられるものについて考察する。

2.1.　見出し満洲語の漢語訳

　まず、語句選択の基準として考えられるものに『清文鑑』の見出し満洲語にふされた漢語訳が挙げられる。例えば、『清文鑑』の「巻5 政部巡邏類」の場合、この類から選びだされた語句は「kedere 邏」の1語のみである。巻末の【付録4】

に示すように一つの類の中から1語句のみ、或いは数語句のみを選んでいる場合は、その選択基準について何とも言えない。各唐通事が自分の担当している字頭で始まる語句を探していく中で、たまたま目についたという可能性もある。こうした中、上記の「kedere 邏」の場合は、「巡邏類」の「邏」の字に基づいて選ばれた可能性がある。唐通事らが『清文鑑』にふされた漢語訳を見ていたことは『翻訳満語纂編』巻4の序文からも推測される。

（前略）…然以漢譯為宗以國學経緯之即學者今已思過半矣…（後略）
〈意訳：…よって漢語訳を最重要視し、日本語でこの経緯としている。満洲語を学ぶ者は漢語だけで半分を理解しているようなものだ…〉

　上の記述にも見られるように、唐通事は概ね漢語（中国語）に通じていただろうから、語句を選択する際、自分が担当した満洲語の字頭部分だけを見ていたのではなく、必ずや満洲語にふされた漢語訳も見ていたはずである。むしろ漢語訳の部分のみを見ていた者もいたであろう。いずれにせよ、漢語訳の部分を見ながらその語句を訳出するかどうか判断していた可能性は高い。これは逆に漢語訳の部分を見てその意味を理解できなければ、その語句は選ばなかった（選べなかった）ということになる。だが、このように漢語訳が選択基準に関わっていたと述べるためには、『翻訳満語纂編』の編纂に携わった唐通事たちの中国語能力がどの程度であったかを明らかにする必要がある。しかし、このことについて述べるのは、筆者の能力の範囲を越える。今後、唐通事が中国語学習に使っていた教材、普段から講読していたであろう漢籍などを研究していくことによって、明らかにできるだろう[注3]。
　漢語訳に関わる例をもう一つ挙げる。『清文鑑』の「巻5政部政事類」に収録される語句は全部で43だが、以下の表2-4はこれを『翻訳満語纂編』に収録されたかどうかによって分けたものである。各語句の左横の数字は、『清文鑑』の政事類中における通し番号である。

表2-4 「巻5政部政事類」の場合

選ばれた語句	選ばれなかった語句
1. dasan 政	5. tacihiyambi 教訓
2. dasambi 治	6. wen 化
3. ijin wekjin 経緯	7. wembumbi 化導
4. tacihiyan 教	8. wempi 感化
11. hūturi 福	9. wengke 感化了
12. horon 威	10. kesi simehe 澤潤
13. huwekiyebun 勸	15. toose 権
14. isebun 懲	17. hergin 紀
16. hešen 綱	19. yoso 漢語同上
18. doro 道	20. doro yoso 漢語同上連用
26. tacin 習俗	21. an 常
27. tacinun 風氣	22. kooli 例
30. durun 様子	23. koolingga 有禮法
31. tuwakū 榜樣	24. kooli durun 規矩
33. fafun 法度	25. an kooli 風俗
34. fafungga 嚴肅	28. kemun 準則
35. fafulambi 禁止	29. kemuhen 範
40. dorolon 禮	32. durun tuwakū 漢語同上連用
42. tuwancihiyan 征	36. selgiyen 令
	37. selgiyembi 傳令
	38. šacin 禁約
	39. šacilaha 禁約過
	41. kumun 樂
	43. dailan 伐

　表2-4の右側、すなわち選ばれなかった語句の中に、「漢語同上」及び「漢語同上連用」という文字が見える。「漢語同上」は『清文鑑』において直前の語と意味が同じこと、「漢語同上連用」は直前の語と意味が同じ熟語であることを表すが、漢語訳が「漢語同上」及び「漢語同上連用」になっている語句は『翻

62

訳満語纂編』の中に 1 例もない。これは意図があってのことだと考えてよかろう。すなわち、表 2-4 の場合、19 の「yoso」と 20 の「doro yoso」は 18 の「doro」と、同様に 32 の「durun tuwakū」は 31 の「tuwakū」と同じ意味であるから収録を避けたものと思われる。これも漢語訳をもとに語句を選択したと考えられる一例と言える。

2.2. 派生語

次に、派生語について見てみる。『清文鑑』の「巻 5 政部寛免類」を例にとると、ここから選び出された語句は「mayambumbi 使消滅」の 1 語のみである。『清文鑑』では「mayambumbi 使消滅」の真上に「mayambi 消滅」が載っているが、こちらは選ばれていない。なぜ、「mayambi 消滅」を選ばずにその使役形である「mayambumbi 使消滅」だけを選んだのかは分からないが、全体的に、派生語が派生前の元の語とペアになって選ばれた例は、後述する熟語や同音異義語に比べて多くない。以下に派生語が元の語とペアになって選ばれた例を示すが、このような例は以下に挙げる例がほぼ全てである。まず、(1) ～ (4) はヴォイス派生の例である。

(1) (a) ejembi 記 ［巻 3 上 8a 呉為祥］
  (b) ejebumbi 使記 ［巻 5 上 8a 鄭永寧］
(2) (a) lehembi 得後爭添 ［巻 4 下 12a 彭城昌宣］
  (b) lehebumbi 使爭索 ［巻 5 下 8b 彭城永祥］
  (c) lehendumbi 齊爭索 ［巻 5 下 8a 彭城永祥］
(3) (a) dasambi 醫治 ［巻 5 上 39a 鉅鹿篤義］
  (b) dasabumbi 使醫治 ［巻 5 上 39a 鉅鹿篤義］
(4) (a) šejilembi 背書 ［巻 3 上 46b 彭城廣林］
  (b) šejilebumbi 使背 ［巻 3 上 47a 彭城廣林］

(1)、(2) はそれぞれの語を別の人物が訳出しているが、(3)、(4) のように同一人物がしかも同一の巻で派生語となる語を選択している場合、意図的に行

第 2 章 『翻訳満語纂編』の語句選択基準　　*63*

なったものと見て間違いないだろう。

　以下の (5) は「tacimbi」に関連するヴォイス派生の例であるが、上の例と異なるのは、これらの派生語の元になる「tacimbi」が収録されていない点である。なお、名詞の「tacihiyan」は収録されている。

(5) (a) tacibumbi 指教［巻 5 上 37b 鉅鹿篤義］

　　(b)(ta)cindumbi 一齊學［巻 5 上 37b 鉅鹿篤義］[注4]

　　(c)t(acinjimbi) 来學［巻 5 上 37a 鉅鹿篤義］

　　(d) tacihiyan 教［巻 1 上 43a 彭城種美］

　以下の (6) ～ (8) は、名詞から動詞の派生語の例である。

(6) (a) šuwarkiyan 杖［巻 4 上 33a 早野志明］

　　(b) šuwarkiyalambi 杖責［巻 4 上 33a 早野志明］

(7) (a) gida 鎗［巻 3 下 36a 鄭永寧］

　　(b) gidalambi 用鎗扎［巻 5 下 30a 神代延長］

(8) (a) šulehen 賦［巻 5 上 36b 鉅鹿篤義］

　　(b) šulehelembi 賦歛［巻 3 上 47b 彭城廣林］

　(6) は同一人物が同一巻において訳出した例である。(7) は巻 3 の段階で名詞を訳出していたものに巻 5 において別の人物が動詞を訳出した例である。(8) は (7) の逆で、まず巻 3 の段階で動詞を訳出していたものに巻 5 において別の人物が名詞を訳出した例である。

　次に、以下の (9) は形容詞の派生語の例である。まず原形となる「luku」を巻 3 の段階で訳出していたものに、巻 5 の段階で別の人物が「lukuken」を訳出したものと考えられる。

(9) (a) luku 厚密［巻 3 下 17a 蘆塚恒徳］

　　(b) lukuken 畧厚密［巻 5 下 8b 彭城永祥］

また、派生語ではないが、類例として以下のようなものもある。(10) は巻4の段階で完了形の「lusukebi」を訳出していたものに、巻5の段階で別の人物がその原形となる「lusumbi」を訳出した例である。

(10) (a) lusumbi 疲乏 ［巻5下9a 彭城永祥］
　　 (b) lusukebi 疲乏了 ［巻4下12b 彭城昌宣］

以上、派生語の例を見てきたが、(3)、(5)、(8) に名前が出てくる鉅鹿篤義はとりわけこの派生語を意図的に翻訳していた人物である。鉅鹿篤義が巻5で担当している箇所には、このような派生語が多い。以下の (11) ～ (15) は全て鉅鹿篤義が巻5において訳出した語である。なお、鉅鹿篤義は後述するように同音異義語を積極的に訳出した人物でもある。

(11) (a) šekembi 雨淋透了 ［巻5上34a 鉅鹿篤義］
　　 (b) šekebumbi 被雨淋透了 ［巻5上34a 鉅鹿篤義］
(12) (a) šerimbi 訛詐 ［巻5上34a 鉅鹿篤義］
　　 (b) šeribumbi 被訛詐 ［巻5上34b 鉅鹿篤義］
(13) (a) šerembi 焼紅 ［巻5上34b 鉅鹿篤義］
　　 (b) šerembumbi 使焼紅 ［巻5上34b 鉅鹿篤義］
(14) (a) šulembi 征收 ［巻5上36b 鉅鹿篤義］
　　 (b) šulebumbi 使征收 ［巻5上36b 鉅鹿篤義］
(15) (a) teliyembi 蒸 ［巻5上40a 鉅鹿篤義］
　　 (b) teliyebumbi 使蒸 ［巻5上40a 鉅鹿篤義］

2.3. 熟語

次に、熟語（複合語を含む）について見てみる。まず、(16) や (17) が典型的なケースである。

(16) (a) doron 印 ［巻1上50b 彭城種美］

第2章 『翻訳満語纂編』の語句選択基準　　65

(b) doron gidaha boji　紅契　［巻1上50a 彭城種美］

(c) doron -i boco　印色　［巻2下1b 神代定光］

(d) doron hungkerere kūwaran　鑄印局　［巻2下1b 神代定光］

(e) doron -i wesimbure bithe　題本　［巻3下8b 早野晴貞］

(f) doron -i hoošan　空白　［巻3下10a 早野晴貞］

(g) doron -i uncehen　楷字尾　［巻5下3a 彭城昌宣］

(17) (a) biya　月　［巻2上26b 彭城昌宣］

(b) biyai kesingge inenggi　月恩日　［巻1上27a 彭城廣林］

(c) biya aliha fiyenten　當月司　［巻1上27b 彭城廣林］

(d) biya gehun　月朗　［巻2上26a 彭城昌宣、巻4上24b 彭城種美］

(e) biya jembi　月食　［巻2上26b 彭城昌宣］

(f) biyai manashūn　月盡　［巻3上40b 穎川春重］

(g) biya arganaha　月牙　［巻4上24b 彭城種美］

(h) biya buruhun　月暗　［巻4上24b 彭城種美］

(i) biyangga efen　月餅　［巻1上27b 彭城廣林］

(j) biyangga longkon　月羅　［巻1上28a 彭城廣林］

(k) biyangga inenggi　中秋　［巻2上26b 彭城昌宣］

(l) biyalari ilha　月季花　［巻2上26a 彭城昌宣］

　(16) は「doron」に関連する熟語の例である。まず、巻1で彭城種美によっ
て「doron」と「doron gidaha boji」が訳出されたあと、その後の巻で別の人
物が「doron」を含む熟語を訳出している。(17) は「biya」に関連する熟語の
例である。(16) と違う点は、「biya」を含む熟語は巻1から訳出されているが、
元となる語「biya」自体は巻2の段階で後から訳出されている点である。「biya」
は『清文鑑』の巻1に収録されており、『翻訳清文鑑』巻1の訳出に使われて
いたので、『翻訳満語纂編』巻1の段階では使えなかったのだろう。

(18) (a) bigan -i mucu　野葡萄　［巻2上27a 彭城昌宣］

(b) bigan -i niongniyaha　鴻雁　［巻2上27a 彭城昌宣］

(c) bigan -i hu(t)u 野鬼 ［巻 5 上 22b 早野志明］

(d) bigan -i cai 野茶 ［巻 5 上 23a 早野志明］

(e) bigan urangga moo 胡桐 ［巻 5 上 23a 早野志明］

　(18) は「bigan」に関連する熟語の例である。(16)、(17) と違うのは、元と
なる語の「bigan」は最後まで訳出されておらず、熟語のみが収録されている
点である。いずれにせよ、(16) ～ (18) のような熟語の例は枚挙にいとまがない。
『翻訳満語纂編』に収録されている語句の半分以上がこのような熟語である。

　この熟語に関しても、積極的に訳出した者とそうでない者のあいだで個人差
が見られる。特に熟語を意識して訳出していたと思われるのは神代延長である。
なお、神代延長は後述するように同音異義語を積極的に訳出した人物でもある。

(19)　(a) dere 桌 ［巻 1 上 47a 彭城種美］

　　　(b) derei bangtu 桌牙子 ［巻 2 上 48b 彭城廣林］

　　　(c) derei hašahan 棹幛 ［巻 4 下 2b 神代延長］

(20)　(a) ere 臉 ［巻 3 下 5a 蔡正邦］

　　　(b) dere felembi 捨臉 ［巻 4 下 3a 神代延長］

　　　(c) dere waliyatambi 撂臉子 ［巻 4 下 2b 神代延長］

(21)　(a) doro de hūsun akūmbuha amban 通議大夫 ［巻 2 下 2a 神代定光］

　　　(b) doro de hūsun bu(he a)mban 中義大夫 ［巻 2 下 2b 神代定光］

　　　(c) doro de aisilaha amban 光禄大夫 ［巻 4 下 4b 神代延長］

　　　(d) doro de tusa obuha amban 通奉大夫 ［巻 4 下 5a 神代延長］

　(19) は巻 1 の段階で彭城種美が「dere」を、巻 2 の段階で彭城廣林が
「derei bangtu」を訳出していたのに加えて、巻 4 の段階で神代延長が「derei
hašahan」を訳出した例である。(20) は巻 3 の段階で蔡正邦が「dere」を訳
出していたのに加えて、巻 4 の段階で、神代延長が「dere felembi」と「dere
waliyatambi」を訳出した例である。(21) は巻 2 の段階で神代定光が「doro
de hūsun akūmbuha amban」と「doro de hūsun buhe amban」を訳出してい
たのに加えて、巻 4 の段階で神代延長が「doro de aisilaha amban」と「doro

第 2 章　『翻訳満語纂編』の語句選択基準　　*67*

de tusa obuha amban」を訳出した例である。なお、第1章で言及したように、仮に神代定光と神代延長が同一人物だとしたら、(21) は一人で全てを訳出したことになる。また、その逆もある。

(22) ⒜ deyen 殿 ［巻4下 1a 神代延長］

　　 ⒝ deyen de tembi 陛殿 ［巻1上 48a 彭城種美］

(22) は巻1の段階で彭城種美が「deyen de tembi」を訳出していたので、巻4の段階で神代延長がその元になる語の「deyen」を訳出した例である。

2.4.　反義語

次に、反義語について見てみる。『清文鑑』の「巻5政部詞訟類」を例にとると、ここから選ばれた語は「waka 非」と「wakašambi 怪不是」の2語のみである。この2語が選ばれているのは派生語の観点から理解できる。ただ、『清文鑑』には「waka 非」の直前に「uru 是」と「urušembi 為是」がある。しかしなぜか「uru 是」と「urušembi 為是」は選ばれていない。「uru 是」を選ばずに「waka 非」のみを選んだのかは分からない。ただ、このように反義語に着目した場合、ペアをなして選ばれたものはほとんどないようである。

2.5.　同音異義語

次に、同音異義語について見てみる。同音異義語が選ばれた例は比較的多い。その一例を挙げると (23) ～ (27) の通りである。

(23) ⒜ yehe 練麻 ［巻2下 28a 鉅鹿篤義］

　　 ⒝ yehe 盔頂上托子 ［巻5下 24a 蔡正邦］

(24) ⒜ tuhe 打騒鼠的簿子 ［巻3下 14a 早野晴貞］

　　 ⒝ tuhe 鍋蓋 ［巻4下 8a 官梅盛芳］

(25) ⒜ dube 末 ［巻5下 6b 彭城昌宣］

(b) dub (e) 尖子 ［巻 5 下 6b 彭城昌宣］

(26) (a) hiya 侍衛 ［巻 1 下 34a 蘆塚恒徳］

(b) hiya 旱 ［巻 1 下 34a 蘆塚恒徳］

(27) (a) necihiyembi 平撫 ［巻 3 上 19a 神代定光］

(b) necihiyembi 平地面 ［巻 3 上 18b 神代定光］

　(23)、(24) のように訳編者が同一でない場合は、それぞれの訳編者が選んだ
語句が結果的に偶然同音異義語になってしまったという可能性もあるが、(25) 〜
(27) のように同一人物がしかも同一巻で同音異義語を選んでいる場合は、意図的
にそうしたと考えるのが自然であろう。全体的に見ると、同一人物が同音異義語
を訳出している場合のほうがはるかに多い[注5]。なお、同音異義語に関しても、と
りわけ一部の訳編者に偏りが見られる。訳出した語句に同音異義語が多く含まれ
る者は、蔡正邦、鄭永寧、鉅鹿篤義、彭城種美、神代延長、早野志明などである。
以下、それぞれの訳編者別に例を見てみる。まず、(28) 〜 (34) は蔡正邦の例である。

(28) (a) jafambi 拿 ［巻 4 下 22a 蔡正邦］

(b) jafambi 鷹拿住 ［巻 4 下 22a 蔡正邦］

(29) (a) jofoho 魚叉 ［巻 5 下 19a 蔡正邦］

(b) jofoho 對的尖 ［巻 5 下 19a 蔡正邦］

(30) (a) juliyambi 去核 ［巻 5 下 20a 蔡正邦］

(b) juliyambi 吐難吃物 ［巻 5 下 20a 蔡正邦］

(31) (a) jijun 爻 ［巻 2 下 22b 鉅鹿篤義］

(b) jijun 字畫 ［巻 4 下 24b 蔡正邦］

(32) (a) dere 桌 ［巻 1 上 47a 彭城種美］

(b) dere 臉 ［巻 3 下 5a 蔡正邦］

(33) (a) jolo 醜鬼 ［巻 1 下 22b 彭城雅美］

(b) jolo 母鹿 ［巻 5 下 19b 蔡正邦］

(34) (a) kete kata 馬蹄踏石聲 ［巻 3 下 32a 游龍俊之］

(b) kete kata 石上行走聲 ［巻 5 下 25a 蔡正邦］

(c) kete kata 雜樣乾果食 ［巻 5 下 24b 蔡正邦］

第 2 章　『翻訳満語纂編』の語句選択基準　　69

（28）～（30）は同音異義語二つとも蔡正邦によって訳出された例であるが、
（31）～（34）は別の訳編者が訳出していた語の同音異義語を蔡正邦が後ろの巻
で訳出した例である。

次に（35）～（41）は鄭永寧の例である。鄭永寧は自ら同音異義語を全て訳出し
た例が多い。また、鄭永寧は2語の同音異義語に限らず、3語以上のものが多い
点も注目される。

（35）(a) arambi 作文 ［巻5上5b 鄭永寧］

　　　(b) arambi 寫字 ［巻5上5b 鄭永寧］

（36）(a) a 陽 ［巻1上10a 鄭永寧］

　　　(b) a 字牙 ［巻5上5b 鄭永寧］

（37）(a) gidacan 盔梁 ［巻3下36a 鄭永寧］

　　　(b) gidacan 鞍籠 ［巻3下36b 鄭永寧］

　　　(c) gidacan 盔甲罩 ［巻4下29a 鄭永寧］

（38）(a) icihiyambi 打掃 ［巻5上11a 鄭永寧］

　　　(b) icihiyambi 料理 ［巻5上11a 鄭永寧］

　　　(c) icihiyambi 裝裹 ［巻5上11a 鄭永寧］

　　　(d) icihiyambi 辦理 ［巻5上11a 鄭永寧］

（39）(a) kiyab seme 團聚狀 ［巻4下26a 鄭永寧］

　　　(b) kiyab seme 衣服可身 ［巻4下26b 鄭永寧］

　　　(c) kiyab seme 急速着［著］些 ［巻4下26b 鄭永寧］

（40）(a) kiyafur kifur 粉碎聲 ［巻4下27b 鄭永寧］

　　　(b) kiyafur kifur 嚼脆骨聲 ［巻4下28a 鄭永寧］

（41）(a) gisun 句 ［巻2下32b 衆学生］

　　　(b) gisun 言 ［巻4下29b 鄭永寧］

ほとんどの同音異義語が同一の巻での訳出となっているが、（36）はともに
鄭永寧の訳出でありながらも、一つは巻1、もう一つは巻5での訳出となって
いる。「a」はつづりの単純な語であるから、4年前に訳出したのが記憶の片隅
に残っていたのだろうか。

70

次に、(42)～(50) は鉅鹿篤義の例である。鉅鹿篤義も鄭永寧同様に自ら同音異義語を全て訳出した例が多い。3語以上の同音異義語を訳出している点も同様である。

(42) (a) dasambi 改正 ［巻5上39a 鉅鹿篤義］

 (b) dasambi 治 ［巻5上38b 鉅鹿篤義］

 (c) dasambi 醫治 ［巻5上39a 鉅鹿篤義］

(43) (a) cuku 黏糕托子 ［巻3下22b 鉅鹿篤義］

 (b) cuku 令攙起 ［巻3下22b 鉅鹿篤義］

(44) (a) je 小米 ［巻3下24b 鉅鹿篤義］

 (b) je 急應聲 ［巻3下24b 鉅鹿篤義］

(45) (a) šekembi 淋透 ［巻5上34a 鉅鹿篤義］

 (b) šekembi 雨淋透了 ［巻5上34a 鉅鹿篤義］

(46) (a) tališambi 回光亂動 ［巻5上37a 鉅鹿篤義］

 (b) tališambi 眼珠亂轉 ［巻5上37a 鉅鹿篤義］

(47) (a) tebumbi 栽 ［巻5上40b 鉅鹿篤義］

 (b) tebumbi 使坐 ［巻5上40b 鉅鹿篤義］

 (c) tebumbi 盛 ［巻5上40b 鉅鹿篤義］

 (d) tebumbi 造酒 ［巻5上40b 鉅鹿篤義］

 (e) tebumbi 入殮 ［巻5上40b 鉅鹿篤義］

(48) (a) te 居住下 ［巻5上39b 鉅鹿篤義］

 (b) te 今 ［巻5上39b 鉅鹿篤義］

 (c) te 坐 ［巻5上39b 鉅鹿篤義］

(49) (a) dalan 脖脛 ［巻3下3b 蔡正邦］

 (b) dalan 堤 ［巻5上38a 鉅鹿篤義］

(50) (a) da 本 ［巻3下3a 蔡正邦］（巻29 樹木部樹木類8）

 (b) da 頭目 ［巻5上38b 鉅鹿篤義］

 (c) da 一枝 ［巻5上38b 鉅鹿篤義］

 (d) da 本 ［巻5上38b 鉅鹿篤義］（巻5 政部事務類1）

 (e) da 廣 ［巻5上38b 鉅鹿篤義］

第2章 『翻訳満語纂編』の語句選択基準 71

鉅鹿篤義は特に同音異義語を意識して訳出していたものと思われる。特に巻5にその例が多い。鉅鹿篤義が巻5上で担当した語句は79であるが、実にそのうちの27が同音異義語になっている。次に、(51)～(55)は彭城種美の例である。

(51) (a) facambi 散［巻5下34a 彭城種美］
     (b) facambi 散席［巻5下34a 彭城種美］
(52) (a) fafulambi 禁止［巻5下33a 彭城種美］
     (b) fafulambi 傳令［巻5下33a 彭城種美］
(53) (a) buren 畫角［巻3上43b 潁川春重］
     (b) buren 海螺［巻4上27b 彭城種美］
(54) (a) fiyelen 莧菜［巻2下43b 游龍俊之］
     (b) fiyelen 章［巻5下36b 彭城種美］
(55) (a) fodo 求福柳枝［巻1下39b 彭城昌宣］
     (b) fodo 佛花［巻5下37b 彭城種美］

　(51)、(52)は彭城種美自らが同音異義語を全て訳出した例、(53)～(55)はそれまでに別の人物が訳出していた音異義語を彭城種美が訳出した例である。彭城種美の例も、鉅鹿篤義と同様、巻5での訳出が目立つ。
　次に、(56)～(63)は早野志明の例である。

(56) (a) bodon 策［巻4上23b 早野志明］
     (b) bodon 韜畧［巻4上23b 早野志明］
(57) (a) basan 弔肚［巻2上23b 彭城昌宣］
     (b) basan 柳條笆［巻5上21b 早野志明］
(58) (a) bederembi 退［巻3上38b 潁川春重］
     (b) bederembi 退［巻5上22a 早野志明］
(59) (a) be 伯［巻4上23b 彭城種美］
     (b) be 禽鳥食［巻5上22a 早野志明］
(60) (a) bahanambi 會［巻4上23b 彭城種美］
     (b) bahanambi 算著了［巻5上21b 早野志明］

(61) (a) hūda 生意 ［巻 3 上 36a 彭城昌宣］

　　(b) hūda 價値 ［巻 5 上 20b 早野志明］

(62) (a) suhe 斧子 ［巻 2 上 39b 蔡正邦］

　　(b) suhe 斧 ［巻 4 上 31b 早野志明］

(63) (a) šuru 珊瑚 ［巻 1 上 42b 游龍俊之］

　　(b) šuru 拴紙條箭杆 ［巻 4 上 33a 早野志明］

　早野志明が『翻訳満語纂編』の編纂に関わったのは巻 4 と巻 5 のみである。そのためか早野志明の場合、(56) のように自ら同音異義語のペアを訳出した例もあるが、(57) 〜 (63) のように巻 3 以前の巻で別の人物が訳出していた語の同音異義語を訳出する傾向が顕著である。

　次に、(64) 〜 (75) は神代延長の例である。神代延長が『翻訳満語纂編』の編纂に参加したのも早野志明と同様、巻 4 と巻 5 のみである。早野志明の場合、巻 3 以前に別の人物が訳出した語の同音異義語を探して訳出するという傾向があったが、神代延長の場合、それのみならず、自ら同音異義語を全て訳出する例も多い。

(64) (a) dedubumbi 發麺 ［巻 1 上 47b 彭城種美］

　　(b) dedubumbi 放倒 ［巻 4 下 2a 神代延長］

(65) (a) dehembi 煉熟金 ［巻 3 下 6a 蔡正邦］

　　(b) dehembi 捆菸葉 ［巻 4 下 1a 神代延長］

(66) (a) getuken 明白 ［巻 3 下 33b 游龍俊之］（人部五隱顯類）

　　(b) getuken 明白 ［巻 5 下 26a 神代延長］（人部五言論類）

　　(c) getuken 明白 ［巻 5 下 26a 神代延長］（人部二聰智類）

(67) (a) gidambi 劫營 ［巻 2 下 32a 衆学生］

　　(b) gidambi 強讓酒 ［巻 5 下 29a 神代延長］

　　(c) gidambi 壓 ［巻 5 下 29a 神代延長］

　　(d) gidambi 淹 ［巻 5 下 29b 神代延長］

　　(e) gidambi 隱匿 ［巻 5 下 29b 神代延長］

(68) (a) gehešembi 點頭 ［巻 5 下 27a 神代延長］

　　(b) gehešembi 點頭呼喚 ［巻 5 下 27a 神代延長］

第 2 章　『翻訳満語纂編』の語句選択基準　　*73*

(69) (a) gelecuke 可怕 ［巻 5 下 26a 神代延長］（人部 3 勇健類）

(b) gelecuke 可怕 ［巻 5 下 26b 神代延長］（人部 4 怕懼類）

(70) (a) geri fari 恍忽 ［巻 5 下 26b 神代延長］

(b) geri fari 恍惚 ［巻 5 下 26b 神代延長］

(71) (a) getereke 全完了 ［巻 5 下 26b 神代延長］

(b) getereke 勧除了 ［巻 5 下 26b 神代延長］

(72) (a) kiriba 性能忍耐 ［巻 5 下 28b 神代延長］

(b) kiriba 殘忍 ［巻 5 下 28b 神代延長］

(73) (a) kiyangdu 強幹 ［巻 5 下 28b 神代延長］

(b) kiyangdu 好強人 ［巻 5 下 29a 神代延長］

(74) (a) hešen 綱 ［巻 5 下 27b 神代延長］

(b) hešen 地界 ［巻 5 下 27b 神代延長］

(c) hešen 紬緞邊子 ［巻 5 下 28a 神代延長］

(d) hešen 網邊繩 ［巻 5 下 28a 神代延長］

(75) (a) hetembi 捲撲起 ［巻 5 下 28a 神代延長］

(b) hetembi 婦女叩頭 ［巻 5 下 28a 神代延長］

(c) hetembi 撩衣襟 ［巻 5 下 28a 神代延長］

(d) hetembi 捲簾 ［巻 5 下 28b 神代延長］

　(64) ～ (67) は巻 3 以前に別の人物が訳出した語の同音異義語を見つけて訳出した例、(68) ～ (75) は神代延長自らが同音異義語を全て見つけて訳出した例である。神代延長も 3 語句以上の同音異義語を訳出した例が多い。また、(66)、(67) のように、巻 3 以前に別の人物が訳出していた語句であっても、それに加えて、自らも複数の同音異義語を訳出している場合もある。神代延長も鉅鹿篤義、彭城種美と同様、巻 5 で同音異義語を翻訳する例が目立つ。神代延長が巻 5 下で担当した語句は 62 であるが、そのうち実に約半数の 29 語句が同音異義語になっている。

　同音異義語に関して最後に、以下の (76) ～ (78) は、興味深い例である。それぞれの同音異義語を訳出した者が、巻を越えて一致している。

(76) (a) leke 扁絛 ［巻1下6a 頴川春重］

(b) leke 磨刀石 ［巻5下8a 彭城永祥］

(c) leli 護甲 ［巻1下6b 頴川春重］

(d) leli 寬廣 ［巻5下8a 彭城永祥］

(77) (a) lifa 深中 ［巻1下7a 頴川春重］

(b) lifa 深入 ［巻2下7b 神代定光］

(c) lifan 坎 ［巻2下7a 頴川春重］

(d) lifan 打油榨酒石接盤 ［巻2下7b 神代定光］

(78) (a) hebei amban 議政大臣 ［巻1下30a 鉅鹿篤義］

(b) hebei amban 參贊大臣 ［巻3下34a 游龍俊之］

(c) heliyen 螳螂 ［巻1下30a 鉅鹿篤義］

(d) heliyen 農碓[碓] ［巻3下34b 游龍俊之］

　(76) は巻1下で頴川春重が訳出した語の同音異義語を巻5下で彭城永祥が、(77) は巻1下でやはり頴川春重が訳出した語の同音異義語を巻2下で神代定光が、(78) は巻1下で鉅鹿篤義が訳出した語句の同音異義語を巻3下で游龍俊之が訳出している。このような一致は単なる偶然なのかもしれないが、唐通事間で打ち合わせをしていた可能性がある。

2.6. 擬声擬態語

　最後に、擬声擬態語の例を挙げる。『翻訳満語纂編』では擬声擬態語も少なからず訳出されているが、鄭永寧が巻4下で翻訳した語句が興味深い。鄭永寧が巻4下で訳出した「he、ki、gi、hi」の字頭で始まる62語句のうち、実に40語句が擬声擬態語なのである。これは明らかに意図的に擬声擬態語を抽出したと考えざるをえない。以下の (79) がその全40語句である。

(79) kitir seme 跑的急、kiyab kib seme 行動伶便、kiyab seme 團聚狀、kiyak seme 跌重聲、kiyarkiya seme 厭人話多狀、kikūr seme 厚密、kiyab seme 衣服可身、kiyab seme 急速着[著]些、kiyar seme 屬聲、

kifur 碎折聲、kikūr 車輪聲、kiyak 乾木折聲、kiyalang 單鈴聲、kiyar 生鷹叫聲、kiyafur kifur 粉碎聲、kiyak kik 大木折聲、kiyakūng 重載車聲、kiyar gir〔sic.kir〕鷹拒人聲、kiyas 脆物折聲、kiyafur kifur 嚼脆骨聲、kiyar gir〔sic.kir〕騷鼠等物拒人聲、kiyatur kitur 車壓硬物聲、giyab 哈叭狗叫聲、giyar gir 禽雛喚母聲、giyar giyar 禽鳥急鳴聲、giyar giyar 猴叫聲、giyang 狗急叫聲、giyargiyan seme 責備不了、giyob seme 近中聲、giyok seme 跌的脆、giyor seme 餓的腸鳴、hiyak seme 嗔怒樣、hiyang hing seme 勇往管轄、hiyang seme 叱責、hiyor hiyar seme 強梁、hiyob seme 匏頭墜落聲、hiyok seme 嘆氣聲、hiyong seme 箭去有力聲、hiyor hiyar 眼岔馬鼻聲、hiyor seme 箭翎聲

3. 手抜き

　以下の表2-5は鄭永寧が「巻5 政部輪班行走類」の中から訳出した語句である。『清文鑑』の巻5 政部輪班行走類には全部で28語句が収録されているが、そのうち、7語句が『翻訳満語纂編』に収録されている。

表2-5 「巻5 政部輪班行走類」の場合（全て鄭永寧による訳出）

選ばれた語句	選ばれなかった語句
1. idu 班	8. sibcambi 簡退
2. idurambi 輪班	9. dabumbi 算入
3. idurabumbi 使輪班	10. dembi 補數
4. idu dosimbi 進班	11. debumbi 准補數
5. idu gaimbi 接班	12. dehe 已補數
6. idu alibumbi 交班	13. dehekū 未補數
7. idu fekumbi 跳班	14. halambi 更換
	15. halabumbi 使更換
	16. halanambi 去更換
	17. halanjimbi 来更換
	18. halandumbi 一斉更換
	⋮　　　⋮
	28. hokombi 下班

表2-5から分かるように、鄭永寧が『清文鑑』の「巻5政部輪班行走類」の中から訳出した語句は、1番目から7番目までである。8番目から28番目までの語は全く訳出していない。これは明らかに満洲語の意味や語形を判断基準にしたものではない。恐らくは巻5政部輪班行走類を見た際に、初めから順に訳出していって適当なところでやめたものと思われる。なお、鄭永寧が『清文鑑』巻5を見たのは、『翻訳満語纂編』巻5を編纂するときである。

4. 語釈の長さ

　各訳編者が担当した語句数と担当した丁数、並びに1丁あたりの収録語句数を計算したものが表2-6である。

表2-6　各訳編者の訳出語句数と1丁あたりの訳出語句数（巻ベース）

巻	冊	氏名	担当語句数	丁数	丁あたりの語句数
1	上	鄭永寧	20	5	4.00
		高尾延之	31	5	6.20
		神代定光	20	4	5.00
		彭城廣林	25	5	5.00
		石嵜親之	30	7	4.29
		游龍俊之	33	7	4.71
		彭城種美	40	8	5.00
	下	穎川春重	40	8	5.00
		穎川道香	30	7	4.29
		穎川雅範	18	5	3.60
		彭城雅美	30	5	6.00
		鉅鹿篤義	40	7	5.71
		蘆塚恒徳	22	4	5.50
		彭城昌宣	24	5	4.80
小計			403	82	4.91

第2章　『翻訳満語纂編』の語句選択基準　　77

巻	冊	氏名	担当語句数	丁数	丁あたりの語句数
2	上	官梅盛芳	33	6	5.50
		衆学生	29	5	5.80
		高尾延之	30	6	5.00
		彭城昌宣	44	7	6.29
		穎川重春	40	7	5.71
		蔡正邦	47	7	6.71
		彭城廣林	40	7	5.71
	下	神代定光	35	7	5.00
		蘆塚恒徳	35	7	5.00
		彭城種美	40	7	5.71
		鉅鹿篤義	40	7	5.71
		衆学生	31	5	6.20
		石﨑親之	38	7	5.43
		游龍俊之	40	7	5.71
		小計	522	92	5.67
3	上	呉為祥	48	7	6.86
		官梅盛芳	48	7	6.86
		神代定光	47	7	6.71
		石﨑親之	40	7	5.71
		彭城昌宣	48	7	6.86
		穎川春重	53	7	7.57
		彭城廣林	50	7	7.14
	下	蔡正邦	55	7	7.86
		早野晴貞	37	7	5.29
		蘆塚恒徳	41	6	6.83
		鉅鹿篤義	50	7	7.14
		游龍俊之	48	7	6.86
		鄭永寧	37	7	5.29
		彭城種美	39	6	6.50
		高尾延之	40	6	6.67
		小計	681	102	6.68

巻	冊	氏名	担当語句数	丁数	丁あたりの語句数
4	上	潁川春重	27	5	5.40
		鉅鹿篤義	26	4	6.50
		彭城永祥	36	6	6.00
		高尾延之	29	4	7.25
		彭城種美	35	5	7.00
		早野志明	41	7	5.86
	下	神代延長	40	5	8.00
		官梅盛芳	41	6	6.83
		彭城昌宣	43	6	7.17
		蔡正邦	47	7	6.71
		鄭永寧	62	7	8.86
	小計		427	62	6.89
5	上	鄭永寧	57	7	8.14
		蘆塚恒徳	47	7	6.71
		早野志明	45	7	6.43
		官梅盛芳	53	7	7.57
		鉅鹿篤義	79	8	9.88
	下	彭城昌宣	55	7	7.86
		彭城永祥	56	7	8.00
		高尾延之	24	4	6.00
		蔡正邦	64	7	9.14
		神代延長	62	7	8.86
		彭城種美	57	7	8.14
	小計		599	75	7.99
	合計		2632	413	6.37

　『翻訳満語纂編』は半丁（1頁）5行、1丁10行の体裁を採っている。訳編者ごとに、担当したはじめの丁に担当字頭（数）と氏名を記載してあるので、例えば、7丁分量を担当した訳編者は、与えられた紙面に最大で69語句を訳出して掲載することが可能だったことになる。したがって、上の表2-6で最右列に載せた「丁あたりの語句数」の数値が10に近づくほど（最初に必ず担当字頭と氏名を記載する1行分があるので絶対に10にはならない）、見出し語句とその語

第2章　『翻訳満語纂編』の語句選択基準　　79

釈を含めて1行に収まる短い語句を訳出したことになり、逆に、この数値が小さくなるほど、1語句が全体で2行以上に亘っている、つまり、見出し語句の音節数が長いか熟語だったり、語釈が2行以上に亘った語句を訳出したことになる。

　このような視点から見ると、表2-6からは全体的に巻1から巻5に行くにつれ、すなわち、編纂の年を追うごとに、短い語句を選ぶ訳編者が増えていったことが分かる。この傾向は訳編者ごとに分析しても同様である。

表2-7　各訳編者の1丁あたりの訳出語句数の推移

氏名	巻1	巻2	巻3	巻4	巻5
鄭永寧	4.00		5.29	8.86	8.14
彭城昌宣	4.80	6.29	6.86	7.17	7.86
鉅鹿篤義	5.71	5.71	7.14	6.50	9.88
彭城種美	5.00	5.71	6.50	7.00	8.14
高尾延之	6.20	5.00	6.67	7.25	6.00
潁川春重	5.00	5.71	7.57	5.40	
蘆塚恒徳	5.50	5.00	6.83		6.71
蔡正邦		6.71	7.86	6.71	9.14
官梅盛芳		5.50	6.86	6.83	7.57
彭城廣林	5.00	5.71	7.14		
游龍俊之	4.71	5.71	6.86		
石﨑親之	4.29	5.43	5.71		
神代定光	5.00	5.00	6.71		
神代延長				8.00	8.86
彭城永祥				6.00	8.00
早野志明				5.86	6.43
潁川雅範	3.60				
潁川道香	4.29				
彭城雅美	6.00				
衆学生		6.00			
呉為祥			6.86		
早野晴貞			5.29		

表2-7 からは、複数年に亘って辞書編纂に関わった訳編者は概ね年を追うごとに、短い語句を選択したことが読み取れる。特に、彭城昌宣、彭城種美などは年々右肩上がりにこの数値が増加している。なお、表2-6、表2-7における最大値は鉅鹿篤義が巻5を担当したときの9.88である。この巻で鉅鹿篤義は8丁に79語句を訳出しているが、これは隙間なく語句を掲載し、掲載したその全語句が語釈部分まで含めて1語句1行に収まっていることを意味する。

この点に関して、章頭で触れた『翻訳満語纂編』巻3の序文に興味深い内容が見られる。

嚮所繙譯清文内題名満語纂編者唯領八十七字母毎名譔出三十言或四五十言而編成今且率由舊章者焉又別有頂著十一字頭而呼用之章句殊為繁多始今習學之人除此而暫停譔入者祇恐各人任意採擇字句精粗擯斥<u>其注釋簡約者不収擷拾其詞意駢麗者充數反嫌</u>…（後略）

〈意訳：先に翻訳した辞書のうち、「翻訳満語纂編」は87字母に分けて一人につき30ないしは4・50語句を選出して編纂したが、今しばらくこのやり方を踏襲する。また別に新たな11字頭で始まる語句を加える。語句は殊更に複雑で多く、初めて満洲語を学ぼうとする者の仲間入りをしばらくお断りしている。ただ各人が任意に語句を採択したら、精粗が混ざってしまうのを憂う。<u>その語釈が簡単なものは拾っても収録せず、語釈の日本語訳が駢儷なものは反対があっても数に加える</u>…〉 （下線は筆者による）

表2-6から分かるように、各訳編者の巻1の1丁あたりの収録語句数の平均は4.91だが、大雑把に言えば、これは平均的に1語句あたりに2行以上使っている計算になる。だが上述の通り、この数値が巻2以降徐々に上がり、特に巻5では急増して7.99となる。この数値が5.00を超えると、平均的に1語句1行の語句のほうが2行以上の語句より多い計算になる。次第に語釈の短い語句を選ぶ者が増えることを世話掛は巻3の段階で戒めているのである。しかし世話掛の憂いも虚しく、この流れは最後まで止まらなかったと言える。

5. まとめ

　以上、本章では、『翻訳満語纂編』を編纂する際に『清文鑑』からどのような基準で語句を選択したかについて考察してきた。任意に訳出していたのではないかと思われるふしがある一方、現段階で基準と言えるだろう点として以下の3点を指摘した。

(80) (a) 『清文鑑』の全巻、全ての部からある程度満遍なく選んでいる。ただし、選ばれた語句数は部によって差がある。最も多いのは人部の398語、最も少ないのは奇異部からの7語である。なお、『清文鑑』の補編は使っていない。『清文鑑』の類別に収録語句を分析すると、鳥に関する語句が比較的多いのが目につく。擬声擬態語の例を意図的に訳出した者もいる。
　　(b) 語句の選択は見出し満洲語にふされた漢語訳を見ながら行なっていた可能性が高い。
　　(c) 語句を選択する際は、つづりが同じか、同じ語形を含む語を何度も使った訳出が目立つ。すなわち、熟語、同音異義語、若干の派生語である。派生語、同音異義語の例は、特に『翻訳満語纂編』巻5に特に多く現れる。また、巻5には語句を選択する際に手抜きをした例も見られる。

　(80c) に関して、唐通事たちが熟語、同音異義語、派生語を意図的に訳出したのは恐らく間違いないだろう。だが、その意図が何だったのか、現段階で決定的なことは言えない。肯定的な見かたをすれば、『翻訳満語纂編』が今後満洲語学習者に使われることを前提に、学習の便宜を考えて熟語、同音異義語、派生語などを収録したと考えられるが、否定的な見かたをすれば、『翻訳満語纂編』は満洲語の横に文字の読み方を表すかな表記と、満洲語の語釈に日本語訳をつけているので、翻字、翻訳の手間を少しでも減らそうとしたと考えることもできる。特に派生語、熟語に関しては後者の可能性が高かったのではない

だろうか。『清文鑑』でも派生語と熟語は同じ丁に掲載されていることが多く、目につきやすいからである。仮にそうだとしたら、反義語の例が少ないのも、『清文鑑』で隣り合って掲載されていても自分の担当字当ではなかったため選抜しなかったのだという説明が可能である。

また、本章では派生語、同音異義語が巻5に集中的に現れることを明らかにした（(11)～(15)に挙げた鉅鹿篤義による派生語の例、(28)～(75)で挙げた数名の訳編者による同音異義語の例）。また、表2-5では鄭永寧による手抜きの例を指摘したが、これも巻5に見られる。このような事例が巻5に集中的に見られる点について、第1章でも指摘したように、『翻訳満語纂編』の最終巻である巻5の編纂が、時間的な余裕がなく急いで行なわれたためだろうと考える。上述した1丁あたりの収録語句数が巻5で急増する理由、すなわち、語釈の短い語句を選ぶ者が多くなった理由も、同じ文脈から理解できるだろう。この点については、第7章で再考する。

第2章の注

1　巻1から巻4から訳出された209語句は、『翻訳満語纂編』と『翻訳清文鑑』のあいだで重複する語句である。

2　表2-2において、部名のあとにつけた括弧はその部の数を表す。つまり、「人部（9）」とあるのは、「人部」が第1から第9まであることを意味する。これは表2-3の類名においても同様。

3　例えば、六角（1981）、大橋（1983）、喜多田（1996、1997、1998、2001、2002、2016）、木津（2000）、奥村（2016）のような研究が今後必要になってくるだろう。

4　満洲語表記の中にある（　　）は虫食いの部分を表す。満洲語表記は、読み方を示したかな表記や満洲語による語釈の部分をもとに推測している。以下、同様。

5　議論とは直接的な関係はないが、同音異義語に関して興味深い例がある。『翻訳満語纂編』では満洲語の単語の右側にその読み方を示したかな表記がふされている。下の例のかな表記を見ると、(a) は正しく表記されているのに、(b) では間違って表記されているのである（第3章で後述）。

　　(a) patar pitir バアダアレ ビイヂイレ 魚跡聲 ［巻2上30b 潁川重春］
　　(b) patar pitir バアダアン ビイヂイン 魚鳥掙跳聲 ［巻3上44a 潁川春重］

(a) と (b) は同音異義語で、しかも同一の人物、潁川春重によって翻訳された例である。(a) は巻2の段階で、(b) は巻3の段階で翻訳されている。なぜ一度は読めていたものが、1年後に読めなくなったのかはよく分からない。

第3章

満洲文字のかな表記

本章では、『翻訳満語纂編』を対象に、見出し満洲語語句の右側にふされたかな表記の特徴について考察する。このかな表記の読み方については、『翻訳満語纂編』巻1の巻頭にある序文と凡例の後に「對音讀法」として示されている。

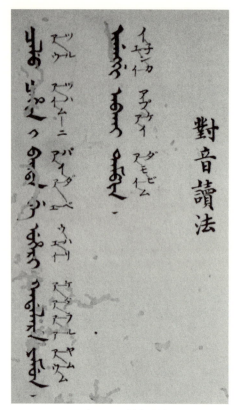

写真 3-1　對音讀法

　例えば、冒頭の「inenggi」のかな表記は、線（実際は赤線）で結ばれた順に、すなわち、「イ子エンカイ」と読めばよいことが分かる。

1.「清文字頭国字対音」について

　満洲文字のかな表記について論じるにあたって、まずはじめに言及しておかなければならないのが、先に示した「對音讀法」の後にふされた「清文字頭国字対音」である。清文字頭国字対音は、満洲語のいくつかの音節に対するかな表記のしかたを示したものである。

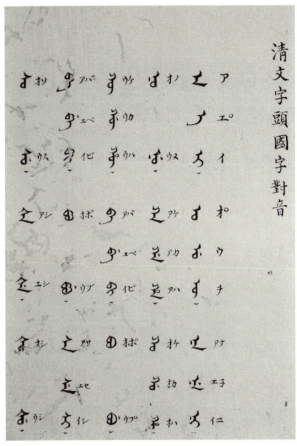

写真 3-2　清文字頭国字対音（一部）

表 3-1　「清文字頭国字対音」

a	e	i	o	u	ū	na	ne	ni
ア	エ○	イ	オ○	ウ	ヲ	ナア	子エ	ニイ
no		nu	ka	ga	ha	ko	go	ho
ノオ		ヌウ	ケア	カア	ハア	ケオ	カオ	ハオ
kū	gū	hū	ba	be	bi	bo		bu
ケウ	カウ	ハウ	パア	ペエ	ピイ	ボオ		ブウ
pa	pe	pi	po		pu	sa	se	si
バア	ベエ	ビイ	ボオ		ブウ	サア	セエ	シイ
so		su	ša		še	šo		šu
ソオ		スウ	シア		シエ	シオ		シウ
ta		da	te		de	to		do
ダア		タア	デエ		テエ	ドオ		トオ
tu		du	la	le	li	lo		lu
ヅウ		ツウ	ラア	レエ	リイ	ロオ		ルウ
ma	me	mi	mo		mu	ca	ce	ci
マア	メエ	ミイ	モオ		ムウ	ツア	ツエ	ツイ
co		cu	ja	je	ji	jo		ju
ツオ		ツウ	チア	チエ	チイ	チオ		チウ
ya		ye	yo		yu	ke	ge	he
ヤア		エエ[注1]	ヨオ		ユウ	ケエ	カエ	ハエ
ki	gi	hi	ku	gu	hu	fa	fe	fi
ケイ	カイ	ハイ	ケウ	カウ	ハウ	フア	フエ	フイ
fo		fu	wa		we			
フオ		フウ	ワア		ワエ			

　表 3-1 の清文字頭国字対音について、上原（1971: 16-17）は「（清文鑑の）12字頭中の第 1 字頭から 87 を選び出している。もちろん国字対音であるから、特殊シナ音を写すための特定字 10 字は省かれている[注2]。87 は第 1 字頭としての語例の比較的少ないものを省いたか、或いは適当な語例の見出し得ないものを省いた数である」と述べている。清文字頭国字対音に載っている音節が、全て『清文鑑』の十二字頭第一字頭に載っている音節である点に疑いの余地は

ない。しかし、この 87 が、語例の比較的少ないものを省いたか、適当な語例
の見出しえないものを省いた数である、とする上原（1971）の見解は、厳密に
言えば恐らく正しくない。この 87 音節は、以下の表 3-2 を見ると分かるように、
全て『翻訳満語纂編』に収録されている満洲語の見出し語句となる音節である。

表 3-2 『翻訳満語纂編』の訳編者と担当字頭

巻	冊	訳編者	担当語句数	担当字頭
1	上	鄭永寧	20	a、e、i、o、u、ū
		高尾延之	30（31）	na、ne、ni、no、nu、ka
		神代定光	20	ga、ha、ko、go、ho、kū
		彭城廣林	25	gū、hū、ba、be、bi、bo
		石嵩親之	30	bu、pa、pe、pi、po、pu、sa、se
		游龍俊之	33	si、so、su、ša、še、šo、šu
		彭城種美	40	ta、da、te、de、to、do
	下	潁川春重	40	tu、du、la、le、li、lo
		潁川道香	30	lu、ma、me、mi、mo、mu
		潁川雅範	18	ca、ce、ci、co、cu、ja
		彭城雅美	30	je、ji、jo、ju、ya、ye
		鉅鹿篤義	40	yo、yu、ke、ge、he、ki
		蘆塚恒徳	22	gi、hi、ku、gu、hu、fa
		彭城昌宣	24	fe、fi、fo、fu、wa、we

第 3 章　満洲文字のかな表記　　89

巻	冊	訳編者	担当語句数	担当字頭
2	上	官梅盛芳	33	a、e、i、o、u、ū
		衆学生	29	na、ne、ni、no、nu、ka
		高尾延之	30	ga、ha、ko、go、ho、kū
		彭城昌宣	43（44）	gū、hū、ba、be、bi、bo
		頴川重春	40	bu、pa、pi、po、pu、sa、se
		蔡正邦	47	si、so、su、ša、še、šo
		彭城廣林	40	šu、ta、da、te、de、to
	下	神代定光	35	do、tu、du、la、le、li
		蘆塚恒徳	35	lo、lu、ma、me、mi、ca
		彭城種美	40	ce、ci、co、cu、ja、je
		鉅鹿篤義	40	ji、jo、ju、ya、ye、yu
		衆学生	31	yu、ke、ge、he、ki、gi
		石﨑親之	38	hi、ku、gu、hu、fa
		游龍俊之	40	fe、fi、fo、fu、wa、we
3	上	呉為祥	48	a、e
		官梅盛芳	48	i、o、u、ū
		神代定光	47	na、ne、ni、no
		石﨑親之	40	nu、ka、ga、ha、ko
		彭城昌宣	48	go、ho、kū、gū、hū
		頴川春重	53	ba、be、bi、bo、bu、pa、pi、po、pu
		彭城廣林	50	ša、še、šo、šu、ta
	下	蔡正邦	55	da、te、de、to
		早野晴貞	37	do、tu
		蘆塚恒徳	41	du、la、le、li、lo、lu、ma、me、mi
		鉅鹿篤義	50	co、cu、ja、je、ji、jo、ju
		游龍俊之	48	ya、ye、yo、yu、ke、ge、he
		鄭永寧	37	ki、gi、hi、ku
		彭城種美	40（39）	gu、hu、fa、fe
		高尾延之	40	fi、fo、fu、wa、we

巻	冊	訳編者	担当語句数	担当字頭
4	上	穎川春重	27	a、e
		鉅鹿篤義	26	i、o、u
		彭城永祥	36	ga、ha、ko、go
		高尾延之	29	ho、kū、gū、hū
		彭城種美	35	ba、be、bi、bo、bu
		早野志明	41	so、su、ša、še、šo、šu
	下	神代延長	40	de、to、do
		官梅盛芳	41	tu、du、la
		彭城昌宣	43	le、li、lu、ma、me、mi、mo、mu
		蔡正邦	47	ca、ce、ci、co、cu、ja、je、ji
		鄭永寧	67（62）	he、ki、gi、hi
5	上	鄭永寧	57	a、e、i、o
		蘆塚恒徳	47	u、na、ne、ni、no、nu、ka、ga
		早野志明	45	ho、ba、be、bi、bo、bu、pa、pi
		官梅盛芳	53	po、pu、sa、se、si、so、su、ša
		鉅鹿篤義	79	še、šo、šu、ta、da、te
	下	彭城昌宣	55	de、to、do、tu、du、la
		彭城永祥	56	le、li、lu、ma、me、mi、mo、mu、ca、ce
		高尾延之	24	ci、co、cu、ja、je、ji
		蔡正邦	64	jo、ju、ya、ye、yo、ke
		神代延長	62	ge、he、ki、gi、hi、ku、gu、hu
		彭城種美	57	fa、fe、fi、fo、fu、wa、we

〔担当語句数は各訳編者名の上部に記載があるが、実際の訳出語句数と齟齬のある場合がある。担当語句数内の（　）は実際の収録語句数〕

　つまり、清文字頭国字対音は、『翻訳満語纂編』を辞書として使用する際の助けとなるように、見出し語句の1モーラ目を取り出して、そのかな表記をふしたものだと筆者は考えるのである。なお、表3-2から分かるように、清文字頭国字対音に載った87音節全てが見出し語句として挙がっているのは巻1のみで、以降、巻2は84音節、巻3は76音節、巻4は50音節、巻5は77音節とその一部が挙げられるにとどまっている。

　次に問題となるのが、唐通事がこの清文字頭国字対音をどのようにして編み

出したのかである。この点に関して真っ先に思い出されるのが、『清文鑑』の十二字頭の横にふされた漢字による三合切音表記である。以下に示す表3-3が当該音節の『清文鑑』における漢字三合切音表記である。

表3-3 「清文字頭国字対音」と『清文鑑』の漢字三合切音表記

a	e	i	o	u	ū	ta	te		to	tu
ア	エ○	イ	オ○	ウ	ヲ	ダア	デエ		ドオ	ヅウ
阿	額	伊	鄂	烏	謞	塔阿	特額		陀鄂	圖烏
ka	ke	ki	ko	ku	kū	da	de		do	du
ケア	ケエ	ケイ	ケオ	ケウ	ケウ	タア	テエ		トオ	ツウ
喀阿	珂額	期伊	科鄂	枯烏	軲烏	達阿	德額		多鄂	都烏
ga	ge	gi	go	gu	gū	la	le	li	lo	lu
カア	カエ	カイ	カオ	カウ	カウ	ラア	レエ	リイ	ロオ	ルウ
噶阿	歌額	基伊	鍋鄂	沽烏	觚烏	琍阿	勒額	禮伊	羅鄂	魯烏
ha	he	hi	ho	hu	hū	ma	me	mi	mo	mu
ハア	ハエ	ハイ	ハオ	ハウ	ハウ	マア	メエ	ミイ	モオ	ムウ
哈阿	呵額	希伊	卯鄂	祜烏	呼烏	瑪阿	墨額	密伊	摩鄂	穆烏
na	ne	ni	no	nu		ca	ce	ci	co	cu
ナア	子エ	ニイ	ノオ	ヌウ		ツア	ツエ	ツイ	ツオ	ツウ
納阿	訥額	尼伊	難鄂	努烏		察阿	車額	綾伊	綽鄂	初烏
ba	be	bi	bo	bu		ja	je	ji	jo	ju
パア	ペエ	ピイ	ポオ	プウ		チア	チエ	チイ	チオ	チウ
巴阿	伯額	畢伊	玻鄂	補烏		楂阿	遮額	齋伊	卓鄂	諸烏
pa	pe	pi	po	pu		ya	ye		yo	yu
バア	ベエ	ビイ	ボオ	プウ		ヤア	エエ		ヨオ	ユウ
琶阿	珀額	毘伊	坡鄂	鋪烏		鴉阿	葉額		岳鄂	俞烏
sa	se	si	so	su		fa	fe	fi	fo	fu
サア	セエ	シイ	ソオ	スウ		フア	フエ	フイ	フオ	フウ
薩阿	塞額	西伊	莎鄂	蘇烏		法阿	弗額	飛伊	佛鄂	扶烏
ša	še		šo	šu		wa	we			
シア	シエ		シオ	シウ		ワア	ワエ			
沙阿	佘額		碩鄂	舒烏		斡阿	倭額			

表3-3を見ると分かるように、清文字頭国字対音が『清文鑑』の漢字三合切音表記を参考にして作られたのは間違いないだろう。文字数は完全に一致しており、いくつかの文字については漢字とかなのあいだに一対一の対応関係も見られる。上原（1971: 17-18）も清文字頭国字対音と『清文鑑』の漢字三合切音表記の関係について言及している。だが上原（1971）は、高橋景保のかな表記[注3] を引き合いに出しながら、唐通事の満洲語かな表記は「唐通事であるからシナ音に通じていたはずである（のに）いささか粗雑過ぎる。もちろん漢字もまた精確には満州音を写し得ない。しかし同じ資料によりながら、景保はこれらに対して正しい音訳を示している」と述べる。結論から言えば、筆者も清文字頭国字対音は、実際の満洲語の音価からかけ離れたものであったであろうと考える。このことは (1) に示すように、『翻訳満語纂編』巻1の序文に続く「凡例」の記述からも窺える。「凡例」は全部で4項目からなるが、そのうちの第2項目がかな表記に関する記述である。

(1)「凡例」の第2項目
　　　清文字音ハ漢字ノ音釋ニ因テ發音スル所最精微ナリ
　　　今國字ヲ以テ細ニ音釋ヲ加フト雖モ悉ク索引的準スル
　　　コト能ハス況其口ヨリ出スハ漢音精通ニ非スンハ更ニ難シ
　　　然ク如此ト雖モ其字有テ豈其音無ランヤ故ニ唯
　　　<u>讀易キタメ　本朝五十音ノ例ヲ援テ音註ヲ施ス但其中</u>
　　　<u>確實ノ音韻ニ愶サル所有ヘシ若詳略得中センヲ要セハ</u>
　　　<u>須ク口授ニ據ヘシ</u>
　　　　　　　　　　　　　　　　　　　　　　　　（下線は筆者による）

　(1) から唐通事が見出し満洲語語句にかな表記をふした理由が分かる。すなわち、唐通事は、満洲語の字音は、「漢字ノ音釋」、すなわち『清文鑑』の満洲語語句にふされた漢字による三合切音表記によって発音するのが最も精微であると考えており、しかし、それは漢語に精通していなければ難しいことから、その助けとなるものとして、より読みやすいかな表記をふしたのである。と同時に唐通事はかな表記で満洲語の「音韻」を確実に表記しきれない場合があることも十分に理解しており、その場合は口授する必要があると述べている。

第3章　満洲文字のかな表記　　93

だが筆者は、唐通事が施した満洲語のかな表記が、後述するように実際の発音を反映させようとした例が散見する一方で、原則として、満洲語の音価の再現を目指していたのではなく、満洲文字の翻字を目的としていたと考える点で、上原（1971）と見解を異にする[注4]。ただし、『清文鑑』の漢字三合切音表記が満洲文字を復元できるように作られているのに対して（今西 1966: 137）、清文字頭国字対音はそのようになっていない。例えば、表 3-1 を見ると「ku」と「kū」、「gu」と「gū」、「hu」と「hū」のかな表記は同じであり、唐通事はこれらを区別せずにいたことが分かる[注5]。また、表 3-3 を見ると漢字三合切音表記とも完全な一対一対応をしておらず、「ka、ke、ki、ko、ku」、「ga、ge、gi、go、gu」、「ha、he、hi、ho、hu」など、いくつかの音節については、明らかに漢字からそのまま翻字していない。要するに、清文字頭国字対音は満洲文字の不完全な翻字ということになるのだが、いずれにせよ『翻訳満語纂編』（『翻訳清文鑑』も同様）の満洲語かな表記は、大部分が表 3-1 に示した清文字頭国字対音に従って表記されている。しかし、当然のことながら、この清文字頭国字対音に挙がっていない音節を含む語句も『翻訳満語纂編』の中には収録されており、実際、清文字頭国字対音に従っていない表記も見られる。したがって、焦点はもっぱらこのようなかな表記についてどのように解釈するかである。

2. 先行研究の見解

従来、『翻訳満語纂編』の満洲語かな表記に言及した研究は、管見の限り、上原（1971）のみである。上原（1971）は、『翻訳満語纂編』の巻 1 に限定した調査結果であることを断りつつも、清文字頭国字対音に挙げられていない音節の満洲語かな表記に関して、(2) と (3) の 2 点を指摘している。

(2) 音節末（語末）の「ム」、「モ」、「ン」について
　(a) 音節末の「n」が「ム」と表記してある点に関して、高橋景保が「ン」と表記していることを理由に、「ン」と表記すべきであると指摘する。
　(b) 動詞の語尾「mbi」が「モビイ」と表記してある点に関して、「文字に則

してその音を表記するこの方式によれば、これをこそムピイで表記すべきであろう」と指摘する。

(3) 語末の「ng」と「r」について
音節末の「ng」が「ン」と表記してある点に言及し、一部、音節末の「r」を「ン」で表した例があることを指摘する。

(2) に対して、上原 (1971: 19) は「訳編者がその音価を果して確実に理解し得ていたか否かを疑わしめるものがある」と述べ、また (3) に対して、上原 (1971: 22) は「ngがンで表記されるのはよいが、末音のrもまたンであるのは何故か理解に苦しむところである。その誤りであることはいうまでもない」と述べている。
　上原 (1971) は他に、満洲語文の語釈にふされた日本語訳についても若干言及しているが、上記の (2)、(3) と同様に、唐通事の満洲語能力に対する否定的な見解や、「誤り」を指摘する批判的な見解に終始している。語釈の日本語訳については第5章で詳述する。

3.　本書の見解

『翻訳満語纂編』の全巻を通じて満洲語かな表記をつぶさに見ていくと、以下の4節で指摘するように、確かに純粋な誤りと思われる例も見られる。しかし、上原 (1971) が誤りだと指摘する上記の例に関して、筆者は必ずしも誤りと言えないのではないかと考える。結論から言えば、「清文字頭国字対音にない音節であっても、唐通事たちは、満洲語かな表記に一定の決まりを作って、その決まりをもとに表記した」というのが、筆者の考えである。まず、(2) に対する表記の決まりは以下の (4) に示す通りである[注6]。

(4) 音節末の「ム」、「モ」、「ン」の問題
　(a) 音節末の「m」⇒「モ」
　　　例）amban アモパアム、tampin ダアモビイム

(b) 音節末（語末）の「n」⇒「ム」

　　例) sence セエムツエ、handu ハアムツウ

(c) 音節末（語末）の「ng」⇒「ン」

　　例) inenggi イ子エンカイ、gung カウン、

　　　　giyangnandumbi カイヤアンナアムツウモピイ

　上原（1971）の指摘は、高橋景保の表記法が正しいことを、また、かな表記が実際の発音を反映させることを前提にしたものであるが、『翻訳満語纂編』の満洲語かな表記は、実際の発音を示したものではなく（後述するように、実際の発音を表記に反映させようとした者もいる）、満洲文字の（やや不完全な）翻字だと考える。「n」を「ン」と表記しなかったのは、「n」と「ng」を区別するためであろう。かな表記が翻字だとする主張を支持するものとして、その他の音節末子音のかな表記にも決まりが見られることが挙げられる。(4) 以外の音節末子音は (5) のように表記される。

(5) 音節末子音のかな表記

　(a) 音節末の「b」⇒「プ」

　　例) dabsun タアプスウム、kiyab kib ケイヤアプ ケイプ

　(b) 音節末の「t」⇒「デ」注7)

　　例) bithe ピイデハエ、tubet ヅウプエデ

　(c) 音節末の「k」⇒「ケ」

　　例) sakdambi サアケタアモピイ、kiluk ケイルウケ

　(d) 音節末の「s」⇒「ス」

　　例) gasha カアスハア、piyas pis ビイヤアス ビイス

　(e) 音節末の「r」⇒「レ」

　　例) cahar ツアハアレ

　(f) 音節末の「l」⇒「ル」

　　例) ilha イルハア注8)

　(4)、(5) に示した表記の決まりも恐らく『清文鑑』の十二字頭第二字頭以

降にふされた漢字三合切音表記を参考にしたものと思われる。(4)、(5) に該
当する音節末子音の『清文鑑』の漢字三合切音表記は、(6) に示す通りである。

(6) 音節末子音の漢字切音表記
　(a) 音節末の「m」　⇒　「穆」
　(b) 音節末の「n」　⇒　an, on の場合は「安」
　　　　　　　　　　　　en, un, ūn の場合は「恩」
　　　　　　　　　　　　in の場合は「因」
　(c) 音節末の「ng」⇒　ang, ong の場合は「昂」
　　　　　　　　　　　　eng, ung, ūng の場合は「鞥」
　　　　　　　　　　　　ing の場合は「英」
　(d) 音節末の「b」　⇒　「補」
　(e) 音節末の「t」　⇒　「特」
　(f) 音節末の「k」　⇒　「克」
　(g) 音節末の「s」　⇒　「斯」
　(h) 音節末の「r」　⇒　「咿」
　(i) 音節末の「l」　⇒　「勒」

　(6b)、(6c) に見るように、『清文鑑』の十二字頭の漢字三合切音表記において、
音節末の「n」と「ng」は直前の母音によって漢字を使い分けている。しかし、『翻
訳満語纂編』のかな表記は1種類である。このことからも唐通事は満洲語かな
表記の決まりを作る際に、漢字をそのまま翻字しているのではないことが窺え
る。『清文鑑』の漢字三合切音表記を参考にはしているが、かな表記法自体は
あくまで唐通事が独自に編み出したものであると考える。

3.1.　音節末子音以外の表記

　次に、清文字頭国字対音に載っていない音節で、音節末子音以外の表記につ
いて考察する。清文字頭国字対音に載っていない音節で、音節末子音以外の表
記には、(7) ～ (9) のような決まりがある。

第3章　満洲文字のかな表記　　*97*

まず、(7) は「ti」と「di」に対するかな表記の決まりである。『清文鑑』の漢字三合切音表記は「ti」が「梯伊」、「di」が「氐伊」である。

(7)「ti」と「di」の表記
　「ti」は「ヂイ」、「di」は「チイ」と表記する[注9]。
　例）tinggin ヂインカイム、pitir ビイヂイレ、badiri パアチイルイ

　第二に、(8) は「r」に関するかな表記の決まりである。「ra、re、ri、ro、ru」に対する『清文鑑』の漢字三合切音表記は「刺阿、哷額、哩伊、羅鄂、嚕烏」である。

(8)「r」の表記
　「ra、re、ri、ro、ru」は「ルア、ルエ、ルイ、ルオ、ルウ」と表記する。
　例）dere テエルエ　c.f. dele テエレエ

　第三に、(9) は二重母音「i」と「o」のかな表記の決まりである。『清文鑑』における「i」の漢字三合切音表記は「衣」であり、「o」の漢字三合切音表記は「ao, oo」の場合は「傲」、「eo, uo, ūo」の場合は「歐」、「io」の場合は「優」である。

(9)　二重母音の表記
　二重母音の「i」は「イ」または「井」と表記する。
　例）biyai kesingge inenggi ピイヤアイ ケエシインカエ イ子エンカイ、selei
　　　mala セエレエ井 マアラア
　二重母音の「o」は「ウ」と表記する。
　例）hoošan ハオウシアム、moo モオウ、monio モオニイウ

　(10) は外字の表記例である。以下に挙げる用例しかないため、決まりとまで言えるかどうかは、何とも言えない。

98

(10) 外字の表記

　　例）geren dz tanggū boo カエルエム　ツー　ダアンカウ　ポオウ

　　　　　　　　　　　　　　　　　　　　　　　　[巻1下28b 鉅鹿篤義]

　　　　ju sy bithei boo チウ スイ ピイデハエ井 ポオウ

　　　　　　　　　　　　　　　　　　　　　　　　[巻3下27b 鉅鹿篤義]

3.2.　その他の表記

　満洲語かな表記の中で興味深い例として、属格助詞「-i」の表記が挙げられる。

(11) 属格助詞「-i」の表記

　　「n」で終わる語の直後に来る属格助詞の「-i」は「ニ」と表記する。

　　例）aligan -i tura アリイカアム ニ ヅウルア

　　　　c.f.　jalan -i janggin チアララアム イ チアンカイム

　　　　　　bigan -i mucu ピイカアム 井 ムウツウ

　通常の属格助詞「-i」は、「イ」または「井」と表記されているのに対して、「n」
で終わる語についた属格助詞は「ニ」と表記されている。これは同様の環境で『清
文鑑』の「-i」の横にふされた漢字三合切音表記が「尼」となっていることから、
それに倣ったものと考えられる。なお、通常の属格助詞の場合は「衣」があて
られている。

　以上、3.1. 及び3.2. で見たように、唐通事は満洲語にかな表記を施す際に、「清
文字頭国字対音」にない音節であっても、『清文鑑』の第二字頭以降や或いは
本文中の満洲語語句の右側にふされた漢字三合切音表記を参考にしていたと考
えられるのである。

3.3. 「清文字頭国字対音」にない音節を表す工夫

　唐通事の中には、清文字頭国字対音にない音節を表すために、工夫した者も
いる。まず、(12) は「tu」、「du」の表記である。

第3章　満洲文字のかな表記　　　99

(12) 「tu」「du」の表記

duben ツ○ウペエム [巻3下 15a 蘆塚恒徳]

dukai kiru ツ○ウケアイ　ケイルウ [巻3下 15a 蘆塚恒徳]

mahala tukiyeku マアハアラア ツ○○ウケイエエケウ [巻3下 19a 蘆塚恒徳]

mederi katuri メエテエルイ ケアツ○○ウルイ [巻3下 19b 蘆塚恒徳]

　清文字頭国字対音によれば「tu」は「ヅウ」、「du」は「ツウ」と表記する決まりであるが、(12) の例に見るように、唐通事の中には右上に「○」を一つないしは二つつけてこの音の特殊性を表記に反映させようとした者がある。恐らく「tu」と「du」をそれぞれ日本語の「ツ」、「ヅ」ではなく「トゥ」、「ドゥ」と発音することを表したかったのではないだろうか。(12) のような工夫をした者は彭城昌宣、蘆塚恒徳、鄭永寧、蔡正邦の4名のみである。

　第二に、(13) は音節末の「t」の表記である。音節末の「t」は (5b) で見たように「デ」と表記するのが決まりであるが、一箇所だけ (13) のように表記した例が見られる。

(13) 音節末の「t」

uherileme ejehe bithei kuren

ウハエリイレエメエ エ○チエハエ ピイテ○ハエイ ケウルエム

[巻1上 14a 鄭永寧]

　第三に、(14) は「ū」の表記である。清文字頭国字対音によれば、「kū」、「gū」、「hū」は「ケウ」、「カウ」、「ハウ」と表記する決まりがあるが、「k、g、h」以外の子音のあとに来る「ū」について「ヲ」を用いている例がある。これは「ū」が単独で用いられた場合に「ヲ」と表記する決まりを応用したものであろう。

(14) 「ū」の表記[注10]

tatakū -i šūrgeku ダアダアケウ イ シヲレカエケウ [巻1上 43b 彭城種美]

　このように唐通事は、清文字頭国字対音に挙がっていない音節に対しても、

一定の決まりを作って表記していることが分かる。したがって、上原（1971）の指摘する表記は、単なる「誤り」と結論づけられるものではない。もちろん、次の4節で見るように、中には「単なる誤り」も見られる。重要なことは、単なる誤りとそうでないものを見極めることである。

　なお、音節末の「r」を「ン」と表記した（3）の例について言えば、その語句の訳編者（頴川春重）は、字形から「r」と「ng」を見誤った可能性が高いが、一方で、当然「r」と「ng」の違いを理解していながらも、清文字頭国字対音にない音節末の「r」をどのように表記すべきか判断しかね、やむをえず「ン」と表記した可能性もあるだろう（第4章で後述する）。

4.　満洲語かな表記の誤り

　4節では満洲語かな表記が、上で見た決まりから逸脱している例について考察する。これは唐通事の満洲語能力の一端を反映している、すなわち、この誤りをもって、唐通事の満洲語能力がどの程度であったか、その「一端」を垣間見ることができる。『翻訳満語纂編』に収録される 2,632 語句のうち、以下に示すようなかなの誤表記が含まれるのは、全体の1割強に相当する 281 語句である[注11]。また、かな表記の誤りの大部分は、結論から言えば、現在でも満洲語の初学者が犯しやすい類のものである。なお、以下の例において、（　　）に入れたかな表記は「決まり」に従って書いた場合に想定されうる表記である。

4.1.　満洲文字に対する理解不足が原因の誤り

　まず、(15) ～ (17) は、圏点の有無を混同しているか、見落としたことが原因と考えられる誤表記例である。(15) は母音の「a」と「e」を逆に表記した誤表記例である。

(15)「a」と「e」の混同
　(a) kemneku ケエモナアケウ（ケエモ子エケウ）　　　　　　［巻3上8b 呉為祥］

(b) kuren ケウルアム （ケウルエム）　　　　　　　　［巻 2 下 35a 石﨑親之］

(c) funiyehelembi

フウニイヤアハエレレエモピイ （フウニイエエハエレレエモピイ）

　　　　　　　　　　　　　　　　　　　　　　　　　　［巻 5 下 38a 彭城種美］

(d) šadu シエツウ （シアツウ）　　　　　　　　　　　［巻 3 上 46a 彭城廣林］

(e) saracan サヱルアツアム （サアルアツアム）　　　　［巻 2 上 31b 頴川春重］

　(15e) はもし「sa」を「se」と見誤ったのであれば「se」は「セエ」と表記
すべきところである。それを「サエ」と表記しているのは、二重の誤りである。

　(16) は「o」と「u」を逆に表記した誤表記例である。

(16)「o」と「u」の混同

　(a) boco ポオツウ （ポオツオ）　　　　　　　　　　［巻 2 下 1b 神代定光］

　(b) kiyoo ケイユウウ （ケイヨオウ）　　　　　　　　［巻 1 下 31b 鉅鹿篤義］

　(c) yuwan ヨオワアム （ユウワアム）　　　　　　　　［巻 1 下 25b 鉅鹿篤義］

　(d) lujen ロオチエム （ルウチエム）　　　　　　　　［巻 4 上 29a 早野志明］

　(e) funggaha フオンカアハア （フウンカアハア）　　　［巻 2 上 49a 彭城廣林］

　(f) ubaliyambure オ○パアリイヤアモプウルエ （ウパアリイヤアモプウルエ）

　　　　　　　　　　　　　　　　　　　　　　　　　　［巻 4 上 5a 頴川春重］

　(g) bilure ピイルオルア （ピイルウルエ）　　　　　　［巻 2 上 18b 高尾延之］

　(16g) の「ルオ」は「ro」のかな表記である。「lu」を「lo」と見誤ったので
あれば「lo」は「ロオ」と表記すべきなので、二重の誤りである。

　(17) は「k」と「h」、或いは「k」と「g」を混同して表記した例である。

(17)「k」、「g」、「h」の混同

　(a) falgangga フアルカアンケア （フアルカアンカア）　［巻 2 下 47b 游龍俊之］

　(b) fiyelenggu フイヱエレエンケウ （フイヱエレエンカウ）

　　　　　　　　　　　　　　　　　　　　　　　　　　［巻 3 下 50a 高尾延之］

　(c) nilgiyan ニイルケイヤアム （ニイルカイヤアム）　［巻 5 上 26b 官梅盛芳］

(d) lehendumbi　レエ<u>ケ</u>エムツウモピイ　（レエ<u>ハ</u>エムツウモピイ）

[巻 5 下 8a 彭城永祥]

(e) ka<u>d</u>alara　カアタ<u>ア</u>ラアルア　（<u>ケ</u>アタアラアルア）　　[巻 4 下 5b 神代延長]

(f) heng<u>ki</u>lembi　ハエン<u>カイ</u>レエモピイ　（ハエン<u>ケイ</u>レエモピイ）

[巻 3 下 31a 游龍俊之]

　次に、(18)～(26) は、似ている字形を混同しているか、見誤ったことが原因と考えられる誤表記例である。まず (18) は「m」を「l」と混同して逆に表記した誤表記例である。ハネの向きを見誤ったことが原因として考えられる。

(18)「m」と「l」の混同

(a) toho<u>mi</u>mbi　ドオハオ<u>リイ</u>モピイ　（ドオハオ<u>ミイ</u>モピイ）

[巻 4 下 4a 神代延長]

(b) damin　ダアリイム　（タアミイ<u>ム</u>）　　　　　[巻 5 下 31b 神代延長]

　(19) は「j」と「c」を逆に表記した誤表記例である。ハネの角度を見誤ったことが原因として考えられる。

(19)「j」と「c」の混同

(a) den<u>gj</u>an　テエン<u>ツ</u>アム　（テエン<u>チ</u>アム）　　　[巻 3 下 10a 早野晴貞]

(b) pi<u>j</u>an　ビイ<u>ヅ</u>アム　（ビイ<u>チ</u>アム）　　　　　[巻 1 上 31a 石崎親之]

(c) <u>j</u>iha　<u>ツ</u>イハア　（<u>チ</u>イハア）　　　　　　　[巻 1 上 44b 彭城種美]

(d) mo<u>c</u>iko　モオ<u>チ</u>イケオ　（モオ<u>ツ</u>イケオ）　　　[巻 5 下 11b 彭城永祥]

　(19b) は「ja」を「ca」と見誤ったのであれば、「ca」は「ツア」と表記すべきところなので、それを「ヅア」と表記したのは、二重の誤りである。

　(20) は「f」と「w」を逆に表記した誤表記例である。右側が突き抜けるかどうかを見誤ったことが原因として考えられる。(20b) に関して言えば、「wu」という音連続は満洲語に存在しないにも拘わらず、それを知らなかったことも誤表記につながっている。

第 3 章　満洲文字のかな表記　　*103*

(20)「f」と「w」の混同

　(a) šuwarkiyan シウフアレケイヤアム（シウワレケイヤアム）

[巻 4 上 33a 早野志明]

　(b) jalafun チアラアワウム（チアラアフウム）　　　[巻 3 下 14b 早野晴貞]

　(21) は「s」と「š」を逆に表記した例である。「s」と「š」は字形が極めて似ているため、それを見誤ったことが原因として考えられる。

(21)「s」と「š」の混同

　(a) hese ハエシエ（ハエセエ）　　　　　　　　　[巻 1 下 36a 蘆塚恒徳]

　(b) šušembi シウセエモピイ（シウシエモピイ）　　[巻 2 上 46a 彭城廣林]

　(22) は「a」、「e」と「i」を逆に表記した誤表記例である。左線の長さを見誤ったことが原因として考えられる。

(22)「a」、「e」と「i」の混同

　(a) gūsai カウシイ井（カウサア井）　　　　　　　[巻 3 上 35a 彭城昌宣]

　(b) acangga アツアンカイ（アツアンカア）　　　　[巻 3 上 6b 呉為祥]

　(c) tambin ダアモバアム（ダアモピイム）　　　　[巻 2 下 4a 神代定光]

　(d) huwethi ハウワエデハエ（ハウワエデハイ）　　[巻 3 下 45b 彭城種美]

　(e) mijiri メエチイルイ（ミイチイルイ）　　　　　[巻 3 下 20a 蘆塚恒徳]

　(22c) は「bi」を「ba」と見誤ったのであれば、「パア」と表記すべきところである。ただ、(22c) は満洲語の表記自体が間違っている。「tambin」は「tampin」が正しい。興味深いのは、それにも拘わらず、かな表記が「バア」となっていることである。「バア」は「pa」のかな表記である。つまり、(22c) を担当した神代定光は、満洲語の表記を「bi」と写し間違っているのに、子音の部分は「p」と認識していたと思われ、その上、母音の「a」と「e」を見誤って、結果的にかな表記は「pa」のものになってしまったのである。

　(23) は左線の数を数え間違ったために生じた誤表記例である。なお、(23f)

はそもそも満洲語の表記自体が誤っている。この間違った満洲語にかな表記を加えたため、かな表記もそれに伴って間違ってしまっている。

(23) 数え間違ったと考えられるもの

(a) niyekserhen ニイヱヱケヱセエレハエム （ニイヱヱケセエレハエム）

[巻2上12b 衆学生]

(b) dabakū タアプケウ （タアパアケウ） [巻1上45b 彭城種美]

(c) hargašambi ハアルアカアシアモピイ （ハアレカアシアモピイ）

[巻2上48a 彭城廣林]

(d) kalar ケアララルア （ケアララレ） [巻5上18a 蘆塚恒徳]

(e) nitan ニイダア （ニイダアム） [巻1上17b 高尾延之]

(f) wakan ワアケアム （waka ワアケア） [巻5下38b 彭城種美]

(24) は語中の「o」を「t」と見誤ったために生じた誤表記例である。

(24) 語中の「o」と「t」の混同

ganiongga カアニイデンカア （カアニイウンカア） [巻5上18b 蘆塚恒徳]

(25) は「kū」を「ko」と混同した例である。

(25) 「kū」と「ko」の混同

dobukū トオプウケオ （トオプウケウ） [巻3下9b 早野晴貞]

(26) は男性子音字と女性子音字を混同したために生じた誤表記例である。(26a)、(26b) は「ga, ha」と「ge, he」を、(26c)、(26d) は「ku, hu」と「ko, ho」を、(26e) は「to」と「tu」を見誤ったことが原因として考えられる。

(26) 男性子音字と女性子音字の混同[注12)

(a) muduringga ムウツウルインカヱ （ムウツウルインカア）

[巻3下13a 早野晴貞]

第3章 満洲文字のかな表記 *105*

(b) niyehe ニイエエハア（ニイエエハエ）　　　　　　[巻4上11a 鉅鹿篤義]

(c) eyebuku エ°エエプウケオ（エ°エエプウケウ）　　　[巻3上9a 呉為祥]

(d) hoseri ハウセエルイ（ハオセエルイ）　　　　　　[巻1下34b 蘆塚恒徳]

(e) hūsitun ハウシイトオム（ハウシイヅウム）　　　[巻4上22b 高尾延之]

　なお、(26e) は「tu」を「to」と見誤ったのであれば、「to」は「ドオ」と表記すべきところである。「トオ」は「do」のかな表記であるので、二重の誤りである。

　以上、(15) 〜 (26) で見た誤表記例は、現在でも満洲語の初学者が犯しがちなものである。これに対して、以下に示す (27) 〜 (29) は、文字の形は似ていなくはないものの、(15) 〜 (26) に比べて、注意力が散漫であると言わざるをえない誤表記例である。まず、(27) は音節末子音に関する誤表記例である。

(27) 音節末（語末）子音

(a) dekdereleme テエプテエルエレエメエ（テエケテエルエレエメエ）

[巻3上39a 潁川春重]

(b) patar pitir バアダアン ビイヂイン（バアダアレ ビイヂイレ）

[巻3上44a 潁川春重]

(c) kiyangdu ケイヤアンケエツウ（ケイヤアンツウ）

[巻5下28b, 29a 神代延長]

(d) dahabumbi タアハアモプウモピイ（タアハアプウモピイ）

[巻2上45b 彭城廣林]

　(27a) は音節末の「k」を「b」と見誤った例である。(27b) は音節末の「r」と「ng」を見誤った例である。(27c) はもともと存在しない「ke」を表記してしまった例である。語中の「ng」と「ke」を見誤ったことが原因として考えられるが、ただし、「ng」もきちんと表記している。(27d) はもともと存在しない音節末の「m」を表記してしまった例である。その原因は明らかでないが、「-mb-」という子音連続は満洲語に多いため、この子音連続を含む別の語句を担当したときのことが頭に強く残っていたのかもしれない。

(28) は「u」と「a」、「e」または「i」を混同した例である。

(28)「u」と「a」、「e」、「i」の混同
  (a) kungge ケアンケエ（ケウンカエ）   ［巻2上17b 高尾延之］
  (b) ceku ツエケエ（ツエケウ）   ［巻2下15a 彭城種美］
  (c) sence スウムツエ（セエムツエ）   ［巻3下21a 鉅鹿篤義］
  (d) jušuru チウシウルイ（チウシウルウ）   ［巻1上33b 石﨑親之］

  (28a) は「u」と「a」、(28b)、(28c) は「u」と「e」、(28d) は「u」を「i」と混同した例である。文字の形はそれほど似ているとは思えない。ただ、(28d) は語末の「u」であるから、文字の形が「i」と似ていると言えなくはない。なお、(28d) のような例はこの1例のみである。

  (29) は「t」と「r」を混同した例である。文字の形が似ていると言えなくもない。

(29)「t」と「r」の混同
  (a) meyete メエエエルエ（メエエエデエ）   ［巻5下11a 彭城永祥］
  (b) derei テエテエイ（テエルエイ）   ［巻2上48b 彭城廣林］

4.2.　かな表記の「決まり」の煩雑さが原因の誤り

  4.1. では満洲文字に対する理解不足が原因で生じた誤表記例を紹介した。本節では、清文字頭国字対音をはじめ、唐通事が編み出した満洲語かな表記法自体の煩雑さが原因で生じたと思われる誤表記例を見ていく。

  まず、(30) は、単独の母音「e」と「o」についている「○」をつけ忘れている語表記例である。その原因は訳編者の注意不足だと考えてよいだろう[注13]。

(30)「e」と「o」の表記
  (a) eriku エルイウ（エ○ルイケウ）   ［巻4上34a 早野志明］
  (b) orho オレハオ（オ○レハオ）   ［巻4上28b 早野志明］

第3章　満洲文字のかな表記

以下の (31) ～ (35) は、清文字頭国字対音に基づく満洲語のかな表記法をきちんと理解していなかったことが原因として考えられる例である。まず、(31) は「s」に関する表記の例である。

(31)「s」の表記

(a) gūsa カウスア（カウサア）　[巻1下 16a 穎川雅範、巻1上 24a 彭城廣林]

　c.f. gūsa カウサア　　　　　[巻2上 22a 彭城昌宣、巻2下 36b 石﨑親之 他]

(b) cuseri ツウスエリイ（ツウセエルイ）　　　　　[巻1下 21b 鉅鹿篤義] [注14]

(c) sele スエラエ（セエレエ）　　　　　　　　　[巻3上 45a 彭城廣林]

(d) kesi ケエスイ（ケエシイ）　　　　　　　　　[巻3下 31a 游龍俊之]

(e) tosombi ドオスオモピイ（ドオソオモピイ）　　　[巻4下 3a 神代延長]

清文字頭国字対音によれば、「sa, se, si, so, su」は「サア、セエ、シイ、ソオ、スウ」である。しかし、清文字頭国字対音は、「s」のように1文字目と2文字目のかなが違う系列がある一方、「ka, ke, ki, ko, ku」が「ケア、ケエ、ケイ、ケオ、ケウ」となるように、1文字目が同じかなで統一されている系列もある。(31) の誤表記はこの二つの表記法の系列を混同したことが原因として考えられる。(32) は「b」の誤表記例である。

(32)「b」の表記

(a) be パエ（ペエ）　　[巻3上 30a 石﨑親之、巻2上 43b, 44b, 45a 彭城廣林]

(b) tebeliyeku テエパエリイエエケウ（テエペエリイエエケウ）

　　　　　　　　　　　　　　　　　　　　　　　　　[巻5下 39a 彭城種美]

(c) tubet ヅウプエデ（ヅウペエデ）　　　[巻2上 5a 神代定光]

(d) dube ツウプア（ツウペエ）　　　　　[巻5下 36b 彭城種美]

(e) tobo ドオプオ（ドオポオ）　　　　　[巻4下 3b 神代延長]

(32) もまた (31) と同様に、「b」を1文字目と2文字目でかなが異なる系列だと誤認したことが原因として考えられる。なお、(32d) はさらに母音の「a」と「e」をも見誤った二重の誤表記例である。

108

(33) は「l」、「y」の誤表記例であるが、その原因は (31)、(32) と同様であると思われる。

(33)「l」、「y」の表記

  (a) sele スエ<u>ラ</u>エ（セエ<u>レ</u>エ）　　　　　　　　　　［巻 3 上 45a 彭城廣林］

  (b) fiye<u>l</u>en フイエエ<u>ラ</u>エム（フイエエ<u>レ</u>エム）　　　　［巻 5 下 36b 彭城種美］

  (c) hi<u>y</u>enakū ハイ<u>ヤ</u>エナアケウ（ハイ<u>エ</u>エナアケウ）

                              　［巻 5 下 30b 神代延長］[注15]

以下の (34) もまた「b」の誤表記例である。ただし、(34) が生じた原因は (32) と異なると考えられる。

(34)「b」の表記

  (a) dobom<u>b</u>i トオポオモ<u>ヒ</u>イ（トオポオモ<u>ピ</u>イ）　　　［巻 3 下 8b 早野晴貞］

  (b) lebenggi レエ<u>ヘ</u>エプウモピイ（レエ<u>ペ</u>エプウモピイ）［巻 5 下 8a 彭城永祥］

  (c) bedere<u>b</u>umbi ペエテエルエ<u>フウ</u>モピイ（ペエテエルエ<u>プウ</u>モピイ）

                               　［巻 3 上 39a 頴川春重］

  (d) hol<u>b</u>okū ハオレ<u>ホオ</u>ケウ（ハオレ<u>ポオ</u>ケウ）　　　［巻 1 上 34b 石﨑親之］

清文字頭国字対音によれば、「ba、be、bi、bo、bu」のかな表記は「パア、ペエ、ピイ、ポオ、プウ」であり、これに対して「pa、pe、pi、po、pu」のかな表記は「バア、ベエ、ビイ、ボオ、ブウ」である。それゆえ、唐通事は「p」と「b」が対になる音であることを認識していて、「p」の濁音表記に対して「b」を清音表記してしまったものと考える。

  (35) は「h」の誤表記例である。この原因もやはり (34) と同様であると考えられる。すなわち、「p」を濁音表記、「b」を清音表記であると誤認して、「h」を半濁音表記してしまったのではないだろうか[注16]。

(35)「h」の表記

  <u>h</u>ese <u>パ</u>エセエ（<u>ハ</u>エセエ）　　　　　　　　　　　［巻 2 上 44b 彭城廣林］

4.3. 実際の発音が表記に反映したと考えられる誤り

　以下の (36) 〜 (41) は、実際の発音が表記に反映した可能性があると考えられる例である。まず、(36) は「j」、「c」、「š」に関する表記である。2 文字目にヤ行音が用いられているのは、現在、満洲語のローマ字転写をする際によく用いられる Möllendorff の転写法と比べたとき、そのローマ字表記の通りに読むのと似通っている。

(36) 「j」、「c」、「š」の表記
　(a) dengjan テエンチヤム（テエンチアム）　　　　　［巻 2 上 19b, 20a 高尾延之］
　(b) pocok ボオチヨケ（ボオツオケ）　　　　　　　　［巻 1 上 32a 石﨑親之］
　(c) hoošan ハオウシヤム（ハオウシアム）
　　　　　　　　　　　　　　　［巻 3 下 10a 早野晴貞、巻 4 上 29b 早野志明］ 注17)

　次に、(37) は「ki」、「gi」、「hi」の表記である。清文字頭国字対音によれば、「ki」、「gi」、「hi」のかな表記はそれぞれ「ケイ」、「カイ」、「ハイ」であるが、これを「ギイ」、「キイ」、「ヒイ」と表記してある例がある。これは (36) と同様に Möllendorff のローマ字転写の通りに読むのと類似する。「ki」が「ギイ」、「gi」が「キイ」となっているのは、以下の (40) で述べる「t」と「d」との関係と平行的であり、興味深い。

(37) 「ki」、「gi」、「hi」の表記
　(a) kiki ギイギイ（ケイケイ）　　　　　　　　　　　［巻 5 上 17b 蘆塚恒徳］
　(b) ergi エ○レキイ（エ○レカイ）　　　　　　　　　［巻 4 上 9a 鉅鹿篤義］
　(c) icihiyara イツイヒイヤアルア（イツイハイヤアルア）
　　　　　　　　　　　　　　　［巻 1 上 29b 石﨑親之、巻 2 上 43a 彭城廣林］

　以下の (38)、(39) の例も、実際の発音が表記に反映したと考えられる例である。これらの誤表記例の存在は、唐通事の満洲語かな表記が『清文鑑』の漢字三合切音表記をもとに作られた翻字であることを支持すると言える。すなわ

ち、実際に満洲語を声に出して読む際は、かな表記の通りに発音していなかったものと思われる。

(38)「niya」の表記

niyamniyambi ニイヤアモニヤモピイ（ニイヤアモニイヤアモピイ）

[巻5下34b 彭城種美]

(39)「nio」の表記

niongniyaha ニウンニヤアハア（ニイウンニイヤアハア）

[巻1下31b 鉅鹿篤義]

(40)は「t」と「d」を混同したことによる語表記例である。

(40)「t」と「d」の混同

　(a) baita パアイタア（パアイダア）

[巻1下16b 潁川雅範、巻5上24a 早野志明、巻5上11b 鄭永寧]

　(b) yatuhan ヤアツウハアム（ヤアヅウハアム）　　[巻1下24a 彭城雅美]

　(c) hoton ハオトオム（ハオドオム）　　[巻4上19b, 20a 高尾延之]

　(d) jaida チアイダア（チアイタア）　　[巻2下46b 游龍俊之]

　(40)の誤表記が生じた原因としてまず考えられるのは、上記の(15)〜(17)で見た例と同様、圏点の有無を見誤ったという可能性である。しかし、Möllendorffの転写法と比べたとき、唐通事の「t」と「d」に対するかな表記はMöllendorffと逆になっている。一方で、(36)〜(39)で見たように、もし唐通事が満洲語を発音する際にMöllendorffのローマ字転写法に近い形で発音していたとするならば、(40)は実際の発音が表記に反映したと考えることもできるだろう。

　ところで、上原（1971）が前提とするように、清文字頭国字対音をはじめとする満洲語のかな表記が、仮に満洲語の発音に基づいて表記するという決まりであれば、(36)〜(40)に挙げたような表記はもっと現れてもよいはずである。

第3章　満洲文字のかな表記　　*111*

しかし、このような例は上に挙げるに留まり、全体として見ればその数は非常に少ない。よって、(36) 〜 (40) は逆に、かな表記があくまで満洲文字の翻字であって、実際の発音とは異なっていたことを示唆する例であると考える[注18]。

最後に、以下の (41) は、日本語にない「r」音と「l」音の違いを区別できずに、そのことが原因で誤ったと考えられる例である。このことから唐通事は漢語に通じていたとはいえ、その母語が日本語であったことを再確認できる。

(41)「r」と「l」の混同
  (a) lala ルアルア（ラアラア）   ［巻5下8b 彭城永祥］
  (b) fiyelembi フイヱエルヱモピイ（フイヱエヱレヱモピイ）

                                          ［巻3上39a 頴川春重］
  (c) duranggi ツウラアンカイ（ツウルアンカイ）   ［巻4下9a 官梅盛芳］
  (d) camhari ツアモハアリイ（ツアモハアルイ）   ［巻1上11a 鄭永寧］

4.4.　空白・欠如

かな表記の中には、語の途中で表記が途切れていたり、或いは語の途中から表記が始まったり、語の途中で表記が抜けていたりするものがある。その中でも (42) は、単なる注意不足が原因だと考えられるものである。ただ、注意不足だとしても、(42a) 〜 (42e) の注意不足は、(42f) 〜 (42j) に比べて、その程度が甚だしいように感じる。

(42) 注意不足によると考えられるもの
  (a) meyen -i afaha メヱエエム アフアハア（メヱエヱエム ニ アフアハア）

                                          ［巻1下11b 頴川道香］
  (b) etehe エハヱ（エ○デエハヱ）   ［巻1下12b 頴川道香］
  (c) latubuku ラアヅウケウ（ラアヅウプウケウ）   ［巻1下4b 頴川春重］
  (d) dobtolon ドオプロオム（ドオプドオロオム）   ［巻4下10a 官梅盛芳］

(e) emu gargan -i cooha

エ○ムウ カアレカアム（エ○ムウ カアレカアム ニ ツオウハア）

[巻 5 上 7a 鄭永寧]

(f) wesimbure ワエシイプウルエ（ワエシイモプウルエ）

[巻 3 下 8b 早野晴貞]

(g) giyangnara カイヤアナアルア（カイヤアンナアルア）

[巻 3 上 3b 呉為祥] [注19]

(h) fonjire フオチイルエ（フオムチイルエ）　　　　　[巻 3 上 9a 呉為祥]

(i) solon ソオロオ（ソオロオム）　　　　　[巻 4 上 28b 早野志明] [注20]

(j) lekerhi レエケエハイ（レエケエレハイ）　　　　　[巻 1 下 6a 穎川春重]

　一方、以下の (43) は、主に清文字頭国字対音に載っていない音節に関する空白・欠如例である。この箇所を担当した唐通事は、このような音節をどのように表記したらよいか判断に困って表記することを放棄したか、或いは後からどう表記するか考えようとし、後回しにしていたのをそのまま忘れてしまったといったことが、原因として考えられる。いずれにせよ、3 節で見たように、一方でその音節の表記法を編み出した唐通事がいることを考えれば、(43) は唐通事間の満洲語能力の差を窺い知ることができる一例と言えるだろう。

(43) 表記法を判断できなかったと考えられるもの

(a) suku スウ（スウケウ）　　　　　　　　　　[巻 4 上 31a 早野志明]

(b) bangtu パア（パアンヅウ）　　　　　　　　[巻 2 上 48b 彭城廣林]

(c) tinggin ンカイム（ヂインカイム）　　　　　[巻 2 上 37b 蔡正邦]

(d) mandan マア（mandal マアムタアル）　　　[巻 4 上 20a 高尾延之]

(e) niongniyaha ニイ（ニイウンニイヤアハア）　[巻 2 上 27a 彭城昌宣]

　唐通事は満洲語にかな表記を施す際に、『清文鑑』の各語句にふされた漢字三合切音表記を参照することもできたはずである。しかし、上記の例に関して言えば、恐らく唐通事は自分たちで編み出したかな表記法を事前に学び、覚えた上で、『清文鑑』の各語句にふされた漢字三合切音表記は逐一見ずに、かな

第 3 章　満洲文字のかな表記　　*113*

表記をつけていったものと思われる。(43) の例はその可能性が高いことを示唆している[注21]（第6章で後述）。

4.5.　原因不明の誤り

最後に、誤表記例の中で、その原因が特定しにくいものを挙げる。

(44)　原因不明の誤り
　　(a) gulu カウルウウ（カウルウ）　　　　　　　　［巻1下35b 蘆塚恒徳］
　　(b) efen ゲフエム（エ°フエム）　　　　　　　　　［巻1下5b 穎川春重］
　　(c) be ス°エ（ベエ）　　　　　　　　　　　　　　［巻4上9b 鉅鹿篤義］

　(44) の誤りがなぜ生じたのか少々理解に苦しむ。(44a) は「ウ」が一つ余計についている。(44b) は「e」を「ゲ」と表記している。「e」を「ke」と見誤ったのであれば、「ケエ」と表記すべきところである。(44c) は「b」を「ス°」と表記している。「ス」に「°」をつけた例はこの1例のみである。

5.　まとめ

　以上、第3章では、『翻訳満語纂編』を対象に、見出し満洲語語句にふされたかな表記について考察した。本章の要点を整理すると、(45) の通りである。

(45)　(a) 満洲語かな表記の決まりの原則は、『清文鑑』の漢字三合切音表記をもとに独自に編み出した満洲文字の翻字である。よって、満洲文字を実際に読む（発音する）場合は、かな表記とは別の読み方をしていたものと考えられる。その読み方は現在、満洲語をローマ字で転写する際によく用いられる Möllendorff のローマ字転写を、現在と同じように読むやり方に近かった可能性がある。
　　　(b) 清文字頭国字対音に載っている音節は、その決まりに従って表記する。

114

しかし、清文字頭国字対音に載ってない音節であっても、一定の決まりを作って表記する。ただし、表記の仕方には若干の個人差がある。その個人差は満洲語能力の差とも関係があると考えられる。

(c) 満洲語かな表記の中には（a）、（b）の決まりに従っていない誤りが見られる。その誤りは、現在でも満洲語の初学者がしばしば犯すような、満洲文字に対する理解不足による純粋な誤りがある一方、唐通事自ら編み出した満洲語かな表記法自体に対する理解不足が原因のもの、実際の発音が表記に影響したと考えられるもの、清文字頭国字対音にない音節をどのように表記してよいか分からずにやむをえず誤ったと思われるものなどが混在する。

　また、第3章では、誤表記例を挙げる際に、逐一その箇所の訳編者名をのせてきた。ただし、紙面の関係上、同じ種類の誤表記例であれば、訳編者が異なったとしても、全てを挙げずに省略している。全ての誤表記例を対象に、訳編者別の分布を調べれば、各通事がどれほど満洲語をできたのか、満洲語能力の個人差まで明らかにできるだろうが、この点は今後の課題としたい。

第3章の注

1　「ye」のかな表記は、「清文字頭国字対音」では「エエ」と表記されているが、本文中では「エエ」と表記される場合もある。

2　上原（1971）は「清文字頭国字対音で「特定字（外字）」を省いた理由が「国字対音」だから」と考えているように読みとれるが、ここで言う「国字」は日本語のかなのことを表していると考えられるため、満洲文字の「特定字」を省いた理由としては不適格であろう。

3　高橋景保の『満文輯韻』におけるかな表記のこと。

4　ところで、清文字頭国字対音のかな表記には興味深い点がある。「e」と「o」を表す際に「エ」、「オ」の右上に「〇」をつけていることである。これは「e」と「o」の満洲語の発音が、かなの「エ」、「オ」とは若干違っていることを反映していると考えられる。唐通事たちの母語は長崎方言であると考えられるから、「エ」は [je] と、「オ」は [wo] と発音していたのではないだろうか。それゆえ、満洲語の「e」、「o」がそれぞれ [je]、[wo] でないことを表すために「〇」をつけたものと思われる（早田輝洋氏の御教示による）。なお、篠崎（1997: 66-69）は江戸時代の長崎方言におけるエ音とオ音について、安永期（1775年頃）のツュンベリーの記録と嘉永期（1850年頃）のマクドナルドの記録、及び九州方言学会の実地調査をもとに、長崎方言のエは現代に至るまで [je] 音をある程度

残しているのに対して、オは安永期に［wo］から［o］への移行が進み、嘉永期にはかなり［o］が使われていたと推定している。

5 ただし、単独の「u」と「ū」の表記は区別している。これは『清文鑑』の漢字三合切音表記に倣って書き分けた可能性が高いと思われる。

6 音節末（語末）の「n」を「ン」と表記している者もいる。ただし、このような例は極めて少ない。

    (a) biyangga longkon ピイヤアンカア ロオンケオン（ロオンケオ<u>ム</u>）

                                                        ［巻1上28a 彭城廣林］

    (b) lasi(h)ikū tun(gk)e<u>n</u> ラアシイハイ□□ ツ○ウンケエ<u>ン</u>（ツ○ウンケエ<u>ム</u>）

                                                         ［巻3下16a 蘆塚恒徳］

なお、以下の(c)では「n」のかな表記に「ン」から「ム」への明らかな修正の痕跡が見える。

    (c) aca<u>n</u>jime isa<u>n</u>jire tulergi gurun -i bithe ubaliyambure kuren アツア<u>ム</u>ツイメエ イサア<u>ム</u>ツイルエ ヅウレエレカイ カウルウム ニ ピイデハエ オ○［sic. ウ］パアリイヤアモプウルエ ケウルエム   ［巻4上5a 潁川春重］

7 音節末の「t」に関しては、1例のみ「テ」と表記したものが見られる。

    kesike fa<u>t</u>ha ケエシイケエ フア<u>テ</u>ハア（フア<u>デ</u>ハア）   ［巻5下25b 蔡正邦］

8 以下の(a)のように、「ilha イ<u>レ</u>ハア」に一画足して「レ」を「ル」に修正している箇所があるのは興味深い。

    (a) heteme i<u>l</u>ha ハエデエメエ イ<u>ル</u>ハア   ［巻4下25a 鄭永寧］

ただし、(b)のようにこの反対に表記しているものもある。蘆塚恒徳の「ilha」の表記は全て「イレハア」である。

    (b) nimari i<u>l</u>ha ニイマアルイ イ<u>レ</u>ハア   ［巻5上16a 蘆塚恒徳］

また、「l」と「r」を反対に表記していても、彭城種美などは両者を区別している。

    (c) biya<u>r</u>giyašambi ピイヤアル<u>カ</u>イヤアシアモピイ   ［巻4上25a 彭城種美］

    (d) boconggo u<u>l</u>hūmangga kiru ポオツオンカオ ウ<u>レ</u>ハウマアンカア ケイルウ

                                                        ［巻4上25b 彭城種美］

9 「ti」を「チイ」と表記した例も見られる。これは後述するが、実際の発音に影響を受けた可能性もある。

    pata pi<u>ti</u> バアダア ビイ<u>チイ</u>（ビイ<u>ヂイ</u>）   ［巻1上30b 石﨑親之］

10 ただし、「o」を「ヲ」と表記している例もある。

    (a) bodo<u>r</u>o ポオトオル<u>ヲ</u>（ポオトオル<u>オ</u>）   ［巻4上4b 潁川春重］

    (b) oil<u>o</u> オ○イロ<u>ヲ</u>（オ○イロ<u>オ</u>）   ［巻2上11a 衆学生］

また、「tū」を表記した以下の例は「ヲ」を用いていない。

    (c) t<u>ū</u>mbi ツ<u>ウ</u>モピイ   ［巻5下6b 彭城昌宣］

このような例を見ると、「オ」と「ヲ」の区別はそれほど厳密ではなかったようにも思えてくる。唐通事によって「オ」と「ヲ」の違いを意識していた者と意識していなかった者があった可能性もある。

11 この数字は、見出しの満洲語自体が間違っていてそれに伴ってかな表記も間違っている場合や満洲語自体が間違っているのにかな表記は正しい満洲語のかな表記をしている場合を除いたものである。また、文献全体を通して虫食いの箇所は多いが、虫食いによっ

てその表記が判断できない場合も当然数字に反映されていない。数字はあくまで目安として考えていただきたい。

12 男性子音字と女性子音字の違いを判断できなかったのか、かな表記の箇所が空白のままになっている例もある。

  (a) gu ウ（カウ）　　　　　　　　　　　　　　　　　　　　　［巻4上29a 早野志明］

  (b) eriku エルイ<u>ウ</u>（エ[○]ルイ<u>ケウ</u>）　　　　　　　　　　　　　［巻4上34a 早野志明］

13 （30）の誤りは早野志明のみに見られる。早野志明は別の項目で「e」を正しく「エ[○]」と表記している箇所があり、「エ」の「[○]」が欠如した例は（30a）の1例のみであるが、「o」については（30b）を含めた該当箇所3箇所全てで「オ」と表記している。したがって、後者に関しては訳者が既に「オ」を［o］と発音していた可能性もありうる。

14 直後の巻3下の22aにも「cuseri」が出てくるが、そこでは「ツウセエルイ」と正しく表記している。

15 神代延長は同じ丁にある別の語で「ye」を「ヤア」と表記している。こちらは単純に「a」と「e」を見誤ったのであろう。

  hiyebele ハイ<u>ヤア</u>ペエレエ（ハイ<u>エエ</u>ペエレエ）　　　　　　　［巻5下30b 神代延長］

16 篠崎（1997: 74-78）は江戸時代の長崎方言のハ行音について、安永期はまだハ行子音の8割が［f］音であったが、嘉永期には［h］音が主流になり（フを除く）、［f］音の使用は極めて稀であったと述べている。（35）の表記は［f］音を表していた可能性が、限りなく薄いが、全くないとは言えない。

17 「š」については以下のような例も見られる。

  hošonggo ハオ<u>ジ</u>オンカオ（ハオ<u>シ</u>オンカオ）　　　　　　　　　［巻4上29a 早野志明］

18 かな表記が実際の発音と違っていたことを支持する例として、与位格の「de」の表記も挙げられる。清文字頭国字対音に従えば、「de」は「テエ」となるが、「テ」と表記してある箇所がある。2文字目の「エ」を書き忘れただけという可能性ももちろんあるが、恐らく実際は「テ」（或いは「デ」）と1文字（1モーラ）で発音していたことが反映したのだろう。

19 同じ丁の直前の語にも「giyangnara」が出てくるが、こちらは正しく表記されている。

20 一つ前の28aにも「solon」が出てくるが、こちらは正しく表記されている。

21 筆者は唐通事がかな表記を誤った満洲語の語句を、全て『清文鑑』（天理図書館所蔵本）を使って確認したが、該当する語句の『清文鑑』の漢字三合切音表記に誤りは1例もなかった。むろん、唐通事が使用した『清文鑑』と筆者が確認のために使用した『清文鑑』は同じではない。だからと言って、唐通事が使用した『清文鑑』の漢字三合切音表記に多くの誤りがあったという可能性も低いのではないかと思う。

第3章　満洲文字のかな表記

第4章

見出し満洲語の表記

本章では『翻訳満語纂編』を対象に、見出し満洲語語句の表記に見られる特徴について考察する。以下、大部分が満洲文字のつづり字における誤りについての考察になるが、後半で見るように、若干、『翻訳満語纂編』に特有な語句も見られる。

1. 見出し満洲語のつづり字の誤り

見出し満洲語語句にはつづりを誤った例が散見する。つづり字の誤りの中には、『清文鑑』から書写する際に単に見誤っただけだと思われるものがある一方、満洲文字に対する理解不足が原因と思われるものもある。後者は唐通事の満洲語能力がどの程度であったか、その一端を表していると考えられる。なお、本節で以下に挙げる例は、管見の限り、『翻訳満語纂編』における見出し満洲語のつづり字における全ての誤表記例である。また、結論から言えば、『翻訳満語纂編』に見られる満洲語のつづり字の誤りは、その大部分が現在であっても、満洲語の初学者がよく犯しがちなものである。

1.1. 圏点の有無に関する誤り

まず、以下の (1) 〜 (7) は満洲文字の圏点を見落としたか、その仕組みを理解できなかったために生じたと考えられる誤表記例である。以下の (1) は「e」を「a」と見誤って表記した例である。

(1) 「a」と「e」の混同
  (a) pela̲rjembi (pele̲rjembi) ベエラ̲アレチエモピイ

[巻 1 上 30b 石﨑親之][注 1]

  (b) tuwa̲lembi (tuwe̲lembi) ヅウワ̲アレエモ□イ　［巻 1 下 2a 頴川春重][注 2]

  (c) dahabu̲ra̲ (dahabu̲re̲) gisun tucimbi
    タアハアプウルエ̲ カイスウム ヅウツイモピイ　［巻 2 上 44b 彭城廣林］

  (d) jušempa̲ (jušempe̲) ウシエモバ̲ア　　　　　　［巻 5 下 20a 蔡正邦］

(e) efula̲mbi（efule̲mbi）エ○フウ<u>レエ</u>モピイ　　　　　　　　　　［巻3上7a呉為祥］

　注目すべきは全て「e」とすべきところが「a」となっている点である。その逆はない。満洲語だけを見ていれば、その原因は圏点のつけ忘れだと考えられるが、満洲語にふされた満洲語の読み方を表すためのかな表記を見てみると、(1a)～(1d)は満洲語にふされたかな表記が「a」を表すための文字になっているのに対して、(1e)は「e」を表すための文字になっている。つまり、(1e)を翻訳した呉為祥は、この満洲語が「efulembi」であることを知っていて、単に満洲語の「la」の右横に圏点を打ち忘れたと考えられるのに対して、(1a)～(1d)を翻訳した者はかな文字を表記する以前にこの満洲語のつづり字を勘違いしていることになる。

　さらに(1)の満洲語の語釈部分がどのようになっているかを示すと、以下の通りである。

(1') (1)の満洲語語釈

(a) julhū　tatame　morin　-i　angga　sula　balai　tukiyere　be
　　扤手　　拉　　　馬　　ノ　口　　散　　妄ニ　　揚　　　ヲ
　　(タヅナ)(ヒイテ)　　　　　　　(メツ)(ソウ)　　(アガル)

　　<u>pelarjembi</u>　sembi.
　　嘴飄　　　　　ト云フ

(b) ubade　udafi　tubade　uncara　be,　<u>tuwalem(bi)</u>　sembi.
　　此處　買　　彼處　　賣　　ヲ　　　販賣　　　　ト云
　　(コ□□)(カイ)(カシコニ)(ウル)

(c) dergi　hafan　ini　fejergi　hafasai　wesire　for(go)　šoro　jergi
　　上　　官　　他　　下　　官等ノ　　陞　　　轉　　　　等ノ
　　　　　　　(オノガ)

　　baita　de　niyalma　antaka,　baita　antaka　babe　tucibume
　　事　　ニ　人ノ　　何如　　　事ノ　何如　　處ヲ　出テ
　　　　　　　　　　(イカヾ)　　　　(イカナル)　　　(アゲ)

　　simnere　gisun　nikebufi　wesimbure　be,　<u>dahabure</u>　gisun　tucimbi
　　考　　　語ヲ　　着　　　　奏スル　　　ヲ　　　出具考語ト
　　　　　　　　　(ツケ)

　　sembi
　　云フ

(d) bigan -i sogi, amtan jušuhun, soroko manggi den duin
　　野菜　　　味ヒ　　酸シ　　　黄　　　バ　　　高サ　四

sunja jušuro [sic.jušuru] ombi, use mere -i adali.
　五　　尺ニ　　　　　　　成ル　籽粒ハ　蕎麥ノ　　同シ

(e) hafan tušan ci fohali[sic.fuhali] nakabure be, efulembi
　　官　　職　　ヨリ　全然　　　　　　　　退・　　ヲ　　革職ト

sembi.
云フ

　(1'd) には語釈中に見出し語である「jušempe」が出てこない。それゆえ、このような語句の見出し語を結局のところ蔡正邦がどのように理解していたのか判断を下すのは困難である。しかし上記の場合、(1'd) 以外は見出し語が語釈の中にも現れている。(1'a)、(1'b) は (1a)、(1b) 同様の誤った表記がなされているため、石﨑親之と頴川春重はこの語を間違って理解していた可能性が高い。一方で、(1'c) と (1'e) は、見出し語のつづりは間違っているものの、語釈の満洲語は正しく表記されている。つまり、これらの語句は正しく理解していたものの見出し語においてのみ圏点をつけ損ねてしまった可能性が高いと考えられるのである。(1)、(1') にのみ関して言えば、この相関関係は満洲文字のかな表記とも平行的になっており、上記の可能性が高い。本章では以下の例においても同様に、見出し語の満洲語表記と語釈の満洲語表記が一致するかどうかについて言及しはするが、紙面の関係上、語釈の全文を載せることは控える(注3)。結論から言えば、(1)、(1') のように語釈の満洲語の正誤とかな表記の正誤の関係は平行的にならない場合もある。
　次に、(2) は「o」と「u」を混同した例である。

(2)「o」と「u」の混同
　(a) misuro (misuru) ミイスウルウ　　　　　　［巻2下 13a 蘆塚恒徳］(○)
　(b) galai sojakū (sujakū) カアラア井 ソオチアケウ
　　　　　　　　　　　　　　　　　　　　　　　［巻4上 13a 彭城永祥］(○)
　(c) nicohe (nicuhe) ニイツオハエ　　　　　　［巻1上 17b 高尾延之］(－)

(d) nicuhe šongkeri（šungkeri）ilha

　　ニイツウハエ シウンケエルイ イレ［sic. ル］ハア

[巻5上15b 蘆塚恒徳]（－）

(e) lafu sugi（sogi）ラアフウ スウカイ　　　　[巻4下11a 官梅盛芳]（－）

　（2a）～（2d）は「u」とすべきところを「o」としている例である。かな表記は全て「o」のものになっているので、語句の正確なつづり字は知っていたが、単に圏点をつけ忘れたものと思われる。その証拠に（2a）、（2b）における語釈の満洲語は正しく表記されている[注4]。（2e）は逆に「o」とすべきところを「u」としている例である。すなわち、必要のない箇所に点をつけてしまっている。かな表記も「u」のものになっているので、完全に「sogi」という語自体を理解できていなかったことになる。

　（3）は「t」と「d」を混同した例である。

(3)「t」と「d」の混同

(a) jebele tashūwan（dashūwan）-i fiyenten

　　チエペエレエ ダアスハウワアム ニ フイエエムデエム

[巻1下20b 彭城雅美]（○）

(b) imenggi tabukū（dabukū）イメエンカイ ダアプウケウ

[巻3上12a 官梅盛芳]（○）

(c) tohoma -i taldakū（daldakū）ドオハオマア イ ダアルタアケウ

[巻1上48b 彭城種美]（×）

(d) jugūn giyai be katalara（kadalara）tingkin -i hafan

　　チウカウム カイヤア井 ペエ ケアダアラアルア ヂインケイム ニ ハアフアム

[巻1下23a 彭城雅美]（×）

(e) sahatambi（sahadambi）サアハアダアモピイ [巻2上32a 穎川重春]（×）

(f) wesimbure buktari（bukdari）

　　ワエシイモプウルエ フ［sic. プ］ウ□ダアルイ

[巻5下39a 彭城種美]（×）

(g) latu（ladu）ラアヅウ　　　　[巻5下7a 彭城昌宣]（×）

第4章　見出し満洲語の表記　　123

(h) garutangga（garudangga）sejen カアル□ダ□□カア セエチエム

[巻2上16b 高尾延之]（−）

(i) sacikū sirtan（sirdan）サアツイケウ シイレタアム

[巻5上27a 官梅盛芳]（○）

(j) muke tendere（dendere）tampin

ムウケエ テエムテエルエ ダアモビイム　　[巻1下15b 頴川衛香]（○）

(k) samati（samadi）boo サアマアチイ　　[巻1上32b 石﨑親之]（×）

(l) nimata（nimada）ニイマアタア　　[巻3上20b 神代定光]（−）

　注目すべきは全て「d」とすべきところを「t」にしている点である。その逆はない。単純に見れば全て圏点のつけ忘れということになるが、(3a) 〜 (3h) はかな表記が「t」を表すためのものになっている。一方で (3i) 〜 (3l) のかな表記は「d」を表すための文字である。半数くらいの者がかな表記以前に単語のつづり自体を誤っていたことが分かる。なお、(3k) は見出し語が誤っており、語釈の満洲語表記も見出し語同様に誤っているのに、かな表記だけはなぜか正しいという奇妙な例である。

　(4) は「k」と「g」を混同した例である。

(4)「k」と「g」の混同

(a) garudangga yengkuhe（yengguhe）

カアルウタアンカア エエンケウハエ　　　　[巻2上16b 高尾延之]（○）

(b) šukin（šugin）dosimbuha iletu kiyoo

シイケイム トオシイモプウハア イレエヅウ ケイヨオウ

[巻4上34a 早野志明]（○）

(c) kame kisurembi（gisurembi）ケアメエ カイスウルエモピイ

[巻3上24b 石﨑親之]（○）

(d) šajingga kasha（gasha）シアチインカア ケアスハア

[巻1上39b 游龍俊之]（×）

(e) edun -i temketu（temgetu）エ°（ツウ）ム ニ デエモケエヅウ

[巻3上9a 呉為祥]（×）

(f) fisembuhe jukūn (jugūn) フイセエモプウ□エ チウケウム

[巻 1 下 38a 彭城昌宣]（×）

(g) yadalinkū (yadalinggū) ヤアダ［sic. タ］アリインケウ

[巻 3 下 29b 游龍俊之]（×）

(h) sahaliyan malangkū (malanggū) サアハアリイヤアム マアラアンケウ

[巻 5 上 27a 官梅盛芳]（−）

(i) nosigi (nosiki) ノオシイカイ　　　[巻 3 上 23b 神代定光]（○）

(j) simari cecige (cecike) シイマアルイ ツエツイカエ

[巻 1 上 36a 游龍俊之]（−）

(k) sukiyari cecige (cecike) スウケイヤアルイ ツエツイカエ

[巻 1 上 38a 游龍俊之]（−）注5)

(l) kiyar gir (kir) ケイヤアレ カイレ 鷹拒人聲　　[巻 4 下 27b 鄭永寧]（−）

(m) kiyar gir (kir) ケイヤアレ カイレ 騒鼠等物拒人聲

[巻 4 下 28a 鄭永寧]（−）

(n) šu -i suihon -i bithe icihiyara gurun (kuren)
シウ イ スウイハオム ニ ピイデハエ イツイヒイヤアルア カウルウム

[巻 2 上 43a 彭城廣林]（×）

　(4a) 〜 (4h) は「g」とすべきところを「k」と、(4i) 〜 (4n) は「k」とすべきところを「g」と表記した例である。前者は圏点のつけ忘れだと考えられるが、(4d) 〜 (4g) のように語釈部分も間違っていれば、単なるつけ忘れとも断定できない。後者は不必要な箇所に点をつけているので、語句の理解不足がさらに加わっている。かな表記は (4c) を除いて全てが間違った満洲語のつづりを反映している。なお、(4n) は「kuren」を「gurun」と勘違いしている。さらに興味深いのは (4n) の語釈部分が「musei gurun -i geren bithei niyalmai araha irgebun uculen ucun fujurun šu fiyelen -i jergi hacin be ejeme bithe banjibume arara ba be, šu i sūihon i bithe icihiyara guren sembi.」となっている点である。語釈部分では「gurun」になっていないが「kuren」にもなっていない。

　(5) は「k」と「h」を混同した例である。用例は少ないが、全て「h」とす

べきところを「k」と表記しているので、圏点のつけ忘れが原因だと考えられる。かな表記は全て間違った満洲語のつづり字を反映している。ただし、語釈の満洲語も間違っているので、この語句そのものを誤って理解していた可能性もある。

(5)「k」と「h」の混同
　(a) yekere（yehere）エエケエルエ　　　　　［巻1下24b 彭城雅美］（×）
　(b) kūsutulembi（hūsutulembi）ケウスウヅウレエモピイ
　　　　　　　　　　　　　　　　　　　　　　　［巻1上23b 神代定光］（×）
　(c) hasaka（hasaha）umiyaha ハアサアケア ウミイヤアハア
　　　　　　　　　　　　　　　　　　　　　　　［巻4上16a 彭城永祥］（−）

　(6) は「g」と「h」を混同した例である。このような例はこの1例のみである。「g」とすべきところを「h」と表記しているので、丸と点を混同したものと思われる。なお、かな表記は「ge」ならば「カエ」、「he」ならば「ハエ」となるところで、「パエ」となっている。恐らく満洲語は「he」だと理解したものと思われるが、かな表記法も逸脱した二重の誤表記例である。

(6)「g」と「h」の混同
　niyamani adahe（adage）dadage madage
　ニイヤアマアニイ アタアパエ タアタアカエ マアタアカエ
　　　　　　　　　　　　　　　　　　　　　　　［巻3上21b 神代定光］（−）

　(7) は不要な箇所に「n」の左点をつけている例である。このような例はこの1例のみである。かな表記も「n」が入ったものが反映されている[注6]。

(7)「n」の表記（不要な点を追加）
　hojon nilha（ilha）ハオチオム ニイルハア　　　［巻2上20a 高尾延之］（−）

1.2. 子音字に関する誤り

次に、圏点の有無以外の子音字に関する満洲文字の誤表記例を挙げる。ま
ず、(8) は語末の「g」と「ng」を混同した例である。満洲文字は「ng」の「n」
がない表記になっている。

(8) 語末の「g」と「ng」の混同

edeg（edeng）エ°テエレ　　　　　　　　　　［巻2上6b官梅盛芳］（－）

(9) は「b」と「p」を混同した例である。字形が似ているので、混同するの
も理解できる。かな表記は「バア」となっているので、子音は「p」であるこ
とを認識していたものと思われる。ただし、「pi」であれば「ビイ」とすべき
であり、「バア」は「pa」に対するかな表記であるため、ここでは二重の誤り
となっている。なお、語釈の満洲語は正しい表記になっている。

(9)「b」と「p」の混同

tumen mukei tambin（tampin）ヅウメエム ムウケエイ ダアモバアム

　　　　　　　　　　　　　　　　　　　　　［巻2下4a神代定光］（○）

(10) は「w」と「f」を混同した例である。満洲文字の「f」の右端が突き抜
けることを理解していなかったことが原因と思われる。かな表記は誤ったつづ
り字を反映したものになっており、さらに (10b) は語釈の満洲語も間違った表
記のままになっている[注7]。

(10)「w」と「f」の混同

(a) suhun fenderhen（wenderhen）スウハウム フエムテエレハエム

　　　　　　　　　　　　　　　　　　　［巻5上31a官梅盛芳］（－）

(b) wasilan（fasilan）ワアシイラアム　　　［巻5下38b彭城種美］（×）

(11) と (12) は「c」と「y」、及び、「c」と「j」を混同した例である。字形

第4章　見出し満洲語の表記　　*127*

が似ているので写し間違ったものと思われる。かな表記は間違った満洲語を反映したものになっている。

(11)「c」と「y」の混同

　ucunggeri（uyunggeri）ibereleme miyoocalambi

　ウツウンカエルイ　イペエルエレエメエ　ミイヨオウツアラアモピイ

[巻3上15b 官梅盛芳]（○）

(12)「c」と「j」の混同

　šacingga（šajingga）karan シアツインカア ケアルアム

[巻3上45a 彭城廣林]（×）

　(13)は「s」と「š」を混同した例である。字形が似ているので、写し間違いと思われる。かな表記は間違った満洲語を反映したものになっている。

(13)「s」と「š」の混同

　yarungga muksan（mukšan）ヤ□ルウンカア ムウケサア［sic. ム］

[巻3下29a 游龍俊之]（−）

　(14)は語末の「r」を「ng」と混同した例である。字形も似ていると言えば似ている。かな表記は間違った満洲語を反映したものになっている。

(14)「r」と「ng」の混同

　putung（putur）seme ブウヅウン セエメエ　　［巻3上44b 潁川春重]（−）

　(14)から想起されるのは、第3章にも「r」と「ng」の混同例があったことである（p.106の(27b)）。これらは奇しくも共に潁川春重による誤りである。第3章ではこの誤りの原因について、語末の「r」と「ng」の語形を単に見誤った可能性に加え、かな表記をする際、清文字頭国字対音にない音節末の「r」をどのように表記すべきか判断しかね、やむを得ず「ン」と表記した可能性も指摘したが（p.101）、上の(14)の場合、この例と同丁の直前には「picir

128

seme」と「porong seme」が載っているため、この「porong seme」につられて間違って表記してしまった可能性も考えられる。上原（1971: 19）が指摘する（p.95 の（3））この誤りの原因は、最終的にいずれも決定打に欠ける。

　（15）は不要な語末の「n」を加えてしまった例である。かな表記は間違った満洲語を反映したものになっているが、語釈部分の満洲語は正しい表記になっている。

（15）語末の「n」
šatan ufan（ufa）cai シアダアム ウフアム ツアイ

［巻 1 上 40a 游龍俊之］（○）

1.3.　母音字に関する誤り

　次に、圏点の有無以外の母音字に関する満洲文字の誤表記例を挙げる。まず、（16）は「a」と「i」を混同した例である。左線の長さを見誤ったものと思われる。（16a）と（16b）のかな表記は間違った満洲語を反映したものになっているが、（16c）のかな表記は正しい満洲語を反映したものになっている[注9]。

（16）「a」と「i」の混同
  (a) midari ujui（madari uju）ミイタアルイ ウチウイ

［巻 1 下 12a 潁川道香］（×）[注8]

  (b) ilan unggala mayoocan（miyoocan）
    イラアム ウンカアララ マアヨオウツアム　　［巻 2 上 7a 官梅盛芳］（×）
  (c) adunggayambi（adunggiyambi）アツウンカイヤアモピイ

［巻 3 上 5b 呉為祥］（×）

　（17）は、字形はあまり似ていないが、「a」と「o」を混同した例である。かな表記は間違った満洲語を反映したものになっている。

第 4 章　見出し満洲語の表記　　129

(17)「a」と「o」の混同

  (a) šodambi（šodombi）シオタアモピイ　　　　　　［巻2上42b 蔡正邦］（×）

  (b) giyongnakū（giyangnakū）ケイヨオンナアケウ

　　　　　　　　　　　　　　　　　　　　　　［巻5下29b 神代延長］（×）

　(18) もまた、字形はあまり似ていないが、「o」と「i」を混同した例である。上記の (16) と (17) の誤りを掛け合わせたような間違いである。かな表記は間違った満洲語を反映したものになっている。

(18)「o」と「i」の混同

  molo（moli）ilha モオロオ イルハア　　　　　　［巻4下16b 彭城昌宣］（－）

　(19) は二重母音の表記に関する誤りである。

(19) 二重母音の表記

  doroi amba kiyao（kiyoo）トオルオ井 アモパア ケイヤアウ

　　　　　　　　　　　　　　　　　　　　　　［巻5下2b 彭城昌宣］（○）

　ただし、(19) は完全な誤りと言えない可能性もある。語釈部分も見出し語句と同様に「kiyao」となっているが、「kiyoo」は明らかに漢語からの借用語であり、その漢語訳「大禮轎」の「轎」であろう。「轎」は現代語の普通話では「jiào」であるから、或いは唐通事たちは当時すでに満洲語の「kiyoo」を「kiyao」と発音しており、発音通りにつづっただけなのかもしれない。

1.4.　注意不足が原因と思われる誤り

　次に、単なる見落としが原因と考えられる例を挙げる。まず、(20) と (21) は語句のつづり字の一部が欠如している例である。

(20) 文字の一部が欠如しているもの

(a) ca aŋgga（maŋgga）ツア　マアンカア　　　　　［巻2下13b 蘆塚恒德］（○）

(b) nomun andal（mandal）ノオムウム　マアムタアル

［巻3上23a 神代定光］（○）

(c) muduri garudai tumin amun（lamun）suje kiru
ムウツウルイ　カアルウタアイ　ツウミイム　ラアムウム　スウチエ　ケイル
ウ　　　　　　　　　　　　　　　　　　［巻1下14a 穎川道香］（○）

(d) cecike fuŋgiyeku（fulgiyeku）ツエツイケエ　フウムカイエエケウ

［巻1下27a 鉅鹿篤義］（○）

(e) hoton mandan（mandal）ハオト［sic. ド］オム　マア［以下なし］

［巻4上20a 高尾延之］（×）

(f) cakūan（cakūran）ツアケウラアム　　　　　［巻5下14b 彭城永祥］（−）

(g) dulefun sadalabure（sandalabure）durungga tetun
ツウレエフウム　サアタアラアプウルエ　ツウルウンカア　デエヅウム

［巻4下9b 官梅盛芳］（×）

(h) fishimbi（fisihimbi）フイスハイモピイ　　　［巻5下37a 彭城種美］（○）

(i) feniyembi（feniyelembi）フエニエエエモピイ

［巻5下34b 彭城種美］（×）

(j) ［=（1c）］dahabura gisun tucimbi（tucibumbi）
タアハアプウルエ　カイスウム　ヅウツイモピイ　出具考語

［巻2上44b 彭城廣林］（×）

(20a) と (20b) は「m」の右側のはねが欠如している例である。最後に右側
のはねを足すのを忘れたのだろう。語釈の満洲語は正しい表記になっている。
(20c) は語頭の「l」、(20d) は語中の「l」、(20e) は語末の「l」の右側のはねが
欠如している例である。「m」と同様、最後にはねを足すのを忘れたのだろう。
ただし、(20e) は語釈も見出し語句の誤り通りになっているので、或いは高尾
延之は「mandal」を「mandan」と理解していたのかもしれない。(20f) は語
中の「r」が欠如している例である。これを担当した彭城永祥はどのような書
き順で「r」を書いていたのか分からないが、結果的に書き忘れた形になって

第4章　見出し満洲語の表記　　131

いる。(20g) は語中の「n」を、(20h) は語中の「i」を、(20i) は語中にある「le」を書き忘れた例である。(20j) は「tucibumbi」を「tucimbi」のように「bu」を書き忘れた例である。

(21) は「keler」が完全に欠如している例である。

(21) kalar seme（keler kalar seme）ケアラアルア ［sic. レ］セエメエ

[巻 5 上 18a 蘆塚恒徳]（○）

(21) の原因として、「keler」と「kalar」の字形が似ているから一つ書いた時点で二つ目を書くのは忘れてしまったということもありうるが、二つ目の「kalar」を書き忘れるのならまだしも、果たしてこのようなことがあるのだろうか。ただし、語釈部分の満洲語は正しい表記になっている。(22) も (21) と類似した誤りの例である。

(22) piyas piyas（pis）seme ビイヤアス ビイヤアス セエメエ 行動輕佻

[巻 2 上 31a 潁川重春]（-）

『清文鑑』は「piyas pis seme 行動輕佻」である。これは一つ目の「piyas」を単に二つ重ねてしまったことが原因として考えられる。

(23) は不要な箇所に母音が挿入された例である。(23a) は「a」が、(23b) は「e」が、(23c) は「a」が一つ余計に書かれている。

(23) 不要な箇所に母音が挿入されているもの
　(a) ilahangga（ilhangga）wehei niowarikū
　　イラアハアンカア ワエハエ井 ニイウワアルイケウ

[巻 2 上 7a 官梅盛芳]（-）
　(b) ijin wekejin（wekjin）イチイム ワエケエチイム

[巻 3 上 10a 官梅盛芳]（○）注 10)
　(c) tuluma（tulum）ヅ ［ウ］ルウマア　　[巻 5 下 5a 彭城昌宣]（×）注 11)

(24) は熟語の中に余計な属格助詞が挿入されている例である。

(24) 不要な属格助詞が挿入されているもの

　　fi -i kitala（fi kitala）フイ イ ケイダアラア 筆管

[巻 5 下 36b 彭城種美]（×）

　(24) の原因は、同じ 36 丁裏の前後に収録している「fi -i dube フイ イ ツウ プア 筆尖」、「fi -i homhon フイ イ ハオモハオム 筆帽」、「fi -i sihan フイ イ シイハアム 筆筒」が全て属格の「-i」をとっているため、その影響で (24) にも属格助詞を入れてしまったものと考えられる。一方で、以下の (25) のように必要な属格助詞が欠如している例も見られる。

(25) 必要な属格助詞が落ちているもの

sirame hafan tinggin（sirame hafan -i tinggin）

シイルアメエ ハアフアム［ti の部分空白］ンカイム 寺丞廳

[巻 2 上 37b 蔡正邦]（×）

　(26) は恐らく純粋に書き誤っただけと思われる例である。その証拠に語釈の満洲語は正しくなっている。

(26) 純粋な書き損じと思われるもの

　(a) cakūlu cecike ツアケウルウ ツエツイケエ　　[巻 5 下 13a 彭城永祥]（○）

　(b) badarambungga buleku パアタアルアモプウンカア プウレエケウ

[巻 1 上 25b 彭城廣林]（○）

　(26a) は母音「ū」の表記に関する誤りである。「ū」の母音は「o」と「i」を合わせたような文字であるが、以下の写真 4-1 に示すように、「i」の部分が 1 本多く 2 本書かれている。(26b) は「badarambungga」の「r」の右側に「m」を表すはねが余計についている。書き誤ったのだが修正がきかずにそのまま放置したのであろう。

第 4 章　見出し満洲語の表記　　133

写真 4-1 書き損じた例

1.5. 日本語にない音の区別ができなかったことが原因の誤り

(27) は「r」と「l」を混同して表記した例である。

(27)「r」と「l」の混同
  (a) bor<u>o</u>ri（bol<u>o</u>ri） ポオ□□ルイ　　　　　　　［巻3上41b 穎川春重］（×）
  (b) hef<u>e</u>ri（hef<u>e</u>li） ハエフエルイ　　　　　　　［巻4下25b 鄭永寧］（×）

ひたすら満洲文字だけを見てそれを忠実に書き写せばこのような誤りは生じないはずである。上記の2名の唐通事は、満洲語の語句を書き写す際に、その語句を知っていて、頭の中でその文字を諳（そら）じながら書いていたものと考える。『翻訳満語纂編』の編纂は5年間に亘って行なわれたが、編纂に関わった唐通事のうち、5年間通して関わった者もいれば、1年ないし2年間だけといった短い期間のみ関わった者もいる。そのような中で上述の穎川春重と鄭永寧は4年間という比較的長い期間編纂に関わった人物である。またこの二人は5名いる『翻訳清文鑑』の訳編者のうちの2名でもある。唐通事の間で満洲語能力に差があったであろうことはこれまで見てきたつづり字に見られる誤表記例からも明白であるが、筆者は(27)の誤りはこの2名が満洲文字をある程度読みこなしていたからこそ逆に誤ってしまったのではないかと考える。なお、(27)の例は、唐通事の母語が当然のことではあるが、日本語であったことを示している。

1.6.　原因不明の誤り

　最後に、つづり字に見られる誤表記の原因がはっきりと特定にしくい例について挙げる。まず、(28) は「n」と「ra」を混同した例である。字形もそれほど似ているとは言い難く、その原因は不明である。

(28) juman（jumara）チウマアム　　　　　　　　［巻 3 下 27a 鉅鹿篤義］（-）

　(29) はつづりが全的に変わっている例である。

(29) icihiyambi（isihimbi）イツイハイヤアモピイ 抖瀶

　　　　　　　　　　　　　　　　　　　　　　　　　［巻 5 上:11a 鄭永寧］（×）

　(29) の原因として、同じ「巻 5 下 11 丁表」に収録されている「icihiyambi イツイハイヤアモピイ 辦理」、「icihiyambi イツイハイヤアモピイ 料理」、「icihiyambi イツイハイヤアモピイ 打掃」、「icihiyambi イツイハイヤアモピイ 装裏」と混同したことも考えられるが、底本の『清文鑑』の中でこれらの語句が並びになっているわけではなく、はっきりとしたことは何も言えない。

2.　見出しの満洲語語句に見られる特徴

2.1.　満洲語の語釈からの修正

(30) gajarci カアチアレツイ 嚮導　　　　　　　　［巻 3 上 26b 石﨑親之］

　『清文鑑』には「yarhūdai 嚮導」がある。しかし、「yarhūdai」の『清文鑑』における語釈は「ba na be takara jugūn on be sara niyalma be gajarci sembi」となっているため、この語釈の「gajarci」を石﨑親之は見出し語にしたものと考えられる。

第 4 章　見出し満洲語の表記　　*135*

2.2. 『清文鑑』に確認されない語句

(31) saka bohū サアケア ポオハウ 肉膾　　　　　　　　［巻1上 32b 石﨑親之］

　『清文鑑』には「saka 肉膾」がある。また、『翻訳満語纂編』における「saka」
の語釈は『清文鑑』同様に「buhū nimaha -i jergi jaka -i yali be forofi amtan
acabufi eshun jederangge be saka sembi」となっている。なぜ見出し語句の
箇所に「bohū」が追加されたのか、理由は定かでない（第6章で後述）。

(32) liy(e)liyere リイエエリ□エ□ル□ 惜迷　　　　　　　［巻1下 6b 潁川春重］

　『清文鑑』には「liyeliyembi 惜迷」がある。『清文鑑』における「liyeliyembi」
の語釈は「largin facuhūn baita de berebufi ulhicun akū ojoro be liyeliyembi
sembi」となっているが、『翻訳満語纂編』における満洲語の語釈は「largin
facuhūn baita de berabufi [sic.berebufi] ulhicun akū ojoro be, liyaliyere
sembi」で、「liyeliye-」の部分に圏点をつけ忘れているが、語末は「-re」の
形になっている。なぜ、「-re」の形になっているのか、理由は定かでない（第
6章で後述）。

(33) kalar seme ケアラアルア ［sic. レ］セエメエ 動　　［巻5上 18a 蘆塚恒徳］

　『清文鑑』には「kalar seme 和藹様」がある。しかし、これは (33) の「kalar
seme 動」と意味が合わない。一方で『清文鑑』には「keler kalar seme 樺子
活動」もある。『清文鑑』の「keler kalar seme 樺子活動」と『翻訳満語纂編』
の「kalar seme 動」は、その満洲語の語釈が共に「yaya jaka -i acabuha ba
sula ofi aššara be keler kalar sembi」となっているので、こちらの意味で訳出
したものと思われる。つづり字だけを見れば単に蘆塚恒徳が「keler」を見落
としただけという可能性もあるが、漢語部分が「動」になっていることから、
唐通事たちが使用した『清文鑑』にはこのような語句が収録されていた可能性
もありうる。

3. まとめ

　以上、第4章では、『翻訳満語纂編』の見出し満洲語において、つづり字の誤りと、『清文鑑』と異なる語句が存在することを明らかにした。つづり字の誤りは、専ら、現在でも満洲語の初学者が犯しがちなものが多い。先の第3章では見出し満洲語の右側にふされた、満洲語の読み方（翻字）を表すかな表記について論じたが、本章で明らかにした見出し満洲語の誤表記例は、かな表記の誤表記例とその特徴に類似する点が多い。満洲文字の読み書きに関する限り、唐通事の中には満洲語に秀でた者がいた一方で、全体的に見て、唐通事は満洲語の初学者が多かったのではないかという印象を受ける。

　また、『翻訳満語纂編』の見出し満洲語に見られる『清文鑑』にない語句については、今回、その出典を明らかにできないものがある。高橋景保が用いた『清文鑑』や『清文啓蒙』が現存するのに対して、唐通事が『翻訳満語纂編』及び『翻訳清文鑑』を編纂する際に使った『清文鑑』は、現在のところ、同定及び発見されていない。だが、今後、『清文鑑』の諸版本や他の満洲語文献に現れる語句を見ていくことによって、その出典を明らかにすることもできるだろう。

第4章の注

1　用例の右側にある括弧内の表記が予測されうる正しい語形である。また、引用する際はその例が現れる箇所とともにその語句を担当した訳編者の名前を挙げている。

2　かな表記における「□」は虫食いなどにより判別が困難な箇所を表している。

3　以下、(1c)、(1e) のように見出し語のつづり字が誤っていても語釈中で正しく表記されている場合は「〇」、(1a)、(1b) のように見出し語のつづり字と同様の誤りが語釈中でなされている場合は「×」、(1d) のように見出し語が語釈中に出てこない場合は「－」と表記する。

4　ただし、(2a) の「misuru」は語釈中では「misru」と書かれており、「ru」の部分は正しいが、見出し語では正しく表記できていた「su」の部分の母音「u」が抜け落ちている。

5　「cecike」に圏点をつけて「cecige」と書いているこの2例はともに游龍俊之による訳出である。游龍俊之が訳出した残りの箇所も全て確認したが、游龍俊之が担当した「cecike」を含む語句はこの2箇所のみであった。よって、游龍俊之は「cecike」を「cecige」と理解していた可能性がある。

6　「ilha」は『翻訳満語纂編』中では比較的出現頻度の高い語なので、このような誤りは、

或いは高尾延之が「ilha」を「nilha」と間違って理解していた可能性を示唆するが、高尾延之が翻訳を担当した残りの箇所も全て見てみると、(7) の次の丁に当たる「巻2上21a」にある「hohonggo moo」の語釈の部分に「ilha」が現れ、ここでは正しく「ilha」と表記されている。

7　(10b) は見出し語句全体の初頭における子音字の誤表記例である。『翻訳満語纂編』は語句を十二字頭順に並び替えているため、当然のことながら、この間違った「wasilan」は、当然「wa」の列に収録されている。したがって、彭城種美はこの語を完全に誤った語形で理解していたことが分かる。

8　「midari ujui」は『清文鑑』には「madari uju」とある。つまり、「madari」の部分だけでなく「uju」の部分も違っているのだが、『翻訳満語纂編』の「midari ujui」は語釈部分でも「midari ujui」となっている。

9　(16c) の語釈部分の満洲語は「atunggayambi」となっており、さらに「du」の圏点が落ちている。

10　この「wekejin」の「ke」はわずかに左側が出ているので「ke」に見えるのだが、本人は「wekjin」と理解していた可能性がある。語釈部分の満洲語は正しい表記になっている。

11　(23c) の語釈における満洲語は肝心の最後の「ma」の部分が虫喰いになっていて「tulum」なのか「tuluma」なのか判別しづらくなっている。全体的な字形から判断すれば、恐らくは「tuluma」と間違った表記のままで書いていると思われる。

第5章

満洲語語釈の日本語訳

本章では、満洲語の語釈にふされた日本語訳について考察する。だが、一口に日本語訳と言っても、その考察対象は多岐に亘る。

　第一に、満洲語の語釈に対する日本語訳はそもそもどのようにしてふされたのか、という根本的な問いである。すなわち、満洲語を日本語に訳すにあたって原則はあったのか、訳編者はどれほど満洲語ができたのか、といった問題である。

　第二に、訳編者個々人の満洲語能力に関する問題である。『翻訳満語纂編』と『翻訳清文鑑』の編纂に関わったのは一人ではなく、『翻訳満語編纂』の編纂に関わった者は20名前後、『翻訳清文鑑』に関わった者は総勢5名である。つまり、訳編者ごとに比較することによって、訳編者間に満洲語能力の差があったかどうかが分かる可能性がある。この点に関して、『翻訳満語編纂』が『清文鑑』全体の中から2,632語句を抜き出し、巻ごとに語句を十二字頭順に配列しなおしたものであるのに対し、『翻訳清文鑑』は『清文鑑』の巻1から巻4をほぼそのまま使用したものである。よって、『翻訳満語纂編』が収録する語句のうち、『清文鑑』の巻1から巻4から抜き出したものは、自ずと『翻訳清文鑑』の収録語句と重複することになる。つまり、同一語句を別の訳編者が担当した場合、それらを比較することによっても訳編者間に満洲語能力の差があったかどうかが分かる可能性がある。

　第三に、唐通事たちの満洲語能力の変遷に関する問題である。『翻訳満語纂編』と『翻訳清文鑑』は全巻同時に完成したものではない。嘉永4（1851）年から安政2（1855）年にかけて毎年『翻訳満語纂編』は1巻上下2分冊、『翻訳清文鑑』は1冊ずつ編纂され、年ごとに長崎奉行所に進呈されている。つまり、同一訳編者が複数年（複数巻）に亘って編纂に参加した場合、巻ごとに分析することによって、各訳編者の満洲語能力が年を追うごとに変化していったかどうか分かる可能性がある。

　このように、満洲語の語釈に対する日本語訳の考察はその対象が多岐に亘る。本章ではひとまず『翻訳満語纂編』巻1のみを対象とし、第一の問題、すなわち、『翻訳満語纂編』の初年度の編纂に関わった訳編者らがどのような日本語訳をしたのかを中心に、つまり、最初に満洲語を学んだ者たちの編纂に焦点を絞って論じることとする。『翻訳満語纂編』巻1の編纂に関わった者は以下の14名

である。

表5-1　巻1の訳編者

冊	担当字頭	語句数	訳編者
上	a, e, i, o, u, ū	20	鄭永寧
	na, ne, ni, no, nu, ka	30	高尾延之
	ga, ha, ko, go, ho, kū	20	神代定光
	gū, hū, ba, be, bi, bo	25	彭城廣林
	bu, pa, pe, pi, po, pu, sa, se	30	石嵩親之
	si, so, su, ša, še, šo, šu	33	游龍俊之
	ta, da, te, de, to, do	40	彭城種美
下	tu, du, la, le, li, lo	40	潁川春重
	lu, ma, me, mi, mo, mu	30	潁川道香
	ca, ce, ci, co, cu, ja	18	潁川雅範
	je, ji, jo, ju, ya, ye	30	彭城雅美
	yo, yu, ke, ge, he, ki	40	鉅鹿篤義
	gi, hi, ku, gu, hu, fa	22	蘆塚恒徳
	fe, fi, fo, fu, wa, we	24	彭城昌宣

　表5-1は上原（1971: 18）をそのまま引用したものであるが、上原の数字は1箇所だけ誤りがある。上冊の2人目にある高尾延之が訳出した語句数は30ではなく31である。原文中には訳編者ごとに各自が担当する最初の丁に氏名が記されており、その上に担当字頭と担当語句数も記載されているが、高尾延之の上には確かに「na, ne, ni, no, nu, ka 六字頭三十言」と記されている。上原氏はこの数字をそのまま書き写したため、正確な数字を見誤ったのである。よって、巻1の収録語句数は都合403である。

　また、下冊の数字にも一部齟齬が見られる。潁川雅範が訳出した語句数は18とあり、鉅鹿篤義が訳出した語句数は40とあるが、実際に数えてみると、潁川雅範は14、鉅鹿篤義は44ある。だが、齟齬の理由は語釈の部分を見ることによって明らかとなる。潁川雅範の担当箇所である下冊17丁裏にある「cecike tatara asu 拉雀網」の語釈は (1) に示すように中途で切れている。

第5章　満洲語語釈の日本語訳

(1) golmin juwan da funcembi, yasa ajigen, dulimba be bukdame
　　長サ　　十　ヒロニ　余リ。　　　目　ホソク。　ナカ　　ヲ　　クミテ

hadahan de hūwaitafi juwe ergi be gala arame dedubume
カギ　　ニ　クヽリ。　　　　方　ニ　手ヲ　ツケテ　　フセ

sindafi, ajige sujahan sujafi dubede golmin selei sirge
オキ。　小キ　サヽヘ木ニテサヽヘ。　サキニ　　長キ　ハリ　カ子ヲ

hūwaitambi, cecige [sic.cecike] doha manggi, selei sirge be
クヽリ。　　　小鳥　　　　　　　オリシ　時。　　ハリ　カ子　ヲ

(ta)tame
ヒキ。

　一方、鉅鹿篤義の担当箇所である下冊 26 丁裏の「kemu -i tampin 漏壺」の語釈には、丁をまたいで 27 丁表に意味の通じない文が続いている。

(2)（前略）urgide [sic.dorgide] ilibume sindaha erin kemu -i sibiya,
　　　　　　内ニ　　　　　　　　立テ　オキタル　時　　刻　ノ　　箭。
　　　　　　　　　　　　　　　　　　　　　　　　　　　　　ハリ

muke -i mutuha be tuwame ulhiyen -i wesihun tucime
水　ノ　満ツル　ニ　ツイテ　次第　　ニ　上ニ　　出テ

teisulehe erin kemu be jorimbi.
ムキアイタル　時　刻　ヲ　指ス也。

asu be kamcibume butarangge be, cecike tatara asu sembi.
網　ヲ　ヨセテ　カクルモノ　ヲ。　拉　雀　網　ト云。

　(2) の下線部はちょうど丁をまたいで 27 丁表に当たるのだが、実は (1) の続きである。なお、27 丁の表と裏に収録された残りの語句は、「cecike fungiyeku^{注1)} 吹筒」、「cejeleku 領衣」、「cinuhūn -i araha bukdarun 硃巻」、「cirumbi 枕」の 4 語句であるが、「ce」または「ci」で始まっていることから鑑みても、これは鉅鹿篤義による訳出ではなく、穎川雅範による訳出と考えられる。つまり、下巻の 27 丁目は本来 18 丁目に挿入されるべきものが、綴じる際に誤って鉅鹿篤義のところに紛れこんでしまったと結論づけられる。だが、

本文中の穎川雅範と鉅鹿篤義の上に記された「十八言」や「四十言」とある数字は本来訳出した数であったから、上原は結果的に正しい数字を数えたことになる。なお、濯足文庫所蔵本にこのような丁のずれはなく、本来の順序通りになっている。

1. 日本語訳の原則

　唐通事たちは満洲語の語釈をどのようにして日本語に訳出していったのか。上記の (1)、(2) の一例を見ても分かるように、その大原則は「逐語訳」である。2節で後述するいくつかの例外を除き、訳編者は皆逐語訳に徹している。1節では唐通事たちが一つ一つの満洲語の語句の意味をどのようにして訳出したのかについてできうる限りの考察を加える。

1.1. 先行研究

　『翻訳満語纂編』と『翻訳清文鑑』における語釈の日本語訳に言及した先行研究も、管見の限り、上原 (1971) のみである[注2]。まず、上原 (1971) も言及するように、語釈の日本語訳に関しては、『翻訳満語纂編』巻1の凡例に記述がある[注3]。

(3) 凡例（第3項目）
　満語句毎ニ漢字ノ訳アリ　加之清文ノ註詞ヲ啓発シ　翻訳ヲ加ヘ其理ヲ暢ヘテ　事物詳カナレハ　本文ニ和解ヲ加ヘス　清文恰モ国字□□□□以テ　同文異義スル事アレハ　詞ハ層見畳出□□□□同カラス　総而虚字ノ言葉遣ヒ漢字ノ奥義ニ至ラス　漢字モ亦和語ノ簡ナルニ及ハサル事アリ　此ニ由テ漢字用サル事能ハスト雖トモ　専ラ漢字ニ依テ解セハ　義深シテ却テ詞離ル事アラン歟　因テ訓詁ヲ異ニシテ偏ニ理会ノ速ナルヲ要トス

　(3) に対する上原 (1971: 15) の評価は以下の (4) の通りである。

第5章　満洲語語釈の日本語訳　　*143*

(4) 満・漢・和 3 文の一面の特徴は捕らえているが、その相互の関係を整理
して体系的に説明するには至っていない。

(5) 凡例（第 4 項目）

清文虚実ノ助字アリテ　能演ニ縁リ其意義ヲ表裏ニ転易ス　乃本朝ノ字訓ニ
扇ト云ヘル実字ヲ扇ト云ヘハ　虚ニ変ルノ類ヒ　清文ニ比較シテ毫釐モ違フ
事ナシ　原ヨリ助語テニヲハ有テ備サニ文意ヲ述ト雖トモ　事情聯貫ノ宣ニ
従ヒ　或其詞質ヲ失ハン事ヲ患ヒテ　用ル所ノテニヲハ画一セサルヘシ　和
語ニ月日漢語ニハ日月ト云フ如キ　清文ニモ雄雌横縦ト□□類ヒ尤多シ　皆
本朝ノ句調ニ仿フ　又形勢声響ニ属スル詞ハ　人ノ耳目ニ触レハ聊異国ト殊
ル事アリ　能其意ニ協フモノハ和訓ヲ用レトモ　俚鄙ニ渉ルモノハ只字ノ傍
ニ其形勢ノ意ヲ記ス（後略）

(5) に対する上原（1971: 15-16）の評価は以下の (6) の通りである。

(6) 日常単なる通訳者としての生活であっても、異なる 2 言語を解し得た訳
編者達には、異なる言語間の文法的相違についても気付く面が多かった
に違いない。その点では新しく解し初めた満州語についても同様であろ
う。従ってここでもその文法面に触れている。しかしこの方面に対する
学問的研究に従わなかった彼等には、不十分な点が多い。「清文啓蒙」、「清
文虚字指南編」等の書すらも、目を通していなかったのではないかと思
われる。

　上原が指摘するように、唐通事たちは『清文啓蒙』に目を通していなかった
と思われる。第 1 章で言及したように、『翻訳満語纂編』の序文を通じて、唐
通事たちが辞書の編纂に際し使用できたのは『清文鑑』1 部のみだったことを
我々は知りうる。唐通事らが目にできたのが『清文鑑』のみであったとしたら、
それは唐通事の手元には『清文鑑』しか入らなかったからであって、高橋景保
のように『清文啓蒙』を参照できた者と比較してその満洲語能力云々を批判す
るのはあまり意味をなさない。上原は以後同論文でいくつかの具体例を挙げな

がら、唐通事らの日本語訳の誤りを指摘して批判を重ねる。

　上原（1971）が述べるように、確かに訳編者の誤訳と思われる箇所があるのも事実である。しかし、語釈の日本語訳全体を眺めた場合、必ずしも唐通事の満洲語能力は劣ってはいないことが分かる。すなわち、誤って意味を理解した箇所よりは、正しく理解してある箇所が圧倒的に多いのである。以下、唐通事がどのようにして満洲語の語釈を日本語に訳出していったのかという原則について多角的に論じたい。結論から言えば、満洲語の語釈に対する日本語訳の原則は、上の（3）と（5）の凡例に示されている。以下、（3）と（5）の凡例が意味するところを、用例を見ながら紐解いていく。

1.2. 文法の理解

　唐通事たちは満洲語文法をどれほど理解していたのだろうか。上の（1）と（2）の中にも文法形式は出てくるが、改めて一例を挙げると以下の通りである。

(7) kemu　-i　tampin　-i　ujude　bisirengge　be,　inenggi　abkai　tampin
　　漏　　　壺　　ノ　第一ニ　有モノ　　ヲ。　日　　天　　壺ト

sembi,　teišun　-i　arahangge　durun　hiyasei　adali,　den　ici　emu
云フ。　真鍮　ニテ　作リタル者也。　形ハ　斗ノ　如ク。　高　サ　一

jušuru　nadan　jurhun,　dergi　mutun　emu　jušuru　uyun　jurhun,
尺　　　七　　寸。　　上　　濶　　一　　尺　　九　　寸。

julergi　fere　de　nikeneme　muke　sabdara　gu　-i　sihan　sindame
前ノ　底ニ　ヨセテ　水ノ　滴ル　玉ノ　管ヲ　ツケ

arahabi,　erei　dorgi　muke　dobori　abkai　tampin　de　sabdambi.
作レリ。　此　内ノ　水。　夜　天　　壺ニ　オツルナリ。

[inenggi abkai tampin 日天壺：上 11b 鄭永寧]

(8) enggemu　de　etubohe　[sic.etubuhe]，sukū　-i　weilehengge　ocibe,
　　鞍　　　ニ　キセタルナリ。　　　皮　ニテ作リタルモ□ニテモ。

cengme suje boso -i jergi hacin -i weilehengge ocibe gemu
倭緞。 絹 布 等ノ 類 ニテ 作リタルモノ ニテモ。 皆
soforo sembi.
鞍座子 ト云フ。 ［soforo 鞍座子：上 37b 游龍俊之］

(9) menggun teišun toholon -i jergi jaka be cikin jerin
銀 真鍮 錫 等ノ 物 ヲ。 フチ キワ
tucibume muheliyen obume tūfi muke tebufi dere oborongge
タテヽ 丸ク ナルヤウニ打立。 水ヲ イレ 顔ヲ 洗フモノ
be, obokū sembi.
ヲ 洗瞼盆ト 云フ。 ［obokū 洗瞼盆：上 12b 鄭永寧］

(10) boco suwayan, asha dethe de yacin boco bi, amila emile
色 黄 羽翮 翅翎 ニ 青 色 有リ。 雄 雌
sasa deyembi, juwe biya ci bolori wajitala guwembi.
齊 飛フ。 二 月 ヨリ 秋 オワルマデ 鳴ク。
［gūlin cecike 黄鸝：上 24b 彭城廣林］

　(7)～(10) が『翻訳満語纂編』に確認される全ての文法形式ではもちろん
ないが、ここから唐通事らが助詞や語尾などについて、概ねきちんと理解して
いたことが窺えよう。ただどのように翻訳するかは若干個人差もある。例えば
上の例において「-ha/-he/-ho」は「タル／タルナリ」のように訳されているが、
別の箇所では「シ」と訳している者もいるといった具合である[注4]。
　文法に関しては迂言的な形や後置詞のようなものであっても、きちんと理解
できている。一例を挙げると、以下の通りである。まず、(11) は「-ci ombi」
に関する例である。

(11) (a) hengke -i gebu, boco niowanggiyan, golmin muwa adali
瓜 ノ 名。 色 緑也。 長キモノ横大キモノ 同シ

akū, eshun jeci ombi, urebufi jeci inu ombi.

カラズ。 生モ 喰^{タベ}ラレ。 煮熟シ 喰^{タベテ} モ ヨシ。

[nasan hengke 王瓜：上 15b 高尾延之]

(b) boco fulgiyan, tokto [sic.okto] acabure de baitalambi

色 □□ 薬 調合スル ニ 用ユ。

da(l)aganahangge be coman -i jergi

カタマリタルモノ ヲ以。 盃 ナドヲ

boyarame [sic.buyarame] tetun araci ombi.

細 器ニ 作ラレルナリ。

[wehe cinuhūn 硃砂：下 41b 彭城昌宣]

(c) mergesei banjibuha araha bithe, jalan de ulaci ojoro

賢人ノ 編ミ 作リシ書ナリ。 世 ニ 傳ユ ベキ

baita hacin be ejeme araha bithe be, ulabun sembi.

事 ドモ ヲ 記ルシ作リタル 書 ヲ。 傳ト 云フ。

[ulabun 傳：上 13b 鄭永寧]

(d) muke boihon harhū šumin yabuci ojorakū ba be

水 地 泥寧深シテ。 行^{ドロ}レヌ 處 ヲ。

(li)fakū sembi.

陷泥 ト云。 [lifakū 陷泥：下 6b 潁川春重]

　上原（1971: 20）は(11a)の例をとり、「-ci ombi」を「可能」のように翻訳するのは誤りであると述べているが、そうではなかろう[注5]。

　用例は割愛するが、同様に可能・不可能表現である「-me mutembi」は「〜┐ヲ能スル」[注6]や「〜シ得タル」[注7]のように、「-me bahanarakū」は「〜┐ヲ得ズ」[注8]や「〜シカタキ」[注9]のようにきちんと理解できており、義務表現である「-ci acambi」も「〜スベキ」[注10]のようにきちんと理解できている。

　次に、(12)は「連体形語尾＋de」の用例であるが、「トキ」と訳出している者がある。『清文啓蒙』巻3の「清文助語虚字」には「ohode」の意味が「了的時候字」とあるが、このような知識を唐通事らはどうやって身につけたのだろうか？

第5章　満洲語語釈の日本語訳　　*147*

(12) (a) bele jeku be, aika jaka de tebu<u>re de</u>, baitalara tetun
　　　　米　　穀　　ヲ。ナニソノ　器　　ニ　　入ル丶トキ。　用ユル　　器

-i gebu, （後略）
ノ　名。　　　　　　　　　　　　　［belei sihabukū 米漏子：上26a 彭城廣林］

(b) （前略）muke labdu <u>ohode</u> sangga deri muke dendere
　　　　　　　　水　　多ク　ナリシ時　穴　　ヨリ　分　　水

tampin de eyebufi, （後略）
壺　　ニ　　流。
（ヲトシ）

　　　　　　　　［muke be necin obure tampin 平水壺：下15a 潁川道香］

　(13) は後置詞の一例であるが、やはり『清文啓蒙』巻3の「清文助語虚字」
にも出てくる「ofi」、「manggi」をそれぞれきちんと訳出している。ただ「manggi」
を「トキ」と訳出するのが適当かどうかの是非については3節で後述する。

(13) (a) nadan biyai ice nadan be, nadangga inenggi sembi, ere
　　　　七　　月　　初　七日　ヲ。　　七　　　夕　　ト云。　此
（コ）

yamji hehesi, sargan juse biyai fejile ulme de tonggo
晩。　婦人。　女ノ　子。　月　下ニテ　鍼　ニ　線ヲ
（ヨイ）　　　　　　　　　　　　　（ハリ）　　（イト）

semime faksi ojoro be jalbarime baime <u>ofi</u>, tuttu hacin
穿シ　巧　ナル丁ヲ。　　禱　　求　ヨリ。故ニ　節
（トヲ）（ジャウズニ）　　　（イノリ）（子ガウニ）

inenggi obohabi [sic.obuhabi] .
令ト　　ナシタリ。　　　　　［nadangga inenggi 七夕：上15a 高尾延之］

(b) （前略）geli sunja tanggū aniya <u>oho manggi</u> šanyan ombi,
　　　　　　又　　五　　百　　年ニ　ナリシ トキ。　白ニ　ナル。

geli sunja tanggū aniya <u>oho manggi</u> yacin ombi.
又　　五　　百　　年ニ　ナリシ トキ。　青ニ　ナル。

　　　　　　　　　　　　　　　　　　　　［buhū 鹿：上29a 石﨑親之］

　最後に、(14) は補助動詞の例であるが、『清文啓蒙』にも記述のないこのよ
うな形式にも一定の理解があったことは、唐通事の満洲語能力において評価す

べき点であると筆者は考える。

(14) jeku gemu suiheneme wajifi, emu ici jalu
　　穀　　皆（ミナ）穂ニ出ソロイ。　　一　面ニ　満チ
　　anduhangge［sic.manduhangge］ be, suihe teksilehe sembi.
　　ノビワタルモノ　　　　　　　　　ヲ　　穂子秀齊　　ト云。
　　　　　　　　　　　　　　　　　［jeku teksilehe 穂子秀齊：下 20a 彭城雅美］

　『翻訳満語纂編』を編纂するにあたって参照できたのが『清文鑑』だけだったという唐通事たちの自白が事実ならば、『清文鑑』から分かるのは語句の意味のみであるから、上記のような文法知識を得るのは困難だったはずである。しかし、文法形式に対してあたかも『清文啓蒙』を参照していたかのように見えるほど理解できているというこの事実は、或いは唐通事らの周辺に満洲語を解する教師的な立場の人物（例えば、清人など）がいた可能性を示唆する。だが、第 1 章でも言及したように、『翻訳満語纂編』の序文の記述によると、唐通事の周辺には満洲語のできる来舶清人はいなかったのである。やはり内藤（1993: 75）が指摘するように満洲語のできる清人が周囲にいたのだろうか。

1.3. 語句の理解

(15) largin facuhūn be giyan fiyan -i dasame mutere be,
　　繁　　　乱　　　ヲ　條　　理（スジ）ニ（ミチ）治メ　得ル　　ヲ。
　　ijimbi wekjimbi sembi,（後略）
　　経　　　綸　　ト　云フ。　　　　［ijimbi wekjimbi 経綸：上 12a 鄭永寧］

　上原（1971: 19）は（15）の例をして唐通事たちが満洲語の品詞を理解できていないと指摘する。すなわち、「ijimbi wekjimbi」を「経綸」と訳すと名詞になるから「経綸する」と訳すべきという指摘である。しかしこの指摘は恐らく的を得たものではない。唐通事らは満洲語語釈の日本語訳において、「…（-ngge）be ○○ sembi（…〈するもの〉を○○という）」となっている「○○」に該当す

る部分は、『清文鑑』の見出し語句の後にふされた漢語訳のままにしているからである。これは次の (16) の例からも瞭然である。

(16) (a) jancuhūnje cikten ci murime gaiha šugi be fuifuha
甘蔗ノ（サトヲキビ） 茎 ヨリ シボリ 取タル 汁 ヲ 子リテ。

dabsun -i gese šanyan ningge be, <u>šatan</u> sembi.
塩 ノ 如ク 白キ モノ ヲ。 <u>白糖</u> ト云フ。

[šatan 白糖：上 40a 游龍俊之]

(b) je bele be ufafi, <u>šatan</u> ucufi fuyere muke -i hungkerefi
小 米 ヲ 粉ニヒキ <u>白砂糖</u>ニ アワセ。 滾（ニエ） 湯 ヲ サシテ

ukiyerengge be, šatan ufa cai sembi.
ス、ル□□ ヲ 茶湯ト 云フ。

[šatan ufa cai 茶湯：上 40a 游龍俊之]

　(16a) と (16b) は同じ丁で横並びになっている。このことからも意図的に「šatan」の項目の語釈では漢語訳の「白糖」のままにしていることが分かる。
　管見の限り、見出し満洲語の語句が語釈中で別の訳文に言い換えられている例は、巻 1 に関して言えば、次の (17) のみである。ただしこの (17) も見出し語は「lifa」であるのに、語釈の部分は「lifa taha」になっている点が、漢語訳のままにしなかった理由になっていると考えられる。

(17) gab(tah)a agūra -i šumin daha, yaya jeyengge jaka -i
射カケシ 物具 ノ 深ク中タルナリ（アタリ）。凡 刃アル 物 ニテ

fondo tokoho be, <u>lifa taha</u> sembi.
穿（トヲシ） 扎タル（ツキ） ヲ。 深ク 中ル ト云。 [lifa 深中：下 7a 頴川春重]

1.3.1. 漢語(訳)をもとに訳文を作る

　唐通事たちが語釈を日本語に翻訳する際、逐語訳を原則にしたことは既に述べたが、逐語訳と一口に言っても、その訳し方は様々である。まず注目すべきは (18) のような例である。

(18)(a) sunja jilgan jakūn mudan -i uheri gebu.
　　　五　　聲　　八　　音　　ノ　　總　　名
　　　　　　　　　　　　　　　　[kumun 樂：下 35a 蘆塚恒徳]

　(b) dergi wargi julergi amargi geren gurun hafumbukū
　　　東　　西　　南　　北　　諸　　国ノ　　通事

　　　kamcifi hengkilenjime wesimbure bithe be, tulergi gurun
　　　附添　　朝覲シテ　　　奏スル　書　ヲ。　外　　國

　　　-i bithe sembi.
　　　ノ　書　ト云。　　　　[tulergi gurun -i bithe 外国書：下 1a 潁川春重]

　上の (3) で紹介した凡例の「満語句毎ニ漢字ノ訳アリ 加之清文ノ註詞ヲ啓
発シ 翻訳ヲ加ヘ其理ヲ暢ヘテ 事物詳カナレハ 本文ニ和解ヲ加ヘス」という部
分は (18) のような例文のことを指し示していると考えられる。だが、(18) の
ような例は全体の中では少数で、大部分が (19) 〜 (21) のような例である。

(19) akūha amala dergi yabuha ele baita be faidame arafi,
　　シニタル 後 其 行 アル 事 ヲ。 列 寫

　　amcame nasame araha bithe be, nasara bithe sembi.
　　追 歎 作タル 書 ヲ。 誄 ト云。
　　　　　　　　　　　　　　　[nasara bithe 誄：上 16a 高尾延之]

(20) baita de kiceme hūdun wacihiyara be hahiba sembi
　　事 ニ 勔。 快 結 ヲ 急爽 ト云。
　　　　　　　　　　　　　　　[hahiba 急爽：上 21b 神代定光]

(21) uheri gebu, funiyehe yacin, angga šulihun bethei fatan
　　總 名。 毛色 青。 口 尖。 脚ノ 底

　　(niyalmai) fatan -i adali.
　　人ノ 脚底 ニ 同ジ。　　　　　[lefu 熊：下 5b 潁川春重]

（19）～（21）の例は、漢字にルビが振ってある。このような用例は非常に多い。この場合、漢字の部分は『清文鑑』の漢語訳がそのまま採用されているものがほとんどであり、恐らくその漢語に該当する適当な日本語をルビとして振ったものと考えられる。上の（3）に示した凡例のうち「総而虚字ノ言葉遣ヒ漢字ノ奥義ニ至ラス 漢字モ亦和語ノ簡ナルニ及ハサル事アリ 此ニ由テ漢字用サル事能ハスト雖トモ 専ラ漢字ニ依テ解セハ 義深シテ却テ詞離ル事アラン歟 因テ訓詁ヲ異ニシテ偏ニ理会ノ速ナルヲ要トス」という箇所はこのような用例を指し示していると考えられる。また、『翻訳満語纂編』巻1の序文にもこの点に言及したと思われる記述が見られる。

（22）（前略）…又其繁簡錯綜者籍以漢俗之語音擴而充之飜以我邦訓詁補而綴之…（後略）

　　　〈意訳：…またその繁簡錯綜は清文鑑の漢俗の音で解釈を広げてこれに当て、翻訳するのに日本語の訓詁でこれを補って綴る…〉

　ルビに着目した際、漢語にない区別をしようとした者や、漢語にない敬語を加えた者もある。

（23）yaya　weilehe　joboho　niyalma　de　ulin　hūda　bure　be,　basa
　　　凡　　作工。　辛労シタル　　人　　ニ。品物。賃銭ヲ。　給　ヲ。工銭ヲ

bumbi　sembi.
給　　ト云。　　　　　　　　　　　　　　　　[basa 工銭：上 26a 彭城廣林]

（24）f(u)sihun　erdemu　-i　arbun　dursun　be　tukiyeceme　maktame,
　　　髙　　　　徳　　ノ　象　　體　　ヲ　頌　　　　　讃。

mutehe　gungge　be,　enduri　genggiyen　de　uculere　kumun　-i
勲　　　功　　□　神　　明　　　ニ　唱　　　樂　　ノ

gisun　be,　tukiyecun　sembi.
詞　　ヲ。　頌ト　　　云。　　　　　　　　[tukiyecun 頌：下 1b 潁川春重]

ここまで見てきたように日本語訳の大部分は『清文鑑』の漢語訳をそのまま使用し、それにルビを振っているということだが、次に興味深いのは、以下の(25)、(26)のような用例である。

(25) booi　an　-i　baitalara　dasihiyakū,　eriku,　fiyoo　polori,　damjan,
　　　家モトニテ　常ニ　用ユル。　　揤子。　　笤箒。　篏箕。　大筬籮。　扁擔。

　　　ultefun　[sic. uldefun]，　feshen,　oton,　derhi,　futa　-i　jergi　jaka
　　　木枕。　　　　　　　　　　籠屉。　整木槽盆。蘆席。　縄子　　等ノ　物ヲ

　　　asarara　ba　be　tetun　jaka　-i　calu　sembi.
　　　貯ユオ□所　ヲ。　　　傢伙倉ト　　　　　　云。

　　　　　　　　　　　　[tetun jaka -i calu 傢伙倉：上 45b 彭城種美]

　　(25)において下線を引いた「eriku」、「fiyoo」といった語は『翻訳満語纂編』の見出し語句にも選ばれていない。なぜこのような語句の意味（漢語訳）を唐通事らは知っていたのだろうか。これらの用例から推測されることは、唐通事らは満洲語を学ぶ際、まずは『清文鑑』に掲載されている語句の意味を、漢語訳を通じて全的に理解していたのではないか。換言すると、唐通事らは『翻訳満語纂編』と『翻訳清文鑑』の編纂に先立って『清文鑑』の漢語訳を通じて満洲語の語句の意味を一つ一つ覚えていたではないか、ということである。

　　(25)はルビが振られてある例だが、ルビが振られていない語で、『清文鑑』の漢語訳をそのまま利用し、かつ『翻訳満語纂編』の見出し語句にも選ばれていないものもある。

(26) simikte　-i　dorgi　elten　[sic.elden]　bargiyashūn　akū,　ehe　ningge
　　　猫晴　ノ内ニテ。光ノ　　　　　　　　サエ　　　ザル　悪　　者

　　　be,　lomikte　sembi.
　　　ヲ。　碥子　　ト云。　　　　　　　　　　[lomikte 碥子：下 8a 穎川春重]

　　さらにこのような傾向は熟語にも確認される。(27)～(29)の下線部はいずれも『翻訳満語纂編』の見出し語句に選ばれていない。

　　　　　　　　　　　　　　　　第5章　満洲語語釈の日本語訳　　153

(27) sele be <u>amba šoge</u> ci ambakan dulimba be narhūn（後略）
　　 鐵　 ヲ　 <ruby>元<rt>フン</rt></ruby>　<ruby>宝<rt>ドウ</rt></ruby>　ヨリ　稍大ク。　 中程　 ヲ　 細ク。

［selei holbokū 鐵錠：上 34b 石﨑親之］

(28) bithei yamun -i tinggin -i baita be dara hafan be, taciha
　　 翰林　　 院　　 ノ　 役所　　 ノ　 事　 ヲ　 主ル　 官　 ヲ。　 博

　　 hafan （sembi）<u>wecen -i baita be aliha yamun</u> de inu ere
　　 士ト　 云。　　　太　　　常　　　　　　　寺　　 ニ　 亦　 此

　　 hafan bi.
　　 官　 アリ。　　　　　　　　　　　　［taciha hafan 博士：上 43a 彭城種美］

(29) meni meni <u>an kooli</u> de gocimbuha be, tacin sembi.
　　 其向々ノ　　 風　 俗　　 ニ　 仕付タル　 ヲ。 習俗ト　 云。

［tacin 習俗：上 43b 彭城種美］

　（27）～（29）の「amba šoge」、「wecen -i baita be aliha yamun」、「an kooli」はそれぞれ『清文鑑』の見出し語句にあり、その漢語訳がそれぞれ「元宝」、「太常寺」、「風俗」となっている。このことからも、唐通事らが『清文鑑』の漢語訳を通じて満洲語を学んでいた蓋然性は高まる。

　ここまで唐通事たちは訳文を作る際、『清文鑑』の漢語訳に基づいていたのではないかという点を指摘したが、中には次のような用例も見られる。

(30) baturu horonggo gebu algin abkai fejergi de
　　 勇　　 威ノ　　　 名　 声。　 天　　 下　　 ニ

　　 <u>alkikangge</u> ［sic.algihangge］ be horon sembi
　　 <ruby>有名的<rt>キコエタルモノ</rt></ruby>　　　　　　　　　　　 ヲ。 威　 ト云。

［horon 威：上 22b 神代定光］

　（30）の「algihangge」自体は『清文鑑』の見出し語句にないが、「algimbi」はあり、漢語訳は「宣揚」となっている。また「algingga」という語句も『清文鑑』

の見出し語句にあるが、その漢語訳は「有聲」である。いずれにせよ「有名的」ではない。この日本語訳は恐らく、「algimbi」を当時の漢語（中国語）で「有名」と理解し、次に「-ngge」を「的」と理解し、両者を組み合わせたのだろう。つまり、これは漢語（中国語）を解していた唐通事ならではの日本語訳だと言える。ここから示唆されるのは、唐通事らは満洲語を解する際に、『清文鑑』の漢語訳のみならず、当時の漢語（中国語）でも理解しようとしていたのではないか、ということである。また、次のような用例もある。

(31) yadara joboro ginggun olhoba niyalma be gosime
　　 残疾艱難。　　 敬ヒ　 慎心アル　 人　　ヲ　 憐愛ト

　　 kendumbihede［sic.hendumbihede］, jilakan sembi, （後略）
　　 云ヘルニ。　　　　　　　　　　　 可憐　　ト云。
　　　　　　　　　　　　　　　　　　　[jilakan 可憐：下21a 彭城雅美]

　(31) の「yadara joboro」の訳は「残疾艱難」と文になっており、「カタワニテナンギシ」とルビが振られている。これはこの語句を漢文的に理解していたことを意味し、ルビはそれを日本語に訳したものと言える。類例は (32) である。

(32) šuseme wasika alin -i mudun bethe be hetu duleme
　　 ハエ　 サガリタル　 山　 ノ　 スソ　　モト　 ヲ　 横ニ　 過キ

　　 yabure be, heheri faitame yabumbi sembi.
　　 行ク　 ヲ。　 横過山腿梁　　 行クト　 云フ。
　　　　　　　　　　　　　[heheri faitame 横過山腿梁：下31a 鉅鹿篤義]

　(32) の「heheri faitame」の訳語は『清文鑑』の漢語訳のまま「横過山腿梁」になっているが、この部分には「横＝過＿テ山腿梁＿」というふうに返り点がふされている。これはこの語句を訳出した鉅鹿篤義がこの語句の意味を漢文的に書き下して理解していたことを示唆している。なお、(32) のように返り点がふされた例は、巻1に関して言えばこの1例のみである。

第5章　満洲語語釈の日本語訳　　155

1.3.2. できれば自然な日本語に

　このように唐通事らは、まず漢語（訳）をもとに訳文を作っていったと考えられるが、次に日本語にできるものは日本語で訳文を作ったものと考える。例えば、次の (33) と (34) はそのことを端的に示している。

(33) <u>boo</u>　(us)in　-i　jergi　jaka　be　niyalma　de　taka　bufi,　<u>booi</u>
　　　家　　田地　　　等ノ　物　ヲ。　人　ニ　且　給　房ノ
　　　　　　　　　　　　　　　　　　　　　　　カシ　ヲキ　イエ

　　　giyalan　u(si)n　-i　imari　be　bodome　gaire　hūda　be,　turigen
　　　間口　　田　ノ　畝　ヲ。　筭テ　取ル　價値　ヲ。　祖子ト
　　　　　　　　　　　　　　　　ハカリ　　　アタヒ

　　　sembi,　（後略）
　　　云。　　　　　　　　　　　　　　［turigen 祖子：下 1a 潁川春重］

(34) (a) <u>bujuha</u>　buda　be　herefi　funcehe　muke　be　botai［sic.budai］
　　　　　煮タル　飯　ヲ　撈。　餘剩　　水　ヲ　米
　　　　　タキ　　　　ヒキアゲ　ノコリタル

　　　　　muke　sambi［sic.sembi］.
　　　　　湯　　ト云フ。　　　　　［budai muke 米湯：上 30a 石﨑親之］

　　　(b) yaya　bele　be　surafi　<u>bujume</u>　urebufi　jeterengge　be　buda
　　　　　凡　米　ヲ　淘。　炊キ　タテ　喰フモノ　ヲ。　飯
　　　　　　　　　　　トギ

　　　　　sembi.
　　　　　ト云フ。　　　　　　　　　　　　　　［buda 飯：上 30a 石﨑親之］

　(33) の「boo」は同じ語釈中に二度出てくる。一方には『清文鑑』の漢語訳「房」に「イエ」とルビを振り、もう一方は「家」と訳してある。同様に、「bujumbi」も (34a) のように『清文鑑』の漢語訳「煮」に「タキ」とルビを振ったものがある一方で、同じ丁で横並びになっている (34b) では「炊キ」と訳されている。このような語句が漢語訳のままにするか、日本語に訳すかの分かれ目だったのかもしれない。一方で、訳編者によっては漢語訳をそのまま用いず、できる限り日本語にしようとした者もある。

156

(35) beye holfiyakan bime golmin, jalan jalan -i banjihabi, uju
身 稍ヒラタク シテ 長ク。 節 節 アリテ生レリ。頭
ヒトツギ

sahahūn, juwe salu, bethe labdu uncehen fasilangga, amba
黒ク 二ツノ鬚アリ。 脚 多ク 尾ニマタサシタル物ナリ。大

ajige adali akū, niyalma be šešembi.
小 同シカラス。 人 ヲ サス也。

[šešeri umiyaha 蜈蚣：上 40b 游龍俊之]

(36) （前略）jai buya juse sektu garsa gosibume banjihangge be,
又 小 児ノ才發ニシテ。スミヤカニカワイラシク。 生タルモノ ヲ。

kendumbihete[sic.hendumbihede] jilakan sembi.
云フトキニ。 可憐 ト云。

[jilakan 可憐：下 21a 彭城雅美]

章頭に挙げた (1) なども訳文に漢語がほとんど用いられていない例と言える。

(37) [＝(1)] golmin juwan da funcembi, yasa ajigen, dulimba be
長サ 十 ヒロニ 余リ。 目 ホソク。 ナカ ヲ

bukdame hadahan de hūwaitafi juwe ergi be gala arame
クミテ カギ ニ ク丶リ。 両 方 ニ 手ヲ ツケテ

dedubume sindafi, ajige sujahan sujafi dubede golmin selei
フセ オキ。 小キ サ丶ヘ木ニテ サ丶ヘ。 サキニ 長キ ハリ

sirge hūwaitambi, cecige[sic.cecike] doha manggi, selei sirge
カ子ヲ ク丶リ。 小鳥 オリシ 時。 ハリ カ子

be (ta)tame
ヲ ヒキ。

1.3.3.　日本語にならないものは説明

　ルビにはその漢語（訳）に対応する日本語訳をふしているほかに、以下のように その語句の説明文を加えたものもある。これらは当該の漢語に相当する適

当な日本語がないと判断し、かつ漢語訳のままでは理解しにくいと判断したものであろう。

(38) turi -i tuwali[sic.duwali] turi ci majike[sic.majige] ajigen,
　　　豆　ノ　類　　　　　　　　　豆　ヨリ　略　　　　　　　　小シ。

fulgiyan šanyan juwe hacin bi, lala teliyere, efen -i do
紅　　　　白　　　　二　　種　　有リ。飯ニ　　饢（タキ）　蒸菓子ノ　餡ニ

sindara, dubise efen de latubure, ufafi dere gala oboro
入レ。　　豆粟産糕（小豆ヲツケタル菓子）　ニ　貼也（ツケル）。粉ニヒキ　顔　手ヲ　洗フ

jergi bade baitalambi.
様ノ　　事ニ　用ユルナリ。　　　　　　　　　　　[sisa 小豆：上 36b 游龍俊之]

(39) g'an -i abdaha be cargi[sic.carki] untehen[sic.undehen] ci
　　　鋼（キタイ金ノ）　ノベイタ　ヲ　楂（樂器ノ名）　　　板　　　　　　　ヨリ

ajige tūfi, juwan ninkun[sic.ninggun] farsi be, tehe de juwe
小ク　打チ立。　十　　六　　　　　　　　　塊（マイ）ヲ　架子（カケギ）ニ　二

jergi lakiyafi forirengge be, geren kanggiri sembi.
ダン　　ツリ　　撃ツモノ　　ヲ。　方　　響ト　　云フ。

　　　　　　　　　　　　　　　　[geren kanggiri 方響：下 29b 鉅鹿篤義]

　(38)、(39) のほかにも「ekcin i duwali 醜鬼ニ　類（ニヨリシモノ也）」注11)、「itulhen 兎　鶻（ウサギヲヤルタカ）」注12)、「alin i ebci 山ノ肋（八合）」注13) といった例も見られる。また、このような説明文をルビではなく訳文中に記した者もある。

(40) moo be sejen -i bulun -i adali majige golmikan arafi（後略）
　　　木　ヲ　車　ノ　輪（ヲハムル木）ノ　如ク　　　署（ホソ）　長□　作リ。

　　　　　　　　　　　　　　　[tatakū -i šūrgeku 輱轆：上 43b 彭城種美]

158

(41) turi　iyehu[sic.miyehu]　　bakjira[sic.bakjara]　onggolo　<u>oromu</u>　-i
　　　豆　腐ノ　　　　　　　　凝^{ヨル}　　　　　　　　前ニ。<u>獸乳ヲ煮テ浮タル皮</u>ノ

adali　gaiha　<u>afahanahangge</u>　be,　miyehusu　sembi.
如キモノヲ取テ　<u>一枚ヅツニナシタルモノ</u>　ヲ。　豆腐皮　　ト云。

[miyehusu 豆腐皮：下 12b 穎川道香]

1.3.4.　長崎方言

　訳文の中には、長崎方言と思しき例も散見される。これらの例は改めて唐通事らが長崎出身者であることを示すものである。なお、『翻訳満語纂編』巻 2 の序文の中にも方言に関する記述があり、訳文に方言が混ざっていることを世話掛たちは嘆いていることが分かる。

(42)（前略）…及今謄清而檢閱所譯訓詁崎邑俚言尚多皆因學生自幼熟讀土語逐浪隨波因循不悛職此之由今欲遵照國譯刪正恐難急切變更故除謿陋已甚者外姑且存留焉…（後略）

　　〈意訳：…今、清書して檢閱するに及んで、翻訳された日本語は長崎方言がまだまだ多い。満洲語を学んでいる者たちはみな幼いころから方言に慣れ親しんでいるからそれに従い、改められない。こういったわけなので、今、日本語訳を修正したいと思うけれども、性急に改めるのを恐れる。なので、既に間違いが甚だしいもの以外はそのままにしてある…〉

(43) yasai　buleku　-i　adali,　ser　seme　jaka　be　tuwara　de　<u>amba</u>
　　　眼鏡^{メガネ}　　ニ　同シ。細カニ　アル　モノ　ヲ　ミル　ニ。<u>大ク</u>^{フト}

ome　saburengge　be,　badarambungga　buleku　sembi.
ナリテ　ミエルモノ　ヲ。　　　　顕微鏡ト　　　　云。

[badarambungga buleku 顕微鏡：上 25b 彭城廣林]

(44) miyoocan　sirdan　wehe　gida　-i　jergi　agūra　de　goifi　<u>dahakū</u>
　　　鐵炮。　　矢。　　石。　鎗。　　等ノ　物具　ニ　中リ　<u>ホゲズシテ。</u>

第 5 章　満洲語語釈の日本語訳　　159

nioruke guruke babe, luhulabuhebi［sic.luhulebuhebi］ sembi.
青傷 紅腫 所ヲ。 浮傷 ト云。

［luhulebuhebi 浮傷：下 9a 潁川道香］

(45) uju kapahūn angga amba, uncehen -i erki［sic.ergi］ sibsihūn
頭 塌 口 大ク。 尾 ノ 邊 窄。

(esihe) akū amba ningge da funcembi, fusihūn nimaha.
鱗 無□ 大キ 者ハ 尋ニ 餘ル。 賤 魚也。

［laha 淮子：下 4b 潁川春重］

　上記の他にも、「angga 口」のルビに「サマ」とあるのや「haga 魚刺」のルビに「イケ」とあるのも長崎方言の現れと見てよかろう[注14]。また、方言かどうか判断が難しいが、以下のような例もある。

(46)（前略）fere butu dobi -i yeru be gidame tulefi encu ba be
底 暗 狐 ノ 穴 ニ カムセテ シカケ。別ノ 所 ヲ

sangga arafi, šanggiyan fangšame tucire dobi be tebume
窟窿 アケ 烟ヲ 燻テ。 出ル 狐 ヲ イレテ

butarangge be, (d)obi yasha sembi.
トルモノ ヲ。 打狐狸的套子ト 云。

［dobi yasha 打狐狸的套子：上 50a 彭城種美］

(47) temen hūdun yabure be, lesumbi sembi.
駝 快 走 ヲ。 駝疾走 ト云。

［lesumbi 駝疾走：下 6a 潁川春重］

(48) yaya suje -i jergi jaka be tuku doko kamcime, kubun
凡 絹 ノ 類ノ 物 ヲ。 表 裏ヲ 合セテ。 綿花ヲ

sekteme ulhun sindame arafi bayede［sic.beyede］ (da)sirengge
イレテ 領子ヲ ツケ 拵エ。 身ニ[注15] 蓋モノ

be, jibehun sembi
ヲ。 被 ト云。 [jibehun 被：下 21a 彭城雅美]

1.3.5.　個人差

　1節の最後に、訳文中に見られる訳編者間の差について若干指摘する。同じ語句を訳す場合であっても、当然のことながら訳編者間で訳文が異なることはありうる。以下に挙げる例は誤訳というほどではないが、もし誤訳が含まれる場合、唐通事間の満洲語能力の差を測れる事案である。まず、(49) は「efen」の訳語である。

(49) (a) (前略) jai efen tubihe be (dere) de jergi den sahame
　　　　　　又 餑々 果物 ヲ 臺ノ上 ニ □□□リ ニ モリテ
　　　　dasifi （後略）
　　　　オホヒヲキセ。 [dere 桌：上 47a 彭城種美]

(b) leke be dursuleme araha efen be leke sembi.
　　磨刀石ニ 體テ。 作リシムシクワシヲ 扁條 ト云。
　　　　　　　　　　　　　　　　　　[leke 扁條：下 6a 頴川春重]

(c) efen arafi jembi bele boco šahūn.
　　菓子 拵エ 喰フ也 粒ノ 色 淡白シ
　　　　　　　　　　　　[yeye šušu 黏高梁：下 24a 彭城雅美]

　(49a) は『清文鑑』の漢語訳のまま横にルビを振ったもの、(49b) はそのルビをそのまま訳文にしたもの、(49c) は「ムシ」の部分を省略したものである。もう一例、(50) は「-i adali」の訳語である。

(50) (a) undehen be duin bethe sindame, nahan -i adali
　　　　　板 ニ。 四ツ 脚ヲ ハメテ。 炕 ノ ヨフニ。
　　arahangge be, besergen sembi.
　　作リタルモノ ヲ。 牀 ト云。[besergen 牀：上 26b 彭城廣林]

(b) šu   ilhai   da   be   muke   suwaliyame   hujurefi   muke   be
　　蓮　　　根　　ニ　水ヲ　　　　マゼ　　　摺オロシ。　水　　ヲ

sekiyefi   funcehe   fiyen   -i adali,   da   be   šufin   sembi,   (後略)
シタメ。　剰タル　　白粉　ノ 如キ　セン　ヲ　藕粉　ト云フ。

[šufin 藕粉 : 上 42b 游龍俊之]

(c) bikan[sic.bigan]   -i   soki[sic.sogi],   abdaha   akjaba   -i   abdaha
　　野　　　　　　　　ノ　　菜也。　　　　葉ハ　　蘴簍草　ノ　　葉

-i adali   bime   ajige,   gincihiyan   nilukan,   cikten   suwanda
ニ 同ク　シテ　小ク。　　光　　　澤アリ。　莖ハ　　蒜

-i   cikten   -i adali   bime   den,   amtan   maca   -i adali   gidafi
ノ　莖　　ニ 同ク　シテ　高ク。　味ハ　小根菜 ニ 同シ。　淹

jembi,   eshun   inu   jembi   wa   sain.
喰。　　生ニテ　亦　　喰。　氣味 ヨロシ。

[sejulen 野蒜苗 : 上 35a 石﨑親之]

　（50a）、（50b）は「-i adali」を正しく訳していると見てよかろう。一方、（50c）は直訳に近い形で「adali」を「同じ（く）」と訳出している。この場合、文脈上「全く同じ」ではないのだから、厳密に言えば誤訳と言えなくもない。なお、巻1全体を見たとき、（50a）、（50b）のように訳出しているのは少数で、大多数は（50c）のように訳出している。逐語訳の原則に依拠した者が多かったことを裏付けるものではないだろうか。意訳については次節で触れる。

2.　意訳

　上原（1971: 20）は以下の（51）を誤訳の例として挙げている。「hefeli」の意は「腹」なのであるから「肚」のようにルビを振るべきという指摘である。

（51）giranggi   be   simhun   hefeli   -i   gese   duin   -i   durbejen   ninggun
　　　骨　　　ヲ　指　　　　肚　　ノ　程ニ　四　　　楞　　　　六

dere	obume	arafi	ninggun	dere	de	emu	ci	ninggu	de
面ニ	シテ	拵へ。	六	面	ニ	一	ヨリ	六	ニ

isibume	tongki	fetefi	moro	fengseku	de	maktame	efirengge
至ルマテ	星ヲ	刔。	碗	小盆子	ニ	抛テ	ナクサム者

be sasuku[sic.sesuku] sembi.
ヲ。 骰子 ト云フ。　　　　　　[sesuku 骰子：上 33a 石﨑親之]

　果たして上原の指摘は、語の意味が正確にとらえられていないという点においては正しい。しかし筆者は（51）を誤訳と認めるべきではないと考える。ここまで見てきたように唐通事たちは主に『清文鑑』の漢語訳をもとに満洲語を解し、ルビを振るなどしながら、より自然な日本語訳にしようと努めている。とすると、上の訳も当然「hefeli」の意が「腹」だと理解していたという前提に立つべきであろう。「肚」に「サキ」というルビを振ったのはなぜか？　（51）は「サイコロ」の語釈である。サイコロの大きさを示す際に、骨を指先ほどの大きさに六面を四角に揃えるという説明は、より自然な日本語にしようと努めた結果であろう。直訳して「指（ノ）肚」とするよりは断然上の説明のほうがわかりやすいと思われる。このように唐通事の中には逐語訳の原則に立ちながらも、適宜自然な日本語になるように意訳している者もいる。以下、そのような意訳がどのような形で行なわれたか、一例を挙げる。

2.1.　語句に関するもの

（52）esihe akū, angga ajige beye galai falanggū gese
　　　鱗　無シ。　口　小ク。　身ハ　手　　掌ノ　　□□

ga（l）fiy（an）banjihabi, <u>emu to</u> isime bi, sukū umesi idun,
　扁ク　　　生セリ。　　<u>半　尺</u>　計リ 有リ。　皮　至テ　粗シ。

niru sibedere de baitalambi.
箭竹ヲ　□ク　ニ　用ユル也。　　[dulan nimaha 砂魚：下 4a 頴川春重]

　（52）の「emu to」であるが、「to」は「親指と人差し指を広げたほどの長さ」

を意味する。この「to」は 1.3.3 で見たように説明文にしてもよかったはずであるが、(52) では「一 to」が日本で言うところの「半尺」に相当すると判断し意訳したものと思われる。この判断は正しかろう。

(53) (a) geren　yamun　-i　ambasa　hafasai　yalure　<u>ulha</u>　be
　　　　　諸　　　役所　　　大臣　官人ノ　騎ル　<u>馬</u>　ヲ
　　　　tuwakiyara　niyalma　be,　morici　sembi.
　　　　見守ル　　　人　　　ヲ。　小馬　ト云。
　　　　　　　　　　　　　　　　　　[morici 小馬：下 13a 頴川道香]

　　(b)　moo　-i　jergi　jaka　be　geyeme　argan　tucibume　arafi
　　　　　木　　ナトノ　物　ヲ　削リ。　歯ヲ　タテ、　コシラエ。
　　　　morin　<u>ulha</u>　šorengge　be　šokū　sembi,　selei　arahangge
　　　　馬　<u>ナトヲ</u>　刮モノ　ヲ　鉋子　ト云。　鐵ニテ作リタルモノ
　　　　inu　bi.
　　　　モ　有リ。　　　　　　　　　　[šokū 鉋子：上 41a 游龍俊之]

　(53) は「ulha」の例である。「ulha」は畜類一般を指す語と考えられるので、(53a) のように「馬」の意味にはならない。だが、これも単に誤訳と下すのは短絡的である。(53a) は「morici 小馬」の語釈であり、「ambasa hafasa」が「yalumbi」する動物だから「馬」でよいだろうと判断し意訳したものと考えられる。

　「ulha」を意訳したものとして (53b) も挙げられる。「morin ulha」を「馬（をはじめとする）畜類」だと理解したうえで、「ナト（など）」と訳出したものと思われる。なお、原本中で (53b) の直前に掲載されている語句にも同様に「ナト」と訳出した「ulha」の例が見られるので、これは故意に訳したものと見てよかろう。

　類例は以下の (54) である。(54) の「muwa」や二つ目の「amba」は前後の文脈から勘案して意訳したものと考えられる。

(54) erei　moo　umesi　den　<u>amba</u>,　ududu　tebeliyen　<u>muwa</u>　bime
　　　此　　木　イタツテ　高　<u>大ナリ</u>。幾ク　　抱　　　<u>ホド</u>　有テ

to(n)do　tubihe　soro　-i　gese　<u>amba</u>,　juwe　ujan　šulihun,
直ナリ。　棗　　ノ　如キ　<u>ホドニシテ</u>。両　　端シ　　尖

eshun　niyanggūci　amtan　jušuhun　bime　fekcuhun　baji　ome
ナマヲ　嚼メハ。　味ヒ。　酸　　シテ　渋シ　　シバラクシテ。

bolgo　wangga　ombi.
清ク　　香バシクナルナリ。　　　　　　　　［fika 橄欖：下 38a 彭城昌宣］

　(55)は一見「ele」を訳出していないように見える。だが、これも直後に「gemu」という語が来ていることから鑑みて故意に訳出しなかったと見るべきであろう。その証拠に「物」という訳語が本文中において「ele」と「jaka」の中間あたりに書かれている。

(55)　yaya　hacin　-i　bele　-i　uheri　gebu,　jai　yaya　jetere　<u>ele　jaka</u>
　　　凡　種々ノ　　米　ノ　總　　名。　又　凡　喰ル　　<u>物</u>

be,　gemu　jeku　sembi.
ヲ。　皆　　穀　ト云。　　　　　　　　　　　　　　　［jeku 穀：下 20a 彭城雅美］

　このような語句に関する意訳の例は他にもあるが、この程度に留める。

2.2.　文法に関するもの

(56)　yaya　bithe　<u>hūlara</u>　erdemu　tacire　boo　be,　tacikū　sembi.
　　　凡　書ヲ　<u>讀ミ</u>　　徳ヲ　　學ブ　房　ヲ。學ト　　云。
　　　　　　　　　　　　　　　　　　　　　　　　　　　［tacikū 學：上 44a 彭城種美］

　(56) の下線部の満洲語は連体形になっているが、訳文は連用形になっている。だが、これは誤訳ではなく、「bithe hūla-」と「erdemu taci-」がともに「boo」を修飾するという文の構造を理解したうえでの意訳と考えられる。このような

第5章　満洲語語釈の日本語訳　　165

訳し方をしている者は、鄭永寧[注16]、彭城廣林[注17]、石﨑親之[注18]、游龍俊之[注19]他、数多い。次に助詞に関する一例を挙げる。

(57) [=(9)] menggun teišun toholon -i jergi jaka be cikin jerin
　　　　　　銀　　真鍮　　錫　　等ノ　物　ヲ。フチ　キワ

　 tucibume muheliyen obume tūfi muke tebufi dere oborongge
　　タテ、　　　丸ク　　ナルヤウニ打立。水ヲ　イレ　顔ヲ　洗フモノ

　 be, obokū sembi.
　　ヲ　洗瞼盆ト　云フ。　　　　　　　　　[obokū 洗瞼盆：上 12b 鄭永寧]

　(57) の当該箇所の満洲語には助詞がないが、訳文の日本語には助詞が入っている。上の (5) に挙げた凡例の「原ヨリ助語テニヲハ有テ備サニ文意ヲ述ト雖トモ 事情聯貫ノ宣ニ従ヒ 或其詞質ヲ失ハン事ヲ患ヒテ 用ル所ノテニヲハ画一セサルヘシ」という箇所は、(57) のような例のことを指していると考えられる。類例は (58) 〜 (60) である。

(58) maise ufa be nimenggi suwaliyame suifi, hacingga do
　　麥ノ　粉　ニ　油ヲ　　　マセテ　　コ子。色〻ナル　餡ヲ
　　　　　　　　　　　　　　　　　　　　　　　　　(アン)

　 sindame tuhe efen -i adali arafi haksabuhangge be,
　　イレテ　　　餅　　ノ　ヨフニ コシラヘ。烙タルモノ　　ヲ。
　　　　　　　　　　　　　　　　　　　(ヤキ)

　 biyangga efen sembi.
　　月　　餅　　ト云。　　　　　　[biyangga efen 月餅：上 27b 彭城廣林]

(59) boo i niongniyaha de adali, beye amba funggala der
　　家ニオル　鵞　　ニ　同シ。　體　大ク　尾翎　甚ダ

　 sema[sic.seme] šanyan
　　　　　　白シ。　　　　　　　　[garu 天鵞：上 21a 神代定光]

(60) tuwara hūlara de ja obume šošome tonggime araha bithe
　　看　　讀　シ易ヤウニ。　約　　擧ケテ　作タル　書
　　　(ヨミ)　(ヤスイ)　　　　(ツメ)

be   tuwabun   sembi.

ヲ。　　覽　覽　ト云。　　　　　　　　［tuwabun 覽：下 2a 頴川春重］

　(58) の「maise ufa be nimenggi suwaliyame suifi」を直訳すると「麦粉を油に（と）混ぜ合わせこねて」となるだろうが、これをより自然な日本語にしようと意訳したものと考えられる。(59) も「boo -i niongniyaha」も直訳は「家の鷲」となるが、これより (59) の訳文のほうが自然である。(60) の「tuwara hūlara de ja obume」も直訳すると「見る際、読む際に容易になるように」となるが、(60) のほうが自然な日本語だと言えよう。なおあえて助詞を無視し動詞の一部であるかのように意訳した (60) のような例は巻 1 ではこの例だけである。

2.3.　その他

　上原（1971: 19）は唐通事が満洲語を充分に理解できていなかった例として以下の (61) も挙げている。

(61) yaya   siten［sic.siden］ -i baita   be   tuttu obu uttu obu   seme
　　　凡　　公儀　　　　　　　ノ　事　　ヲ。　左様。　　ヶ様　　　ト。

　　　fulgiyan fi -i arara   be pilembi sembi.
　　　朱　　　筆 ニテ 寫　　ヲ。　批判　　ト云フ。

　　　　　　　　　　　　　　　　　　　　　　　［pilembi 批判：上 31b 石﨑親之］

　上原は (61) に対して、「obu」を訳出していない点を挙げ、同時に「左様ヶ様」なら「uttu tuttu seme」であり、語順も逆だと述べる[注20]。つまり「アアシロ、コウシロ」とすべきだとの指摘である。確かに「obu」を正確に訳していないという指摘は正しいが、意訳の範囲内であろう。上の (5) に挙げた凡例の「和語ニ月日漢語ニハ日月ト云フ如キ 清文ニモ雄雌横縦ト□□類ヒ尤多シ 皆本朝ノ句調ニ仿フ」とあるのは (61) のような例を指していると考えられる。類例は (62) である。

第 5 章　満洲語語釈の日本語訳　　*167*

(62) ehe sain be bodorakū labsime jetere niyalma be, lobi
　　 ヨシ　アシ　ヲ　カモワズ。多分ニシテ　飲食スル　　人　　ヲ。甚饞
　　 sembi,（後略）
　　 ト云。
　　　　　　　　　　　　　　　　　　　　　［lobi 甚饞：下 7b 頴川春重］

　(63) は満洲語で 2 文になっているところを日本語訳では 1 文にまとめている例である。

(63) uthai gurun -i baita, ejen de oci dasan sembi, amban de
　　 即チ　國　ノ　事。　君　ニ　セバ　政ト　云イ。　臣　　ニ
　　 oci baita sembi.
　　 セバ　事ト　云。
　　　　　　　　　　　　　　　　　　　　　［dasan 政：上 44a 彭城種美］

　(63) も誤訳とは言いにくい。後ろの「sembi」を「云」としていることから考えても、語釈末の「sembi」は出現頻度も高く皆誤訳していないことから考えても、下線部の「-mbi」を接続形と理解していたとは到底思えない。「gurun -i baita」が両方の文にかかっていることを表そうとするが故の意図的な意訳だと考える。(63) の類例は鄭永寧[注21]、彭城種美[注22]、蘆塚恒徳[注23] などにも見られる他、上述の（11a）もこれに該当する用例である。
　一方で、巻 1 においては (64) の 1 例のみであるが、筆者であれば 1 文で訳すだろう箇所を 2 文に分けて訳出している者もある。

(64) uju engge meifen huru sahaliyan bime, funggaha suhun
　　 頭　嘴　クヒ　背　黒ク　シテ。　身ノ毛　米
　　 boco, guwendere jilgan mi to seme hūlara adali, ofi
　　 色　　鳴ク　聲　弥　陀　ト　呼ニ　同シ。因テ
　　 šajingga kasha[sic.gasha] sembi.
　　 佛　　　鳥　　　　　　　ト云フ。
　　　　　　　　　　　　　　　　　　　［šajingga gasha 佛鳥：上 39b 游龍俊之］

3.　誤訳

　以上、1節と2節では、満洲語の語釈にふされた日本語訳の原則について見てきた。ここまでの要点を整理すると次の (65) のようになる。

(65)　日本語訳の原則

(a) 逐語訳を原則とする。

(b) まずは『清文鑑』の漢語訳をそのまま利用する。ただしその漢語のままでは日本語として解しにくい場合、随時漢語にルビを振る。

(c) 語句の意を十分に解している者は漢語訳をそのまま用いず日本語で翻訳する。その際、方言を使っている者もある。

(d) できるかぎり日本語として自然な文になるように意訳することもある。

　だが、(65) の原則において課題として残っていたのは、(65d) の意訳を誤訳とどのように区別するか、である。例えば、上原 (1971: 20) は、以下の (66) 〜 (68) を誤訳の例として挙げている。

(66)　[=(51)] giranggi　be　simhun　hefeli　-i　gese　duin　-i　durbejen
　　　　　　　骨　　ヲ　　指　　肚ノ　程ニ　　四　　　楞
　　　　　　　　　　　　　　　サキ　　　　　　　　　　　　カク

　　　ninggun　dere　obume　arafi　ninggun　dere　de　emu　ci　ninggu
　　　　六　　　面ニ　シテ　拵へ。　六　　　面　ニ　一　ヨリ　六

　　　de　isibume　tongki　fetefi　moro　fengseku　de　maktame
　　　ニ　至ルマテ　星ヲ　刨。　碗　　小盆子　ニ　　抛テ
　　　　　　　　　　　ホリ　　　　　　コ サ ラ

　　　efirengge　be　sasuku[sic.sesuku]　sembi.
　　　ナクサム者　ヲ。　骰子　　　　　　　ト云フ。

　　　　　　　　　　　　　　　[sesuku 骰子：上 33a 石﨑親之]

(67) emu   aniya   ojoro   <u>unde</u>   jakūn   biyai   niyahan   be,   nuhere
　　一　　年ニ　　ナル┐　<u>未シク</u>。　八　　月ノ　　狗子　　ヲ。　小狗
　　　　　　　　　　　　　　　　　　　　　　　　　　ツキ　　　イヌゴ

sembi.
ト云。
　　　　　　　　　　　　　　　　　　　　　[nuhere 小狗：上 19a 高尾延之]

(68) （前略）　gemun   hecen   be   toktobufi   mukden   ci   <u>ebsi</u>   gurime
　　　　　　　京　　城　　ヲ　　定メ　　　盛京　　ヨリ　<u>シテ</u>　遷リ

jihe   manggi,   esebe   im(iya)ngga   jasei   tule   dabagan   -i
来シ　　時。　　此輩ヲ　　邊　　　　外　　關　　山　　　ノ

fisa   ergi   (de)   guribufi,   （後略）
ウシロノアタリ　ニ　　　　□□

　　　　　　　　　　　　　　[cahar jakūn gūsa 察哈爾八旗：下 16a 頴川雅範]

　(66) の「hefeli」は「腹」なのであるから「肚」とルビを振るべきで、(67)
の「unde」は「一年になる前に」、(68) の「ebsi」は「盛京からこちらへ移っ
て来たとき」というふうに訳出すべきだという指摘である。
　これに対し、前節では (66) の例を誤訳と認めるべきではないと主張した。
すなわち、「肚」と漢字表記してあるのは『清文鑑』におけるこの語の漢語訳
が「肚」となっているのをそのまま援用したものであり、ルビに「サキ」と振っ
てあるのは「指先（ユビサキ）」という自然な日本語にしようとした結果だと
の指摘である。だが一方で、(67)、(68) を含め、誤訳とすべきかどうか判断
しかねる例も散見する。以下、類例を挙げる。まず、(69) と (70) は語句レベ
ルにおける例である。

(69) tabuha   beri   -i   uli   <u>golmin arafi</u>   musen   cinggiya   be   mise
　　張リタル　弓　ノ　絃　　<u>ノビ</u>。　　　胴　　ユルム　　ヲ。　弓弮

sembi.
ト云。
　　　　　　　　　　　　　　　　　　　　　[mise 弓弮：下 12b 頴川道香]

　(69) の「golmin arafi」は直訳すると「長く作って（して）」であるが、頴川

道香はこれだと日本語として不自然だと思ったのか、「ノビ」と意訳している。だが、これは敢えて正確に理解するなら「長くする」のだから「ノバシ」にすべきとも言える。つまり、「beri -i uli」が目的語なのを正確に理解しているかという問題である。恐らく頴川道香は満洲語の主格がゼロ語尾で表されるのを理解しており、「beri -i uli」を主語と判断したものと思われるが確証はない。だが、この訳でも語釈の文意を著しく損ねているわけではないから、誤訳とすべきかどうか判断に迷うのである。

(70) undurakū de (u)lhun meiretu adasun sindame yangseleme
　　 龍ノ織リモノニ。 領子。　 護肩。　 大襟ヲ　 □ケ。　　 カザリテ

　　 weilehe hehe niyalma eture doroi etukui adali ergume be,
　　 造リシ。 女　 人ノ　 着ル　 男ノ　朝服ニ　 同□　 朝衣　 ヲ。

　　 cuba siji(g)iyan sembi.
　　 女　 朝衣　　 ト云。　　 [cuba sijigiyan 女朝衣：下 18a 頴川雅範]

　　(70) の「doroi etuku」は『清文鑑』の見出し語句にあり、漢語訳は「朝服」とある。(70) は『清文鑑』の漢語訳をそのまま使うのではなく、さらに「男ノ」を補足している。「女朝衣」の語釈なので、男女の違いを強調したかったのか、或いはこの直後に来ている「ergume」も「朝衣」（『清文鑑』の漢語訳も「朝衣」）なのでそれと区別するために、「男ノ」を入れたのかもしれないが、これもやや余剰的になっているだけで文意を著しく損ねているわけではない。

　　次に、(71) と (72) は文法レベルにおける例である。

(71) šu ilhai da be muke suwaliyame hujurefi muke be
　　 蓮　 根ニ　 水ヲ　 マゼ　　 摺オロシ。 水　 ヲ

　　 sekiyefi funcehe fiyen -i adali, da be šufin sembi, erebe
　　 シタメ。 剰タル　 白粉　 ノ　 如キ　 セン　 ヲ　 藕粉　 ト云フ。 是ヲ

　　 šatan ucufi fuyere mukei hungkerefi ukiyembi.
　　 白砂糖ニ アワセ。 滾　 湯ヲ　 サシテ　 □□喝ルナリ。

　　　　　　　　　　　　　　　　[šufin 藕粉：上 42b 游龍俊之]

第 5 章　満洲語語釈の日本語訳　　171

(71) の下線部を直訳すると「蓮根を水に（と）混ぜ合わせ」である。水と
蓮根のどちらが先かあるいは同時か、助詞の順序が異なると、厳密には表され
る手順も異なるのだろうが、これも語釈の文意を著しく損ねているわけではな
い。訳編者の游龍俊之は、恐らく満洲語の助詞の使い方をきちんと理解してお
り、その上で「蓮根ニ水ヲマゼ」のほうが日本語の語順としてより自然と思っ
たくらいの判断だったのだろうか。

(72) ［＝(13b)］（前略）　geli　sunja　tanggū　aniya　oho　manggi　šanyan
　　　　　　　　　　　　又　　五　　百　　　年ニ　ナリシ　トキ。　白ニ
　　ombi,　geli　sunja　tanggū　aniya　oho　manggi　yacin　ombi.
　　ナル。　又　　五　　百　　　年ニ　ナリシ　トキ。　青ニ　ナル。

[buhū 鹿：上 29a 石崎親之]

(72) の「manggi」は、後置詞的に「〜した後で、〜したら、〜すると」といっ
た意味で用いられる（河内・清瀬 2002、津曲 2002）。『清文啓蒙』巻 3「清文助
語虚字」にも記述があり、そこでは「了之後字。而后字。既而字」となってい
る。この「manggi」を「トキ」と訳しても語釈の文意を損ねるわけではないが、
以下の (73) と比べたとき、日本語訳が同じになってしまう。なお、訳編者石
崎親之が (72) の「manggi」を「トキ」と訳したのは『清文鑑』の「manggi」
の漢語訳が「到那時」となっていたためだと考えられる。

(73) (a) ［＝(12a)］　bele　jeku　be,　aika　jaka　de　tebure　de,
　　　　　　　　　　　米　　穀　　ヲ。ナニソノ　器　　ニ　入ル、　トキ。
　　baitalara　tetun　-i　gebu,　（後略）
　　用ユル　　器　　ノ　名。[belei sihabukū 米漏子：上 26a 彭城廣林]
(b) ［＝(12b)］（前略）　muke　labdu　ohode　sangga　deri　muke
　　　　　　　　　　　　水　　多ク　ナリシ時　穴　　ヨリ　分
　　dendere　tampin　de　eyebufi,　（後略）
　　　　　　　　　　　　　　ヲトシ
　　水　　壺　　ニ　流。

[muke be necin obure tampin 平水壺：下 15a 頴川道香]

以上、本書では上記の (66) 及び (69) ～ (72) のような例を積極的に誤訳とは認めず、語句の意味、あるいは文の意味を正しく理解できなくなる恐れのあるもののみを誤訳と認め、以下、『翻訳満語纂編』巻1を対象にその例を挙げる。結論から先に述べると、誤訳例はごく少数であり、巻1に関しては全体的に正しく翻訳できていると筆者は判断する。

3.1.　語句に関するもの

　まずは語句に関する誤訳の例から見てみる。

(74)　silmen -i jergi jaka be budara[sic.butara] de, mergen cecike
　　　雀鷹（スヽミタカ）　等ノ　物　ヲ　取ル　　　。　カシコキ　小鳥

　　　be daniyan huye -i juleri gobolobume dobumbi tulere,
　　　ヲ　木カケ　鳥套（ワナ）ノ　前ニ　見エル様ニ　網ハリテ　掛置ナリ。

　　　silmen jici mergen cecike neneme serefi kūlisitame arbušara
　　　雀鷹（スヽミタカ）来レハ　小　鳥　先ニ　知リ　恐レテ　動作（ウコキタツ）

　　　be niyalma sabufi tusihiyan[sic.tusihiya] be tatame butambi,
　　　ヲ　人　見テ。　カノ網　　　　　　ヲ　引シメテ　取ル。

　　　erebe suberhe sembi.
　　　コレヲ　苗子　ト云フ。　　　　　　　[suberhe 苗子：上 39a 游龍俊之]

　(74) の「mergen cecike」は「giyahūn cecike」（もず）の別名として『清文鑑』の見出し語句にも出ており、漢語訳は「寒露」とある。だが、游龍俊之は1行目に出てくるこれを「mergen」と「cecike」に分けて訳しており、誤訳である。なお、3行目の「mergen cecike」を「小鳥」と訳しているのは、1行目を受けての意訳であろう。また、4行目の「tusihiya」を「カノ網」と訳しているのも気になる。「tusihiya」は『清文鑑』の漢語訳に「鷹網」とあることから、「タカノ網」と書きたかったのかもしれないが、「その網」といった程度に訳している可能性が高い[注24]。なお、2行目にある「dobumbi tulere」も誤訳と思われるが、この点については 3.2. で後述する。

(75) (a) ijifun　niyehe　de　dursuki,　boco　suwayakan.
　　　　鴛　　鴦　　ニ　相似タリ。　色　　暑黄也。

　　　　　　　　　　　　　[lama niyehe 土鴛鴦：下 5a 潁川春重]

　　(b) šan　-i　sen　arafi　dube　ergi　be　ilan　(ge)cehengge　obufi
　　　　ミ、　ノ　アナヲ　作リ　サキノ　方　　ヲ　三ツニ　カトダツヤウニ　ナシ。

　　　　ilkin[sic.ilgin]　sukū　-i　jergi　manggakan　jaka　be
　　　　スリ皮　　　　　ア□皮　　等ノ　硬　　　　品　　ヲ

　　　　ufirengge　be　temene　ulme　sembi.
　　　　縫モノ　　ヲ　　三楞鍼ト　　云。

　　　　　　　　　　　　　[temene ulme 三楞鍼：上 47a 彭城種美]

　　(c) guise　de　adalikan　bime　nekeliyen　undehen　be　sukū　-i
　　　　臥櫃　ニ　暑同　　クシテ。　薄キ　　　板　　ヲ　皮　ニテ

　　　　borime[sic.burime]　halfiyakan　weilefi　aika　jaka　teburengge
　　　　綿。　　　　　　　　暑扁　　拵へ。　何　物ヲ　入レルモノ

　　　　be　pijan　sembi.
　　　　ヲ。皮箱　ト云フ。　　　　　　[pijan 皮箱：上 31a 石﨑親之]

　　(d) beye　holfiyakan　bime　golmin,　jalan　jalan　-i
　　　　身　稍ヒラタク　シテ　長ク。　節　　節

　　　　banjihabi,（後略）
　　　　アリテ生レリ。

　　　　　　　　　　　　　[šešeri umiyaha 蜈蚣：上 40b 游龍俊之]

　（75）の「-kan」は「やや、わずかに」といった意味を表す接辞だが、これを（75a）のように「ホボ」と訳すのは随分意味合いが異なると思われる。「暑」という漢字が当てられているのは『清文鑑』の漢語訳がそうなっているからだと考えられる。また、（75b）のように「-kan」を完全に無視して翻訳している者もある。一方、（75c）、（75d）の例では「-kan」を正しく理解している。ここから日本語への訳出には個人差があることが分かる。なお、訳編者潁川春重以外にも（75a）のように「-kan」を「ホボ」と訳している者は多く、彭城種美[注25)]、鉅鹿篤義[注26)]、彭城昌宣[注27)]にも確認される。また、（75b）のように「-kan」を無視している者に、潁川道香[注28)]、彭城雅美[注29)]がある。

3.2. 文法に関するもの

次に文法に関する誤訳の例を見てみる。

3.2.1. 助詞に関する誤訳

(76) hiya sai <u>dorgici</u> sain sain ningge be （sonjofi） ejen -i
　　 侍衛ノ 輩ノ　<u>内</u>。　　義姣　　モノ ヲ　選ミ。　御前

　　 hanci eršerengge be, gocika hiya sembi.
　　 近ク　 服事　　　 ヲ。　御前侍衛　 ト云

　　　　　　　　　　　　　　［gocika hiya 御前侍衛：上 22a 神代定光］

(76) の「dorgici」は「内ヨリ」と訳すのが適当であろう。「ヨリ」がなくて
も文意が通じなくなるほどではないが、助詞の「ci」を省略する積極的な理由
はない。この点については、以下の 4 節で後述する。

(77) jakūn gusai manju monggo ujen cooha nikan hafasai fulun
　　 八　 旗<u>ニテ</u>。満州。 蒙古。 漢ノ。 軍卒。 漢<u>ニテ</u> 官人ノ 俸禄

　　 -i menggun bele, coohai ursei caliyan bele be some
　　 ノ 銀　　　米。 兵　 丁ノ　 銭　　 糧　 ヲ。 勘

　　 bodobure baita be alifi baicara ba be, fulun be kimcire
　　 定スル　 事　 ヲ 承ハリ 査フル 處 ヲ。 稽　 俸

　　 tinggin sembi.
　　 廳　　 ト云。　　　［fulun be kimcire tinggin 稽俸廳：下 39b 彭城昌宣］

(77) の 1 行目にある「nikan hafasai」を「漢ニテ官人ノ」と訳しているの
は誤訳と認めてよかろう。文頭の「jakūn gusai」を「八旗ニテ」と訳してい
ることから、「jakūn gusa」と「nikan」が対になっているような解釈になって
しまう。正しくは「八旗の満洲人、モンゴル人、漢軍、漢人の役人の俸禄…」
程度の意である。

第 5 章　満洲語語釈の日本語訳　　175

(78) dorgi tulergi manju nikan bithei hafasai wesire forgošoro
内　　外　　満　　漢ノ　文　　官等ニ。　隆　　轉

niyeceme sindara ilgame gisurere, weile gisurere, fungnere
補　　授スル┐ヲ　辨　　論シ。　罪ヲ　論シ　　封贈

be baire hafan sirara jergi baita be uheri kadalame
ヲ　求メ　官ヲ　嗣　　等ノ　事　　ヲ。　總ベ　督トリテ
　　モト　　　　ツグ　　　　　　　　　　　　　　ツカサ

icihiyara amba yamun be hafan -i jurgan sembi.
辨理　　大　　衙門　　ヲ。　吏　　　部　　ト云。
トリハカラフ

[hafan -i jurgan 吏部：上 22a 神代定光]

　(78) の1行目にある「manju nikan bithei hafasai」を「満漢ノ文官等ニ」
と訳すと文意が正しく伝わらない。「ニ」にすると「文官等に対して」という
解釈になるが、それを受ける動詞が見当たらなくなる。正しくは「満漢ノ文
官等ノ」とすべきであろう。文の構造は「dorgi tulergi manju nikan bithei
hafasa」の（が）、①「wesi-」、②「forgošo-」、③「niyeceme sinda-」、④「ilgame
gisure-」、⑤「weile gisure-」、⑥「fungnere be bai-」、⑦「hafan sira-」す
ることなどを「uheri kadalame icihiya-」する「amba yamun」である。

3.2.2.　文の構造に関する誤訳

　(78) で文の構造に関する例を見たが、同様に連体節の構造を意訳した結果、
文意が伝わりにくくなった例が比較的多く見られる。

(79) (a) sele be gargangga arafi moo -i fesin sindahangge be,
鉄　　ヲ　フタマタニ　作リ。　木　ノ　柄ヲ　スケタルモノ　ヲ。

šaka sembi, afara de baitalara agūra.
叉　ト云フ。　戰ヒ　ニ　用ユル　器物ナリ。

[šaka 叉：上 39a 游龍俊之]

(b) sele be dabtame jeyen gencehen tucibufi homhon de
鐵　　ヲ　キタヒテ　刄　　刀背ヲ　　タテ。　刀鞘　ニ
　　　　　　　　　ハ　　ムネ　　　　　　　　　サヤ

sisifi　asharangge　be,　loho　sembi,　tuwakiyara　<u>afara</u>　beye
挿_{ヲサメ}　佩_{ヲビ}タル者　ヲ。　腰刀　ト云。　　守リ　　戰<u>ニ</u>　　身

be　seremšere　de　baitalara　agūra.
ヲ　防グ　　ニ　用ユル　器物也。

[loho 腰刀：下 7b 潁川春重]

　(79a) の「afara」は動詞の連体形で、直訳すると「戦うときに」のようになるが、これを名詞のように意訳している。この (79a) は意訳として問題ないと考えるが、(79b) の2行目にある「afara」を「戦ニ」と名詞のように訳出しているのは問題である。これは直前の「tuwakiyara」と対になっているので、このように訳してしまうと文意が伝わりにくくなる。正しくは「tuwakiyara afara beye」を「守り、攻める身」のようにすべきである。

(80)（a）kubun　use　be　niyelefi　ebeniyefi,　hergeme　ara<u>ha</u>　nadan
　　　　棉ノ　實　ヲ。　研_{ヲロシ}　水ニヒタシ　紋_{スジ}ヒキ　作リ　　七

afaha　holbo<u>ho</u>　hoošan　be,　nadangga　hoošan　sembi,
張_{マイ}　連_{ツヅイタル}　紙　ヲ。　　連七紙　　ト云。

hacingga　boco　icefi　baitalambi.
彩　　色ニ　染メ　用フル。

[nadangga hoošan 連七紙：上 15b 高尾延之]

（b）dukai　bokson　de　adame　sindaha　emu　ergi　jiramin
　　門ノ　　檻_{シキミ}　ニ　ソエ　オキタル　一　方ヲ　厚ク

teksin　emu　erg(i)　nekeliyen　ara<u>ha</u>　sejen　-i　muheren
功ソロエ　一　方ハ　薄スク　ナシ<u>テ</u>。　車　ノ　輪

be　alire　moo　be　dabakū　sembi.
□ウケナカス木　ヲ。　踏垜□　云。

[dabakū 踏垜：上 45b 彭城種美]

　(80a) の1行目の「araha」は連体形になっているのを「作リ」と連用形のように訳出している。だがこれは前半の「kubun use be niyelefi ebeniyefi, hergeme ara-」と後半の「nadan afaha holbo-」がともにその直後に来る「hoošan」に並列的にかかっていることを意識した意訳と考えられるので、誤訳とは言えまい。一方、(80b) の 2 行目の「araha」も「ナシテ」と連用形で訳出しているが、これは文意がやや分かりにくくなっている。「dukai bokson de adame sinda-」と「emu ergi jiramin teksin emu ergi nekeliyen ara-」が、ともに「sejen」にかかっていることが分かるようにすべきであろう。つまり、「一方を厚くして揃え、一方を薄くした車の輪」といったふうに訳出すべきである。

　以下の (81) と (82) は、連体形を終止形のように訳出した結果、文意が分かりにくくなった例である。

(81) booi　sihin　de　kidara[sic.gidara]　jerin　bukdame　araha　wase
　　　家ノ　　簷　　ニ　フク<u>ナリ</u>。　　　　　　端ニ　　折カケテ　作リタル　瓦
　　　be,　jeringge　wase　sembi.
　　　ヲ。　花邊瓦　　　　ト云。　　[jeringge wase 花邊瓦：下 20b 彭城雅美]

(82) tohoma　be　tufun　de　hishaburakū　seme　tufun　-i　teisu
　　　韂　　ヲ　鐙　ニテ　鍚キラヌヤウニ　　　鐙　ニ　相對
　　　hadara　su(kū)　niyecen　-i　jergi　hacin　-i　weilehengge　be
　　　ヌイツケ<u>ナリ</u>。皮　補　ノ　様ナルモノ、　　作リタルモノ　ヲ
　　　tohoma　-i　daldaku　sembi.
　　　鐙磨ト　　　　　云。
　　　　　　　　　　　　　　　　　[tohoma -i daldakū 鐙磨：上 48b 彭城種美]

　(81) は「booi sihin de gida-」と「jerin bukdame ara-」がともに「wase」にかかっていることが分かるようにすべきであろうし、(82) も前半の「tohoma be tufun de hishaburakū seme tufun i teisu hada-」と後半の「sukū niyecen i jergi hacin i weile-」がともに「-ngge」にかかっていることが分かるようにすべきであろう。このように連体形を終止形のように訳出した結果、文意が不明瞭になった例はほかに、潁川道香[注30]と彭城雅美[注31]の担当箇所にも確認される。

次に、(79) 〜 (82) と同様、文の構造にかかわるもので、用例は多くないが、終止形を意訳した結果、文意が分かりにくくなった例も見られる。

(83) (a) fulehe be boihon de teburakū silame -i bade lakiyafi,
　　　根　　ヲ　土　　ニ　栽エズ。　蔭　　ノ　處ニ　ツリ。

　　　muke cai -i fisihime simebuci, ini cisui cikten abdaha
　　　水ヤ　茶　ヲ　振カケ　潤ホセハ。　自　　然ニ　茎　　葉

　　　banjimbi ilha ilambi, abdaha tuweri juwari enteheme
　　　生エ。　花　開也。　葉ハ　冬　　夏　　永ク

　　　niowanggiyan, ilha sohokon šanyan gubsu šungkeri ilha
　　　青ク。　　花ハスコシ黄ニシテ　白シ。　朶ハ　　蘭

　　　ci narhūn.
　　　ヨリ 細シ。　　　　　　[edungge šungkeri ilha 風蘭：上 11a 鄭永寧]

　(b) [=(74)] silmen -i jergi jaka be budara[sic.butara] de,
　　　　　　雀鷹　　　等ノ　物　ヲ　取ル　　　　　　　　ニ。

　　　mergen cecike be daniyan huye -i juleri gobolobume
　　　カシコキ　小鳥　ヲ　木カケ　鳥套 ノ　前ニ　見エル様ニ

　　　dobumbi tulere, silmen jici mergen cecike neneme
　　　網ハリテ　掛置ナリ。雀鷹　来レハ　小　　鳥　　先ニ

　　　serefi kūlisitame arbušara be niyalma sabufi
　　　知リ　恐レテ　　動作　　ヲ　人　　見テ。

　　　tusihiyan[sic.tusihiya] be tatame butambi, erebe suberhe
　　　カノ網　　　　　　　ヲ　引シメテ　取ル。　コレヲ　苗子

　　　sembi.
　　　ト云フ。　　　　　　　　[suberhe 苗子：上 39a 游龍俊之]

　(83a) の２行目にある「banjimbi」は終止形であるが、これを「生エ」と連用形のように訳出している。だが、これは「cikten abdama banji-」がその直後に来る「ilha ila-」と並列関係にあると見た意訳と考えられるため、誤訳とは言えまい。しかし、(83b) の２行目にある「dobumbi　tulere」を「網ハリ

テ 掛置ナリ」と訳出しているのは誤訳と見なしてよかろう。2行目は「dobumbi」
で文が切れており、「tulere」はその直後に来る「silmen」にかかっている。こ
れを意訳と見なすのは難しい。

3.3. その他の誤植

最後に、満洲語語釈の日本語訳中に見られる細かな誤植を指摘しておく。

(84) tahūra　-i　tolo[sic.dolo]　banjimbi　boco　šeyen　bime　muheliyen
　　　　蛤　　ノ　内ニ　　　　　　　　　生ル。　色　雪白　シテ　　圓ク。

　　　elden　bi,　amba　ajige　adali　akū　miyamigan　de　baitalambi.
　　　光リ　有リ。　大　　小　同シ カラズ。　飾　　　　ニ　　用フル。

　　　　　　　　　　　　　　　　[nicuhe 珍珠：上 17b 高尾延之]

(85) beye　amba　yasa　ajige,　šan　labdahūn　angga　-i　argan　eici
　　　身　大クシテ　目　小シ。　耳　垂サカリテ。　　　獠牙　　　或ハ

　　　juwe　duin　ninggun　adali　akū,　（後略）
　　　二ツ　四ツ　六ツナルモノ同シ　ナカス　　　　[sufan 象：上 38b 游龍俊之]

(86) juwe　songgiha　tabure　fitheku　beri　be,　juru　songgiha　fitheku
　　　二ツノ　夾子支棍。　勾　努　弓　ヲ。　雙　　機　　弩ト

　　　beri　sembi.
　　　云フ。　　　　　[juru songgiha fitheku beri 雙機弩：下 23a 彭城雅美]

　　(84) は「miyamigan」の「飾」のルビに「カザリニ」とある。直後の「de」
を「ニ」と訳しているので、ルビは「カザリ」でよい。(85) は「akū」の訳に「ナ
カス」とあり、意味が不明である。他の箇所の「akū」の日本語訳から推測して「カ
ラス」の誤りであろう。(86) は「雙機弩」の語釈であるが、日本語訳の漢字が「雙
機努」となっている。写し間違いだろうか。

180

(87) niyengniyeri ome a -i sukdun de, juhe fusur seme hūsun
　　春ニ　　　ナリ　陽ノ　氣　ニテ。氷　□（ヤワラカ）　ニ　力（チカラ）

akū
ナ□　　　　　　　　　　　[juhe sulhumbi 氷酥：下 22b 彭城雅美]

　(87) は満洲語の語釈が途切れている。『清文鑑』の「juhe sulhumbi」の語
釈は「niyengniyeri ome a i sukdun de juhe fusur seme hūsun akū <u>oho be</u>
<u>juhe sulhumbi sembi.</u>」[注32] となっているので、これも写し損ないと考えられる。

(88) morin ulha nilhūn ba be yabure de kanggararakū be,
　　馬　ナトノ。滑カナル　処　ヲ　行ク　ニ　ヨロメカザル　ヲ。

šoforo sain sambi[sic.sembi].
馬把滑　　　　　　　　　　[šoforo sain 馬把滑：上 41a 游龍俊之]

　(88) の最後の「sambi」は「sembi」の誤りだが、この日本語訳が欠けている。
「sembi」という語は頻度も高く、游龍俊之もほかの語句の語釈に現れる「sembi」
をきちんと「ト云」と訳出していることから鑑みても、この箇所は単なる見落
としと考えられる。

4.　訳編者間の語釈比較

4.1.　『翻訳清文鑑』との比較

　3節では、『翻訳満語纂編』巻1を対象に、満洲語語釈にふされた日本語訳
のうち、誤訳と認められるものの性格について見てきた。ところで、『翻訳満
語纂編』の収録語彙は、底本である『清文鑑』全32巻の中から適宜語句を抜
き出し、それを各巻ごとに十二字頭順に配列しなおしたものである。一方で、『翻
訳満語纂編』と同時期に編纂された『翻訳清文鑑』は、同じ底本の『清文鑑』
巻1から巻4までをほぼ忠実に訳出したものである。つまり、『翻訳満語纂編』

第5章　満洲語語釈の日本語訳　　*181*

の収録語句のうち、『清文鑑』巻1から巻4の中から抜き出したものは、自ずと『翻訳清文鑑』にもその語句が収録されていることになる。

　ここでは次に、『翻訳満語纂編』に見られる誤訳が『翻訳清文鑑』ではどうなっているのかについて若干の考察を加えたい。結論から言えば、残念ながら、上で見てきた誤訳と認められる用例のうち、『清文鑑』巻1から巻4の中から抜き出されたものは2例しかない。以下の（89a）と（90a）がその2例である。これらと同じ語句の『翻訳清文鑑』の用例がそれぞれ（89b）と（90b）である。

(89) (a) ［=(76)］ hiya　sai　dorg<u>ici</u>　sain　sain　ningge　be　(sonjofi)
　　　　　　侍衛ノ　輩ノ　　内。　　義姣　　モノ　　ヲ　　選ミ。

　　　　ejen　-i　hanci　eršerengge　be,　gocika　hiya　sembi.
　　　　御前　　近ク　服事　　　　ヲ。　　御前侍衛　　ト云

　　　　　　　　　　　　　　［gocika hiya 御前侍衛：上 22a 神代定光］
　　　(b) hiya　sai　dorg<u>ici</u>　sain　ningge　be　sonjofi,　ejen　i　hanci
　　　　　衆侍衛ノ　内<u>ヨリ</u>。　佳　　者　　ヲ　選ミテ。　主上　ノ　近

　　　　eršerengge　be,　gocika　hiya　sembi.
　　　　服者　　　　ヲ。　御前侍衛　　ト云。

　　　　　　　　　　［gocika hiya 御前侍衛：巻4 22 a 頴川春重譯述・鄭永寧校合］

　（89a）は「dorgici」の「ci」を訳出せずに省略していた例であったが、それに対応する（89b）を見ると、きちんと「ヨリ」と訳出していることが分かる。これ以外の語句の日本語訳も若干異なる。例えば、「eršerengge」を『翻訳満語纂編』では「服事」と訳出していたが、『翻訳清文鑑』では「服者」としている。ルビは「モノ」となっているが、「御前侍衛」の説明なのだから、漢字も「事」よりは「者」のほうが適当だろう。（89）の1例に関する限り、神代定光より頴川春重に分がありそうである。

(90) (a) ［=(68)］　（前略）　gemun　hecen　be　toktobufi　mukden　ci
　　　　　　　　　　　　　　　京　　城　　ヲ　　定メ　　盛京　ヨリ

<u>ebsi</u>　gurime　jihe　manggi,　esebe　im(iya)ngga　jasei　tule
シテ　遷リ　来シ　時。　此輩ヲ　　邊　　外　　關
dabagan　-i　fisa　ergi　(de)　guribufi,　(後略)
山　　ノ　ウシロノアタリ　ニ　　　□□

[cahar jakūn gūsa 察哈爾八旗：下 16a 潁川雅範]

(b)　(前略)　gemun　hecen　be　toktobufi　mukden　ci　<u>ebsi</u>
京　　城　　ヲ　　定メ。　　盛京　ヨリ<ruby>這裡<rt>コナタ</rt></ruby>へ

gurime　jihe　manggi,　esebe　imiyangga　jasei　tule　dabagan
遷リ　　来シケレバ。　是等ヲ　　邊　　外　　關　　山

-i　fisa　ergi　de　guribufi,　(後略)
ノ　<ruby>背邊<rt>ウラテ</rt></ruby>　ニ　遷シ。

[cahar jakūn gūsa 察哈爾八旗：巻 3 35a 彭城昌宣翻譯・鄭永寧校合]

　(90a) は「ebsi」を「シテ」と訳出しており、上原 (1971) が「こちらへ」と訳出すべきと指摘していた例である。対応する (90b) を見ると、「ebsi」は「這裡 (コナタ) へ」と訳出されており、奇しくも上原の指摘通りに訳されている。これ以外にもその直後に来ている「jihe manggi」を「来シケレバ」と訳しているのは、上記の (72) で指摘した点を工夫していると言え、総合的に見て、『翻訳清文鑑』の日本語訳のほうがこなれているように感じられる。(90) の１例に関する限り、潁川雅範より彭城昌宣に分がありそうである。

　無論、この１例ずつだけで二人の満洲語能力の違い云々を結論づけられるものではないが、このことは『翻訳満語纂編』と『翻訳清文鑑』ともに収録されている『清文鑑』巻１から巻４に典拠を求められる語句を比較すれば、同様に唐通事たちの満洲語能力の差を多角的に明らかにできることを示唆している。

4.2.　重複する語句の語釈比較

　唐通事間の満洲語能力の差に関して、第１章で言及したように、『翻訳満語纂編』には収録語句に重複がある。重複語句は以下の (91) に挙げる 10 例であるが、最後にこれら語釈の日本語訳を比較しておく。

第５章　満洲語語釈の日本語訳　　*183*

(91) 『翻訳満語纂編』において重複する語句

(a) biya gehun 月朗［巻2上26a 彭城昌宣、巻4上24b 彭城種美］

(b) fakū 魚梁［巻2下40b 石﨑親之、巻3下46b 彭城種美］

(c) hoton 城［巻1上23a 神代定光、巻4上19b 高尾延之］

(d) huwejen 攔魚簿子［巻2下38a 石﨑親之、巻3下45b 彭城種美］

(e) kakū 閘［巻1上19b 高尾延之、巻3上25a 石﨑親之］

(f) lala juhe efen 糭子［巻1下5b 穎川春重、巻4下11a 官梅盛芳］

(g) mejin cecike 信鳥［巻4下14b 彭城昌宣、巻5下10a 彭城永祥］

(h) namun 庫［巻1上16a 高尾延之、巻3上17b 神代定光］

(i) picir seme 物砕雑［巻2上31a 穎川重春、巻3上44b 穎川重春］

(j) yuyumbi 饑餒［巻2下29a 衆学生、巻3下30b 游龍俊之］

　上記の語釈の日本語訳に違いがあれば、4.1. で見たのと同様に、唐通事らの満洲語能力の差を明らかにする材料となりうる。だが、結論から言えば、(91)の10例は、唐通事間で訳出のしかたにバリエーションがあったことを示しているに過ぎず、積極的に誤訳と認める例は見られない。

　まず、(92)は(91i)における語釈とその日本語訳である。ともに穎川重春による訳出であり、日本語訳は全く同じである。

(92) picir seme 物砕雑

　　yaya umesi buya jaka -i labdu -i arbun.

　　凡 至テ 小キ 物ノ 多キ 貌。

　次に、(93)〜(98)は日本語訳の意味がほぼ同じと認められる用例である。以下、(93)は(91a)、(94)は(91j)、(95)は(91f)、(96)は(91h)、(97)は(91b)、(98)は(91e)における語釈とその日本語訳である。

(93) biya gehun 月朗

biyai šurdeme umai tugi akū uce fa de eldenjihe be, biya gehun sembi.

月 ノ 圍ニ サツハリ　雲ナク。門・窓ニ 照コミタルヲ。月朗ト云フ。

（彭城昌宣）

月ノ メクリニ サツパリ 雲ナク。門 窓ニ 照リ込ミシヲ。月朗ト云。

（彭城種美）

(94) yuyumbi 饑餒

jeterengge lakcafi mohoho be yuyumbi sembi

食　絶　饑透ヲ。饑餒ト 云フ。　　　　　　　　　　　　　　（衆学生）

食物 絶ヘテ 困窮シタルヲ。飢餒ト 云フ。　　　　　　　　　（游龍俊之）

(95) lala juhe efen 糭子

yeye handu -i jergi bele be surafi ulhū -i abdaha de hošotolome uhufi
teliyefi jeterengge be, lala juhe efen sembi.

糯米等ノ 米ヲ 淘。蘆葦ノ 葉ニ 斜ニシテ 包。蒸シ 食スル者ヲ。糭子ト 云。

（潁川春重）

江米等ノ 米ヲ 淘。葦ノ 葉ニテ 斜包ニ 裏。蒸テ 食フモノヲ。糭子ト 云フ。

（官梅盛芳）

(96) namun 庫

ulin nadan sindara asarara boo be, namun sembi.

貨財ヲ イレ カコウ 屋ヲ。庫 ト云。（高尾延之）

貨財ヲ 放 貯 家ヲ。庫ト 云フ。（神代定光）

　(93) 〜 (96) の日本語訳は漢字表記やルビなどに違いがあるだけで意味は
ほぼ同じと見てよかろう。(93) において「eldenjihe」の「-he」を彭城昌宣
は「タル」と訳し、彭城種美は「シ」と訳しているが、このような違いは訳編
者の趣向によるものと考えられる。(94) における満洲語「mohoho」は、『清
文鑑』の漢語訳が「窮乏」なので、これを衆学生が「饑透」と訳しているの
は、出自不明だが、ルビを見る限り、意味はほぼ「窮乏」と同じに見える。な
お、(94) において衆学生は満洲語の「mohoho」を「lohoho」と誤表記してお

り、游龍俊之は漢語訳の「饑」を「飢」と簡略表記している。(96)は「asarara」に着目したい。高尾延之はこれを「カコウ」、神代定光は「貯(オク)」と訳しているが、「asarambi」は「貯蔵する」の意だから、神代定光のほうが現代語的な視点から見るとやや分かりやすいように筆者には思える。なお、『清文鑑』の「asarambi」の漢語訳は「收貯」である。

(97) fakū 魚梁

bira birgan be wehe feise -i kame dalifi dulimba be angga sulabufi nimaha butarangge be, fakū sembi.

河 溝ヲ 石磚ニテ 圍遮(カハラ)(セキトメ) 中間(ナカホド)ヲ 口 空 魚 打牲者(デクチ)(アケ)(トル)ヲ 魚梁ト 云。

(石崎親之)

河 小河(カワラ)ヲ 石ヤ 磚ニテ 攔堰(セキトメ)。 中ホドヲ 口 空(デグチ)(アケ)。 魚ヲ 打者(トルトコロ)ヲ。 魚梁 ト云。

(彭城種美)

　(97)も日本語訳の意味に大差はないが、敢えて「birgan」に着目したい。石崎親之はこれを「溝」と訳し、彭城種美は「小河」と訳しているが、『清文鑑』における「birgan」の漢語訳は「小河溝」である。「小河溝」のままだと日本語として不自然だと考え、石崎親之は後半部分の「溝」を、彭城種美は前半部分の「小河」を採用したのだろう。なお、彭城種美はこれに加え「ヤ」や「ヲ」といった助詞を入れることで意味を分かりやすくしようとした痕跡が見られる。

(98) kakū 閘

birai juwe ergi be wehe, feise sahafi dulimba be untehen -i yaksime muke dalirengge be, kakū sembi.

河ノ 両方ヲ 石。 カハラヲ ツミ 中ヲ 板ニテ 閉(フサギ) 水ヲ セクモノヲ。 閘ト云。

(高尾延之)

河ノ 両邊(ハウ)ヲ。 石 磚ニテ 砌(カワラ)(ツキ)。 中ヲ 板ニテ 閉。 水ヲ 遮蔽(セキトメ)タルモノヲ。 閘ト云。

(石崎親之)

　(98)は「feise sahafi」の箇所を高尾延之は「カハラヲ ツミ」、石崎親之は

「磚ニテ 砌」と訳しているところが助詞の使い方など厳密には異なるが意味に大差はない。なお、高尾延之は満洲語の「dulimba」を「tulimba」と誤表記している。

　次に、以下の(99)～(101)は、日本語訳についてやや説明を要する例である。しかしどれも誤訳というほどではない。以下、(99)は(91c)、(100)は(91d)、(101)は(91g)における語釈とその日本語訳である。

(99) hoton 城

wehe feise -i kūwarame sahafi, dolo niyalma irgen tehengge be, hoton sembi. boihon -i hoton, moo -i hoton inu bi.

石 磚ニテ 圍ミ キツキ。内ニ 人民ノ 住居セルヲ。城ト 云。土城。木城モアリ。

（神代定光）

石シ 磚 モテ 叢テ 砌。内ニ 人民 坐タルトコロヲ。城ト 云フ。土城。木城モ 有リ。

（高尾延之）

　(99)の「feise -i kūwarame sahafi」を神代定光は「磚ニテ 圍ミ キツキ」、高尾延之は「磚 モテ 叢テ 砌」と訳しているのは、ほぼ同じ意味かと思われるが、「tehengge」を高尾延之が「坐タルトコロ」と訳しているのはやや意訳しすぎのように見受けられる。確かに「hoton」は城壁で囲まれているのだから実質的には「籠っている」のかもしれないが、ここでは神代定光が訳出するように「住んでいる」程度で充分かと思う。なお、『清文鑑』における「tembi」の漢語訳は「坐着」、「居住」などが充てられている。

(100) huwejen 攔魚簄子

birai hargi bade juwe ergi dalin ci eyen -i wasihūn ešeme hadahan hadafi burga hiyadafi eyen -i dulimbade angga arafi, daihan hida alirengge be, huwejen sembi.

河ノ 急流ノ 處ニ 両方ノ 岸ヨリ 流ニ 往下 斜ニ □ 上。柳 條ヲ 織補 流ノ 中ニ 口ヲ 作リ。網 簾ヲ 承ルモノヲ。攔魚簄子ト 云。　　　　（石﨑親之）

河ノ 緊 溜 所ニ。両方ノ 河岸ヨリ 流レノ 下ムケ。斜着 椿橛 椿。

柳條ヲ 織補。流レノ 中ホドニ 口ヲ 作。篊網 篊子ヲ 承者ヲ。攔魚簾子ト 云。

（彭城種美）

　(100)は全体的に見て違いが多いが、大部分は漢字表記やルビの違いであり、意味に大差はない。その中でも「eyen -i wasihūn」の箇所に着目したい。石﨑親之はこれを「流ニ 往下」、彭城種美は「流レノ 下ムケ」と訳している。「hadahan」は「網代木」のことだから、「両岸から下流向けて斜に杭を打つ」程度の意味である。逐語訳に徹した彭城種美より意訳した石﨑親之のほうが意味を理解しやすいように筆者には思える。なお、石﨑親之は語釈中に2箇所出てくる満洲語の「eyen」をともに「ecen」と誤表記している。

(101) mejin cecike 信鳥

saksaha ci ajige, meifen huru yacin, uncehen golmin bime juwe gargan, guwendeme duleci foyodoro de urgun bimbi.

喜鵲ヨリ 小ク。脖 脊 青ク。尾 長フシテ 両枝アリ。鳴キ 過去ハ 占卜□ 吉有リ。

（彭城昌宣）

喜鵲ヨリ 小シ。脖 脊 青ク。尾 長フシ フタ マタアリ。鳴テ トオレハ ウラナイ シテ 吉□ 有リ。

（彭城永祥）

　(101)は「ajige」に着目したい。彭城昌宣はこれを「小ク」と連用形で、彭城永祥は「小シ」と終止形で訳している。この鳥の特徴は「saksaha ci ajige」、「meifen huru yacin」、「uncehen golmin bime juwe gargan」の三つが挙げられているので、彭城昌宣はこれらを並列的に訳したのだろう。彭城永祥も誤訳と言うほどではない。

5.　まとめ

　以上、第5章では、まず『翻訳満語纂編』巻1を対象に、満洲語語釈に対して唐通事たちがどのようにして日本語訳をふしていったのかを見てきた。訳編

者によって個人差はあるが、その原則は以下のようにまとめることができる。

(102) [＝(65)] 日本語訳の原則

(a) 逐語訳を原則とする。

(b) まずは『清文鑑』の漢語訳をそのまま利用する。ただしその漢語のままでは日本語として解しにくい場合、ルビを振る。

(c) その意を十分に解している者は漢語訳をそのまま用いず日本語で翻訳する。その際、方言を使っている者もある。

(d) できるかぎり日本語として自然な文になるように意訳することもある。

　本章では次に同じく『翻訳満語纂編』巻1を主な対象に、満洲語語釈にふされた日本語の誤訳について考察してきた。誤訳の性格を見ることで、唐通事たちの満洲語能力の一端を窺い知ることができた。但し、意訳か誤訳かの判断は非常に難しく、明白な誤訳と認められる例はそれほど挙げられなかった。だが、裏返せば、これは唐通事らが短い学習期間なりに満洲語を学び、それなりに身につけていたことを示しているだろう。一方で、誤訳の例として比較的多かったのは、文の構造を正しく把握できていない場合であった。これは唐通事が満洲語を学習する際に、あるいは辞書を編纂する際に、与えられた道具が『清文鑑』のみであったことに起因すると考えられる。すなわち、唐通事が用いた『清文鑑』は辞書であるから、みな語句の意味にはある程度精通していたが、文法に疎い者があり、特に複文の構造の理解を苦手としていた者が多かったことを示唆する。

　いずれにせよ、誤訳の有無には個人差がある。この個人差の全容解明は今後の課題とするが、『翻訳満語纂編』巻1に関してのみ言えば、表5-1に挙げた14名のうち、誤訳が1例も確認されなかったのは、鄭永寧と蘆塚恒徳である。この二人に誤訳が見られなかったのは、単にこの二人の担当語句数がそれぞれ20、22と、他の者と比べて少なかったという確率論的な理由かもしれない。だが、少なくとも鄭永寧は『翻訳清文鑑』の編纂にも関与した一人であり、第1章でも言及したように、鄭幹輔のつながりから集められた者たちの代表格と考えられる。よって満洲語をよくできた可能性が高い。また今回、誤訳が他の

者より比較的少なかった高尾延之や鉅鹿篤義は、二人とも『翻訳満語纂編』巻1〜巻5までの5年間、辞書編纂作業に最初から最後まで関与した人物である。やはりほかの唐通事らと比べて満洲語がよくできたのかもしれない。

　一方で、満洲語の語釈に対する日本語訳に関する考察は、章頭にも述べた通り、多くの課題が残されている。本書では『翻訳満語纂編』巻1のみを対象に考察したわけであるが、今後は『翻訳満語纂編』巻2〜巻5も同様に考察することで、あるいは同一訳編者における満洲語能力の成長の有無などを明らかにできるだろうし、4.1.で見たように、『翻訳清文鑑』との同一収録語句を比較することによって、訳編者間に見られる満洲語能力の差も明らかにできるだろう。

　最後に、上原（1971）は上述の(11a)のような例を根拠に、唐通事らが『清文彙書』を参照していた可能性について言及している。この点に関して、本書では別の角度からその可能性がありうることを指摘しておく。例えば、以下の(103)に現れる「fehure tangkan」という語句であるが、その意を唐通事は理解していたように見受けられる。

(103) taktu　deyen　-i　jergi　den　boo　arara　sahara　de　šartan　moo
　　　楼　　殿　　　等ノ　高キ　家ヲ　造リ　　砌^{キツク}　ニ　　□　　木

　　　-i　hūwaitaha　<u>fehure tangkan</u>　be,　tehe　wan　sembi.
　　　ニテ　拴^{トリツケタル}　　<u>踠</u>^{フミ}　ダン　ヲ。　脚　手ト　云。

[tehe wan 脚手：上46b 彭城種美]

　下線部のうち、「fehumbi」は『清文鑑』に求められる語であるのに対して、「tangkan」は『清文鑑』に求めることができない。にも拘わらずなぜ彭城種美はこの語の意味を理解できたのか。やはり周囲に満洲語のできる清人なりがいた可能性を示唆するが、或いはこの「tangkan」は『清文彙書』に収録されているので、唐通事らが『清文彙書』を参照した可能性も皆無とは言えまい。

　また、『翻訳満語纂編』巻1においては、以下の1例のみであるが、『清文鑑』の語釈と異なる語釈をつけた語句がある。

(104) cikten niowanggiyan (a)b(d)aha amba bim(e) muheliyeken
　　　茎 クキ 　　緑色 ミトリ 　　　　　葉 　　大ク　　シテ　　　　暑圓 ホ丶ロシ 。

notho be alifi futa, (a)ra(m)bi.
皮 ヲ 剥 ギ 縄 □□ 　　　　[kima 虋麻：下 32b 鉅鹿篤義]

『清文鑑』における「kima 虋麻」の語釈は「hiyalahūwa ci ileme gaiha notho be kima sembi. hūnta ci majige hūsun akū」となっており[注33]、(104) とは全く異なる。版本によって『清文鑑』の内容が異なっていたのか、今後確認が必要であるのに加え、この事実も唐通事たちが『清文鑑』以外の書物を参照した可能性を示唆するものである。

第5章の注

1　sic.fulgiyeku。

2　赤峯（1989, 1990, 1991）は『翻訳満語纂編』における語釈の日本語訳部分のみを抜き出してテキスト化したものであるが、内容に対する具体的な考察は行なっていない。

3　(3)と(5)は、旧字体の漢字を一部新字体に改め、適宜分かち書きを加えている。

4　文末の「-ha/-he/-ho」と「-habi/-hebi/-hobi」の区別は特段見られない。同様に、(7)と(9)の例からも分かるように、「-me」と「-fi」の区別はしておらず、さらに「-hai/-hei/-hoi」とも区別していない。このように日本語で区別しにくい文法形式について特段日本語訳でそれらを区別しようとした痕跡はない。

5　(11)に挙げたように「-ci ombi」を可能表現や義務表現のように訳出する者がある一方で、「〜テヨシ」のように訳出する者もあり、個人差が見られる。「sohon moo 黄楊木」（上37a: 游龍俊之）、「tahūra 蛤蜊」（上44a 彭城種美）などの項目なども参照のこと。

6　「horonggo cecike 金吾」（上23b 神代定光）

7　「hiyoošungga jui 孝子」（下34a 蘆塚恒徳）

8　「temege coko 駝鶏」（上46a 彭城種美）

9　「derakū 没體面」（上48a 彭城種美）

10　「guribume fungnembi 貤封」（下36a 蘆塚恒徳）

11　「jolo 醜鬼」（下22b 彭城雅美）

12　「yasatabumbi 熬鷹」（下24a 彭城雅美）

13　「hejihe 山肋險處」（下30b 鉅鹿篤義）

14　下26a及び下32a。共に鉅鹿篤義による。

15　波線部は誤訳ではないが、語釈の満洲語と訳文の日本語の位置対応がずれている。

16　「ebubure camhari 下馬牌」（上11a）

17　「biya aliha fiyenten 當月司」（上27b）

第5章　満洲語語釈の日本語訳　　*191*

18 「sejen 車」（上 34a）
19 「suje 緞」（上 38b）
20 これは音韻階層の問題であり、誤訳には当たらない。いわゆる対語の音韻階層について
　　は、早田（1977）を参照のこと。
21 「edungge šungkeri ilha 風蘭」（上 11a）
22 「dasu maktambi 用整樹撞箭」（上 44b）
23 「fafaha 紅櫻」（下 36b）
24 駒澤大学図書館濯足文庫所蔵の写本における当該箇所は「ソノ網」となっている。
25 「tojin 孔雀」（上 49a）ほか。
26 「kiyakū 昂刺」（下 32a）ほか。ただ、鉅鹿篤義は「gefehe 蝴蝶」（下 28b）の語釈では
　　正しく翻訳できている。
27 「fulan 青馬」（下 40a）ほか。
28 「molo 楓樹」（下 13a）
29 「jelu 白肚鱒魚」（下 20a）
30 「midari ujui［sic.madari uju］獸面」（下 12a）
31 「yekengge haha 大丈夫」（下 24b）
32 巻 2. 時令部 . 時令類 9-23
33 巻 23. 布帛部 . 絨棉類 -14

第6章

駒澤大学図書館濯足文庫本について

本章では長崎歴史文化博物館所蔵本（以下、歴博本）以外に存在するもう一つの写本である駒澤大学図書館濯足文庫所蔵本（以下、濯足本）の『翻訳満語纂編』と『翻訳清文鑑』について考察する。

駒澤大学の濯足文庫は故金沢庄三郎博士の蔵書を集めた文庫であるが、金沢博士はいかにして『翻訳満語纂編』と『翻訳清文鑑』を手に入れるに至ったのだろうか。この点については、内藤（1993: 75-76）に記述が見られる。

> （前略）…それから後引続いてやる人が無かつたのですが、偶然是とは関係なしに、嘉永年間になつて、外国との交通が盛んになつて来た為か、長崎の通事などが、満洲語の研究をしたいといふ考を起した。幸ひに其の頃長崎へ来て居る人で、満洲人の端くれがあつたので、それに就いて研究をしたのであります。それで其の事を始め出したのは、今日でも北京の公使館に居る彼の有名な鄭永邦といふ人の伯父さんの鄭某といふ人で、其の人等が頭になつて、十七八人の支那通事が満洲語の研究を始めました。其の時に又字引を拵へようといふので、支那の清文鑑を飜訳しようといふ考を起して、着手したのでありますが、矢張り完成しなかつたのであります。<u>其の本が前年売物に出て、今日では東京大学の或る教授の手に入つて居ります。</u>私は先年其の本を見ましたが、どういふ事情から研究したかといふことが分らなかつた。所が先年北京へ行つた帰りに長崎へ寄りまして、或る寺へ参つた所が、鄭といふ人の碑がある。其の碑を見ると、満洲語を研究したことが書いてあるので、後に長崎県の属官に頼んで、この碑文を写して貰つたのが、別室に出してあります。
>
> （下線は筆者による）

内藤（1993）は過去に行われた同氏の講演録であるが、内藤湖南博士が上記の講演を行なったのは 1915 年 8 月であり、時期的に見て（石川 2014）、下線部の「東京大学の或る教授」は金沢庄三郎氏を指していると考えられる。つまり、金沢博士は 1914 年に売りに出された『翻訳満語纂編』と『翻訳清文鑑』を古本屋のような場所で購入したことになるが、購入場所は不明である。そもそも誰が売りに出したのか、すなわち金沢博士の前の所有者は誰だったのか、といった点も気になるが、残念ながら知るすべはない。

1. 歴博本との書誌比較

まず、歴博本と濯足本との書誌的な違いから述べる。歴博本と濯足本の書誌学的な違いは3点ある。1点目は巻（冊）数である。

表6-1　巻と冊数

	歴博本	濯足本
翻訳清文鑑	4巻5冊 （巻2のみ上下2分冊）	2巻3冊 （巻2は上下2分冊）
翻訳満語纂編	5巻10冊	3巻6冊

　第1章で述べたように、唐通事の満洲語学習は嘉永3（1850）年9月に始まり、翌嘉永4（1851）年以後、毎年『翻訳清文鑑』は1冊、『翻訳満語纂編』は1巻2冊を編纂、町年寄に進呈したことが分かっているので、濯足本は初年度から3年間分のみ現存していることになる。本来、濯足本にも4・5年目分（『翻訳満語纂編』巻4・5と『翻訳清文鑑』巻3・4）があり、金沢氏が何らかの事情でそれを手にできなかった可能性もあるが、恐らく濯足本の4・5年目分はもともとなかったのだろうと筆者は考える。第1章で述べたように、4・5年目分の編纂は同時期に進んでいた可能性があり、とりわけ5年目の編纂作業は急がれた痕跡があるからである。以下の2節で後述するように、濯足本が稿本（草稿）なのだとしたら、4・5年目は一度草稿を作る時間的余裕がなかった可能性があり、つじつまも合う。

　違いの2点目は、『翻訳清文鑑』の表紙に記載された表題である。

第6章　駒澤大学図書館濯足文庫本について　　195

表6-2　表題

巻	翻訳清文鑑	
	歴博本	濯足本
1	清文鑑和解 巻一　天部 全	飜譯清文鑑 辛亥 一
2 上	飜譯清文鑑 二之上	飜譯清文鑑 壬子 二之上
2 下	飜譯清文鑑巻二 下	飜譯清文鑑 癸丑 二之下

巻	翻訳満語編纂	
	歴博本	濯足本
1 上	翻譯滿語纂編 一之上巻	飜譯滿語纂編 辛亥 初輯 上
1 下	翻譯滿語纂編 一之下巻	飜譯滿語纂編 辛亥 初輯 下
2 上	飜譯滿語纂編 二輯上	飜譯滿語纂編 壬子 二輯 上
2 下	飜譯滿語纂編 二輯下	飜譯滿語纂編 壬子 二輯 下
3 上	飜譯滿語纂編 上	飜譯滿語纂編 癸丑 三輯 上
3 下	飜譯滿語纂編 下	飜譯滿語纂編 癸丑 三輯 下

　表6-2から分かるように、濯足本と歴博本のあいだには、表題に違いがある。
『翻訳満語纂編』の「翻」の字が旧字体かどうかは些末な点だが、第一に、濯
足本は『清文鑑和解』という名称を用いていない。全て『翻訳清文鑑』に統一
されている。第二に、濯足本には歴博本にない成立年の記載がある。すなわち、
巻1にある「辛亥」は嘉永4 (1851) 年、『翻訳清文鑑』巻2上並びに『翻訳満
語纂編』巻2にある「壬子」は嘉永5 (1852) 年、『翻訳清文鑑』巻2下並びに『翻
訳満語纂編』巻3にある「癸丑」は嘉永6(1853)年を指していると考えられる。『翻
訳清文鑑』の成立年については第1章で考察したところであるが、この記述は
上記の考察結果とも一致する。最後に、濯足本『翻訳満語纂編』巻3下は「四
輯」と書いた「四」を上から黒塗りで消して「三」に修正している点も付記し
ておく。このような誤植の修正は以下に述べるように濯足本の特徴でもある。
　違いの3点目は辞書の大きさである。

表6-3　大きさ

巻	翻訳満語編纂	
	歴博本	濯足本
1上	31.0 × 22.0	26.8 × 19.7
1下	31.0 × 22.0	27.0 × 19.8
2上	31.0 × 22.0	26.8 × 19.6
2下	31.0 × 22.0	27.0 × 19.5
3上	30.5 × 21.5	27.0 × 19.7
3下	30.5 × 21.5	27.0 × 19.7

巻	翻訳清文鑑	
	歴博本	濯足本
1	31.0 × 21.5	27.0 × 19.8
2上	31.0 × 21.5	26.9 × 19.5
2下	31.0 × 21.5	27.0 × 19.6

　表6-3から分かるように概ね歴博本は美濃判紙の大判、濯足本は美濃判紙の小判だと考えてよい。つまり、歴博本より濯足本のほうが全体的にやや小ぶりと言える。

2.　濯足本は稿本（草稿）である

　次に濯足本の存在が一体何を意味しているのかについて考察する。結論から先に言うと、濯足本は稿本（草稿）で、歴博本は上呈本（清書）だと考えられる。2節では以下、筆者が濯足本を草稿だと考える主な根拠を5点挙げる。

2.1.　序文の記述

　1点目は『翻訳満語纂編』巻2の序文にある。草稿の存在自体をうかがわせる記述が序文に見られる。

（前略）…及今謄清而檢閲所譯訓詁﨑邑俚言尚多皆因學生自幼熟讀土語逐浪隨波因循不悛職此之由今欲遵照國譯刪正恐難急切變更故除謿陋已甚者外姑且存留焉…（後略）

〈意訳：…今、清書して検閲するに及んでは、翻訳したところの日本語は長崎方言がまだまだ多い。満洲語を学んでいる者たちはみな幼いころから方言に慣れ親しんでいるからそれに従い、改められない。こういったわけなので、

今、日本語訳を修正したいと思うけれども、性急に改めるのを恐れる。なので、既に間違いが甚だしいもの以外はそのままにしてある…〉

　上の「謄清」とは清書のことを表していると考えられるので、ここから唐通事たちは一度草稿を作っていたことが分かる。

2.2.　訳編者名と筆跡

　2点目は筆跡である。まず、歴博本と濯足本の筆跡を比較すると、全体的に歴博本のほうが丁寧に書かれている印象を受ける。次に、歴博本、濯足本ともに、訳編者ごとに担当している箇所の筆跡は異なる。これは訳編者本人が書いているためと考えてよいと思われる。このうち、恐らくは最も書き癖がついているだろうと考えられる姓名を比較したものが、以下の写真6-1である。

歴博本			濯足本		
巻1上	巻2下	巻3上	巻1上	巻2下	巻3上

写真6-1　石﨑親之の筆跡比較

　写真6-1は石﨑親之の姓名の筆跡である。筆跡が似ているのに加え、「石」

198

の中に点を打っている点や、「﨑」のやまへんの3画目を左下に大きく跳ねている点などは、書き癖のように見える。同一人物の書いた可能性が高いと考えられる。写真の掲載は制約上、一部に留めるが、このように姓名をはじめとする筆跡は、各訳編者とも歴博本と濯足本のあいだで極めて類似している[注1]。

3点目は訳編者の姓の表記である。満洲語辞書の訳編者は鄭永寧を除き、みな日本姓を名乗っているが、唐通事たちはそれぞれに中国姓も持っている。例えば、世話掛の「平野繁十郎」が序文で「馮璞」と名乗っているように「平野」は「馮」、同様に「穎川」は「陳」、「神代」は「熊」といった具合である。こうした点から見たとき、濯足本の『翻訳満語纂編』巻1下（p.26[注2]）における鉅鹿篤義の担当箇所の姓名が「魏篤義」と書かれているのは注目に値する。「魏」は「鉅鹿」の中国姓であり、歴博本は全巻に亘って「鉅鹿」が使われている。仮に濯足本が第三者の手によって歴博本から写されたものなのだとしたら、このようなことは起こりにくい。つまり、濯足本は唐通事本人たちの手で書かれた可能性が高いと言える[注3]。

2.3. 欠如箇所

4点目は欠如箇所の存在である。欠如には2種類がある。一つ目は担当字頭や訳編者名の欠如である。濯足本の『翻訳満語纂編』には担当字頭や訳編者名の欠如が4箇所ある。

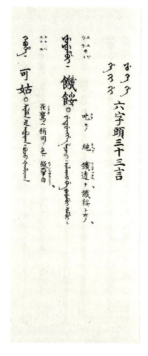

写真 6-2 『翻訳満語纂編』巻 2 下 p.31
（駒澤大学図書館蔵 以下同）

　写真 6-2 には訳編者名が書かれていない。この箇所は衆学生の担当であるが、もう 1 箇所ある衆学生の担当箇所も訳編者名が欠如している。また『翻訳満語纂編』巻 1 上の神代定光と彭城種美の担当箇所（それぞれ p.21 と p.45）にも同様の欠如が見られ、こちらは写真 6-2 のような担当字頭すらも書かれていない。
　二つ目は、非常に些細なことではあるが、赤丸の欠如である。通常、見出し満洲語語句とその漢語訳のあとには写真 6-2 に見えるような丸（実際は赤丸）が書かれ、その下に語釈が続いている。しかし例えば、『翻訳満語纂編』巻 1 上における神代定光担当箇所を見ると、漢語訳と語釈のあいだにふされるはずのこの赤丸が欠如している。これは濯足本の数箇所に見られるが、歴博本の同一箇所にはきちんと赤丸が入っている。

2.4.　追加・修正箇所

　5点目は追加、修正箇所の存在である。まず追加箇所について、濯足本の『翻訳満語纂編』巻3下（p.21）には、語釈の注記を別紙で追加した箇所がある。別紙が貼りつけられているのは、「lodan　鹿牛背式骨」の語釈の下であるが、以下の（1a）が濯足本、（1b）が歴博本の該当箇所の転写である。

(1)　(a)　濯足本

　　bohū　ihan　-i　gacuha　be,　lodan　sembi.
　　鹿　　牛　　ノ　背式骨　ヲ　鹿牛背式骨　ト云

> 背式骨ハ諸獣後腿ノ<ruby>鬆<rt>アトモ、ヤハラカナル</rt></ruby>小骨ニテ
> 作リタル<ruby>戯<rt>タハムル</rt></ruby>ノ具ナリ

　　(b)　歴博本

　　bohū　ihan　-i　gacuha　be,　lodan　sembi.
　　鹿　　牛　　ノ　背式骨　ヲ　鹿牛背式骨　ト云
　　　　　　　　　　　戯具ノ名

　（1a）を見ると分かるように、この別紙は語釈中に出てくる「gacuha」の意味を補足説明している。(1b)の歴博本ではこの注記を反映させ、「gacuha」を『清文鑑』の漢語訳どおりに「背式骨」と訳したその右に簡略に「戯具ノ名」と書かれている。このような別紙が追加されている箇所は、濯足本もこの1箇所だけであるが、歴博本にこのような追加は見られない。

　次に、修正箇所について、修正のしかたには2種類がある。一つ目は誤植と思われる箇所を赤字で修正した場合である。

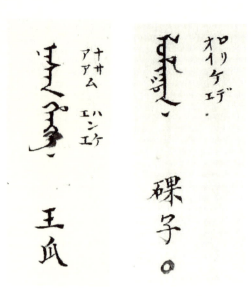

写真 6-3 『翻訳満語纂編』巻1上 p.17（左）、同巻1下 p.9（右）

　写真 6-3 は濯足本が草稿であったことを示す最も強い根拠である。この場合、「nasan hengke」の「hengke」が「henke」に、同様に「lomikte」が「lolikte」になっていたのを修正している。興味深いのは「lomikte」のかな表記も「ロオリイケデエ」となっている点、すなわち満洲語の誤り「li」のままにかな表記も誤っている点である。だが、ここではかな表記の誤植までは修正していない。満洲語のみを指摘することで同時にそれに伴う誤植も直すことになっていたのか、写真 6-3 に挙げた誤植は、「lomikte」のかな表記も含めて、歴博本では全て正しく表記されている。いずれにせよ、赤字で修正されている誤りの種類自体は、第3章や第4章でも言及したような、初学者にありがちなものである。なお、赤字による修正は『翻訳満語纂編』にのみ見られ、『翻訳清文鑑』には見られない。また、『翻訳満語纂編』も赤字による修正は巻1に集中しており、巻2には1例があるのみで、巻3には1例も見られない。以下にその一覧を示す。

表6-4 赤で修正及び圏点等追加

巻	頁	見出し語句	担当者	修正箇所	修正内容
1上	17	nasan hengke	高尾延之	見出し満洲語	henke ⇒ hengke
	18	nicuhe	高尾延之	見出し満洲語	nicohe ⇒ nicuhe
	22	garunggū	神代定光	見出し満洲語	gorunggū ⇒ garunggū
	22	gaman	神代定光	見出し満洲語	kaman ⇒ gaman
1下	9	lomikte	潁川春重	見出し満洲語	lolikte ⇒ lomikte（語釈満洲語は lolikte のまま）
	9	lujuri	潁川道香	見出し満洲語	lujori ⇒ lujuri
	11	meyen -i afaha	潁川道香	見出し満洲語	meyan ⇒ meyen
	17	cecike fulgiyeku	潁川雅範	見出し満洲語	fungiyeku ⇒ fulgiyeku
	17	cecike fulgiyeku	潁川雅範	かな表記	フウムカイヱエケウ ⇒ フウルカイヱエケウ
	24	juru songgiha fitheku beri	彭城雅美	見出し満洲語	songgiha ⇒ sunggiha（訂正前の songgiha が正しい）
	25	yeye šušu	彭城雅美	見出し満洲語	yeje šošo ⇒ yeye šušu
	25	yehere	彭城雅美	見出し満洲語	yekere ⇒ yehere
	36	gulu fulgiyan	蘆塚恒徳	かな表記	カウルウウ ⇒ カウルウ
	38	fisembuhe jugūn	彭城昌宣	見出し満洲語	jukūn ⇒ jugūn
2下	45	fiyan	游龍俊之	見出し満洲語	fiyen ⇒ fiyan

　また、『翻訳満語纂編』にわずか3例であるが、見出し語句の上に赤点をふしてある場合がある。これらはその語句に何らかの誤りがあることを表しているものと考えられる。

写真6-4 『翻訳満語纂編』巻1下 p.8

　写真6-4は頴川春重が担当した「liyeliyere」の箇所である。第4章（p.136）でも言及したように、「liyeliyere」は『清文鑑』に掲載されておらず、『翻訳満語纂編』に見られる特殊な語句である。「liyeliyembi」は『清文鑑』に載っている。写真6-4からも分かるように、濯足本は「re」の部分に赤の修正が入っている。つまり、「liyeliyere」が『清文鑑』に載っている形と違っていることを校合者は分かっていた可能性が高い。特にこれを修正すべきだという意味で、語句の上に赤点をつけたのではないだろうか。だが、にも拘わらず、歴博本は「liyeliyere」のまま、校合者の指摘が反映されることなく掲載されている。写真6-4は誤植を指摘しているだけで、写真6-3のように正しい形が書き込まれていなかったためかもしれないが、確かな理由は分からない。表6-4に列挙した例を含め、赤による修正は、歴博本で正しく修正されている場合もあるが、修正されずにそのままになっている場合もある。なお、見出し語句の上に赤点がふされているのは、「liyeliyere」のほか、同じ頴川春重によって訳出された「tubilembi」（巻1下 p.4）、頴川道香によって訳出された「midari ujui」（巻1下 p.12）の2箇所があり、共に巻1に見られる。『翻訳満語纂編』巻2、巻3及び『翻訳清文鑑』に該当例はない。

　ときに、このような赤による修正は、一体誰の手によってなされたのだろうか。三つの可能性が考えられる。一つは世話掛の手による修正、一つは訳編者同士の手による相互修正（実際、『翻訳清文鑑』は訳編者同士で修正〈校合〉まで行っ

ている)、もう一つは濯足本の所有者だった金沢庄三郎氏の手による修正である。筆者はこの三つの可能性のうち、一つ目の世話掛（中でも恐らく中心的役割を果たしていたと思われる鄭幹輔）の手によるものだったのではないかと考えている。その根拠は、上述のような赤による修正が『翻訳満語纂編』にのみ見られる点、と同時に、『翻訳満語纂編』の序文の後にだけ世話掛の名が記載されている点である。つまり、赤による修正が世話掛の氏名の記載と関係があるのではないか、と考えるのである。仮にそうだとしたら、唐通事らが本格的に力を入れて取り組んでいたのは、『清文鑑』そのものにかな表記と日本語訳を加えただけの『翻訳清文鑑』より、さらにその収録語句を十二字頭順に並べ替え、現代的に見てもより使い勝手のよいように編纂しなおした『翻訳満語纂編』のほうだった、と言えるのかもしれない。だが、いずれにせよ、赤による修正が実際に誰の手によるものだったのか、確証はない。

　さて、もう一つの修正のしかたは、誤植と思われる箇所を一度水か何かで擦りつぶすやり方である。

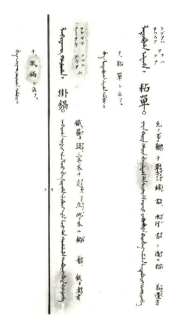

写真 6-5　『翻訳満語纂編』巻 2 下 p.9

写真 6-5 を見ると分かるように、誤ったと考えられる箇所を水か何かで擦りつぶして消した痕跡がある。これらも校合者によって修正された可能性があるが、恐らくは訳編者が校合者にこの草稿を提出する前段階で誤りに気づき、事前に修正したものと考える。同じやり方による修正は、歴博本にも少なからず見られるためである。写真 6-5 はかなり目につきやすい修正跡であるが、よく見なければ気づかないほど小さなものもあり、修正箇所なのかどうか判断に迷うものも多いが、いずれにせよ、このやり方の修正跡は比較的多く見られる(『翻訳満語纂編』の該当箇所は【付録5】を参考)。ただしこの場合、ほとんどが修正前の内容を知ることができない。

2.5. その他

最後に、その他いくつかの特徴をまとめて指摘したい。まず、語釈中の満洲語に熟語(複合語)箇所を示したものと思われる赤線がある。

写真 6-6 『翻訳満語纂編』巻 1 上 p.29

写真 6-6 は「biya aliha fiyenten 當月司」の語釈部分だが、この語句が熟語であることを理解するための補助記号と思しき線(実際は赤線)がふされてい

206

る。歴博本のこの部分に赤線はない。

　このほかにも濯足本には、不注意によるものと思しき汚れがある箇所（『翻訳満語編纂』巻3下 p.39）や、表紙と裏表紙に裏紙を使ったと思しき箇所（『翻訳清文鑑』巻2下 p.2、p.49、『翻訳満語纂編』巻3上 p.2、p.56、同巻3下 p.2、p.59）などがあり、こうした点は濯足本が草稿だったとしたら全て説明がつく。

3.　濯足本の資料的価値

　2節では濯足本が草稿であった可能性が高いことを指摘したが、次にそのような濯足本の資料的価値について考察する。

3.1.　歴博本の補足

　濯足本の資料的価値は、第一に、歴博本を補足できる点にある。この文献に限らず、いくつかの版本や写本が存在する世の文献が概ねそうであるように、例えば、歴博本の虫食い箇所を、濯足本から推定できる。ただし、3.2. で後述するように、濯足本と歴博本の内容は全く同じではないので、この点は注意を要する。以下、一例として、内容が同一だと考えられる序文と凡例を挙げる。

(2)　(a)　『翻訳満語纂編』巻3序文
　　　嚮所繙譯清文内題名満語纂編者唯領八十七字母毎名譔出三十言或四五十言而編成今且率由舊章者焉又別有頂著十一字頭而呼用之章句殊為繁多始今習學之人除此而暨停譔入者祇恐各人任意採擇字句精粗擯斥其注釋簡約者不収□拾其詞意駢麗者充數反嫌…（後略）

　　(b)　『翻訳満語纂編』巻1凡例（第3項目）
　　　満語句毎ニ漢字ノ訳アリ　加之清文ノ註詞ヲ啓発シ　翻訳ヲ加ヘ其理ヲ暢ヘテ　事物詳カナレハ　本文ニ和解ヲ加ヘス　清文恰モ国字□□□□以テ同文異義スル事アレハ　詞ハ層見畳出□□□□同カラス　総而虚字ノ言葉遣ヒ漢字ノ奥義ニ至ラス　漢字モ亦和語ノ簡ナルニ及ハサル事アリ　此ニ

由テ漢字用サル事能ハスト雖トモ　専ラ漢字ニ依テ解セハ　義深シテ却テ
詞離ル事アラン歟　因テ訓詁ヲ異ニシテ 偏ニ理会ノ速ナルヲ要トス

　（2a）に1箇所ある四角（□）は歴博本では虫食いのため不明瞭であるが、
濯足本は明瞭であり、両者が同じ内容であるとすれば、四角に入る漢字は「撫」
であると分かる。同様に、（2b）の最初の4文字の四角は「ノ作用ニ」、二つ
目の4文字の四角は「シテ和解」であることが濯足本から分かる。
　また、序文に関して言えば、濯足本と歴博本のあいだに、1箇所だけ相違が
ある。

(3)　『翻訳満語纂編』巻2序文
　（前略）…雕鏤之以　本邦訓解較之清人學満字反覺便捷而**可謂**経與緯可
　併而得矣…（後略）

　(3)の「可謂」は濯足本にのみあり、歴博本にはない。この漢文は「可謂」があっ
たほうが文意を理解しやすいと思われるが、歴博本に清書する際、削除されて
いる。

3.2.　内容比較

　濯足本と歴博本がそれぞれ稿本と上呈本で、2節で言及したように、濯足本
には検閲、修正が加えられたのだとしたら、濯足本で行われた誤植の指摘が歴
博本で正しく修正されているだけで、その他の内容は同じだと予測する。しか
し、歴博本と濯足本を比較してみると、その予測に大きく反して、さまざまな
ところで内容に相違が見られる。

3.2.1.　収録語句の比較
　『翻訳清文鑑』はもともと「清文鑑」の巻1から巻4をそのまま翻訳したも
のだからか、歴博本と濯足本のあいだで収録語句に違いはない。反面、『翻訳
満語纂編』は「清文鑑」から一部の語句を選抜し、それを字頭順に並び替えた
ものだからか、濯足本と歴博本のあいだで収録語句に違いがある。濯足本には

なかったのに歴博本で新たに追加されたのは 6 語句、濯足本にはあったのに歴博本では削除されたのは 7 語句ある。以下の表 6-5 がその全語句である。

表 6-5 追加及び削除された語句（全例）

巻	追加（訳編者）	削除（訳編者）
1 上	namun 庫（高尾延之） kūsutulembi 用力（神代定光）	kūwaran -i boo 營房（神代定光）
1 下	dulimbai fulhun 黄鐘（潁川春重） lala juhe efen 糉子（潁川春重）	tulembi 下網套（潁川春重） tubilembi 罩魚（潁川春重）
2 上	biya gehun 月朗（彭城昌宣） picir seme 物碎雜（潁川春重）	kakū undehen 閘板（衆学生） karan kalja 骨頂（衆学生）
2 下	なし	giyancihiyan hoošan 箋紙（衆学生） gidakū 鎮尺（衆学生）

　巻 2 下に追加箇所はなく、巻 3 は上下共に追加、削除箇所がない。現段階において追加と削除の理由は明らかでない。以下の（4）は、削除された 7 語句の語釈であるが、特に日本語訳に著しい不備があるようにも見えない。ただ、巻 1 下の追加と削除は全て潁川春重によるものなので、あるいは本人に何か思うところがあったに違いない。

（4）　削除された語句

（a）　kūwaran -i boo 營房

kūwaran jafame araha coohai ursei tere boo be, kūwaran -i
陣營ヲ　　　トリテ タテタル　兵　卒ノ　居ル 屋 ヲ　　　營房

boo sembi.
　　ト云

（b）　tulembi 下網套

wešen fejilen -i jergi jaka be sindafi yaya jaka be
獸ワナ　鳥ワナ　　等ノ　物　ヲ。シカケ。凡　　物　ヲ

butara be, tulembi sembi.
取ル　　ヲ　下網套　ト云。

(c) tubilembi 罩魚

tubi jafafi nimaha be gidame gaire be, tubilembi sembi.
ウチカゴヲ持テ。　魚　ヲ　スクイ　取ル　ヲ。　罩魚　ト云。

(d) kakū undehen 閘板

kakū de muke be dalire hetu undehen be, kakū undehen
閘<ruby>ヒクチ</ruby> ニ 水 ヲ 掩 横<ruby>セク</ruby> 板 ヲ。　閘板
sembi.
ト云フ。

(e) karan kalja 骨頂

gaha de adalikan, beye sahaliyan, oforo engge šanyan,
烏鴉<ruby>カラス</ruby> ニ 稍同ク。 體ハ 黒ク。 鼻 嘴<ruby>ハシ</ruby>ハ 白ク。

yali kalja
肉頂<ruby>イタヾキノカブト</ruby>アリ

(f) giyancihiyan hoošan 箋紙

umesi nekeliyen nilgiyen hoošan be, giyancihiyan hoošan
至テ 薄ク 光潤<ruby>ツヤヨキ</ruby> 紙 ヲ。　箋紙
sembi.
ト云フ。

(g) gidakū 鎮尺

bithe arara de hoošan gidaršangge be gidakū sembi.
書キモノスル ニ 紙ヲ 壓者<ruby>ヲサエル</ruby> ヲ。 鎮尺 ト云フ。

　また、濯足本と歴博本のあいだで収録語句自体に相違はないが、語句の掲載順が入れ替わっている箇所が多々ある。一例として以下の表6-6は『翻訳満語纂編』巻2上における頴川春重（重春）の担当箇所に見られる収録順の違いである。

表6-6 頴川春重（重春）担当の該当箇所

濯足本	歴博本	想定される字頭順
1. bulehengge kiru	1. bulehengge kiru	2. buha uihe beri
2. buha uihe beri	2. buha uihe beri	3. buha gurgu
3. buha gurgu	9. bujaka	5. butuha cabin
4. bucin	10. buyecuke	1. bulehengge kiru
5. butuha cabin	11. buyeršembi	6. buleri
6. buleri	8. buju baja	7. bulukan šeri
7. bulukan šeri	6. buleri	4. bucin
8. buju baja	4. bucin	9. bujaka
9. bujaka	3. buha gurgu	8. buju baja
10. buyecuke	5. butuha cabin	10. buyecuke
11. buyeršembi	7. bulukan šeri	11. buyeršembi

　仮に濯足本の掲載順が「清文字頭国字対音」の字頭順に合っていなかったの
だとしたら、それが歴博本では正しくなっていることを予測する。だが、表
6-6から分かるように必ずしもそのようにはなっていない。「清文字頭国字対音」
の字頭順に合わせようと修正したように見える者も中にはいるが、そうなって
いない者が大多数である。

3.2.2.　満洲語のかな表記の比較
　次に、見出し満洲語のかな表記について比較する。かな表記の全用例の分析
は今後の課題にするとして、ここでは第3章で挙げた特殊なかな表記について
のみ見てみる。

(5)「tu」「du」の表記

duben ツ○ウペエム　　　　　　　　　　　　　　　　[巻3下15a 蘆塚恒徳]

dukai kiru ツ○ウケアイ　ケイルウ　　　　　　　　[巻3下15a 蘆塚恒徳]

mahala tukiyeku マアハアラア ツ○○ウケイエエケウ　[巻3下19a 蘆塚恒徳]

mederi katuri メエテエルイ ケアツ○○ウルイ　　　　[巻3下19b 蘆塚恒徳]

（5）は、第3章（p.100）で指摘した、「tu」、「du」が日本語の「ツ」、「ヅ」ではなく「トゥ」、「ドゥ」であることを表したと考えられるかな表記の例である。この該当箇所が濯足本でどうなっているかと言うと、「tu」と「du」の区別をせずにともに「ツ○ウ」と表記している。すなわち「tu」を「ツ○○」とする表記は、清書の段階で考案されたことになる。

（6）音節末の「t」

uherileme ejehe bithei kuren

ウハエリイレエメエ エ○チエハエ ピイテ○ハエイ ケウルエム

［巻1上14a 鄭永寧］

（6）も同様に、1例のみ存在する音節末の「t」を「テ○」と表記した例である。これも濯足本の該当箇所を見ると、決まり通りに「ピイデハエイ」と表記している。すなわち、「テ○」の表記も、清書の段階で考案された可能性が高い。

3.2.3.　満洲語語釈の日本語訳の比較

次に、語釈の日本語訳について若干の考察を加えたい。まず、語釈の日本語訳を見ると、全体的に濯足本と歴博本のあいだには、かなりの相違が見られる。以下の(7)～(9)は『翻訳満語纂編』巻1上における鄭永寧訳出箇所の一例である（日本語訳の上段は濯足本、下段は歴博本）。

（7）alibun 呈

fejergi	turhun [sic.turgun]		be	tucibume	arafi,	dergi	de
下	情		ヲ	擧テ	寫。	上	ニ
下	情		ヲ	擧テ	書キ。	上	ニ

donjibume	alibure	bithe	be,	alibun	sembi.
聞エ	奉ル	書	ヲ	呈ト	云フ。
聞エ	奉ル	書	ヲ	呈ト	云フ。

(8) edungge šungkeri ilha 風蘭

fulehe　be　boihon　de　teburakū　silmen　‑i　bade　lakiyafi,　muke

根　ヲ　土　ニ　栽ズ。　陰　ノ　處ニ　ツリ。　水

根　ヲ　土　ニ　栽エズ。　陰　ノ　處ニ　ツリ。　水

cai　‑i　fisihime　simebuci,　ini　cisui　cikten　abdaha　banjimbi　ilha

茶　ヲ以　振カケ　潤セハ。　自然ニ　茎　葉　ハエ　花

茶　ヲ　振カケ　潤ホセハ。　自然ニ　茎　葉　生エ　花

ilambi,　abdaha　tuweri　juwari　enteheme　niowanggiyan,　ilha

サク也　葉ハ　冬　夏　永ク　青シ。　花

開也　葉ハ　冬　夏　永ク　青シ。　花

sohokon　šanyan,　gubsu　šungkeri　ilha　ci　narhūn.

スコシ黄ニシテ　白ク。　朶ハ　蘭　花　ヨリ　細シ。

スコシ黄ニシテ　白シ。　朶ハ　蘭　花　ヨリ　細シ。

(9) inenggi abkai tampin 日天壺

kemu　‑i　tampin　‑i　ujude　bisirengge　be,　inenggi　abkai　tampin

漏　壺　ノ　第一ニ　有ル者　ヲ。　日　天　壺ト

漏　壺　ノ　第一ニ　有モノ　ヲ。　日　天　壺ト

sembi,　teišun arahangge　durun　hiyasei　adali,　den　ici　emu

云フ。　真鍮ニテ　造リシ者　形　斗ニ　同シ。　高　サ　一

云フ。　真鍮ニテ　作リタル者也。　形ハ　斗ノ　如ク。　高　サ　一

jušuru　nadan　jurhun,　dergi　mutun　emu　jušuru　uyun　jurhun,

尺　七　寸。　上ノ　濶　一　尺　九　寸。

尺　七　寸。　上ノ　濶　一　尺　九　寸。

julergi　fere　de　nikneme　[sic.nikeneme]　muke　sabdara　gu　‑i

前ノ　底　ニ　倚セ。　水ノ　滴タル　玉　ノ

前ノ　底　ニ　ヨセテ　水ノ　滴ル　玉　ノ

sihan　sindame　arahabi,　erei　dorgi　muke,　dobori　abkai　tampin

管ヲ　ハメテ　拵エリ。　此　内ノ　水。　夜　天　壺

管ヲ　ツケ　作レリ。　此　内ノ　水。　夜　天　壺

de　sabdambi.

ニ　オツル<u>也</u>。

ニ　オツル<u>ナリ</u>。

　(7)〜(9) からは、濯足本と歴博本のあいだに、漢字で表記するかどうか、どの漢字で表記するか、漢字にルビを振るかどうか、送り仮名をどうするか、といった違いがあることが分かる。また、(8) の「šanyan」を「白ク」と連用形で訳すか、「白シ」と終止形で訳すかといった文の構造に関する違いや、(9) の「adali」を「ニ 同シ」とするか「ノ 如ク」とするかといった違いも見られはするが、ここでは片方が誤訳だと言うほど大きな違いはない。いずれにせよ、濯足本と歴博本のあいだには日本語訳にこのような違いが多々ある。その中で、以下の点は注目に値すると考える。

(10) aligan -i tura 擎天柱

abkai	elhe	o bure	dukai	dolo	tule	ilibuha	muduri	be	hayabume
天	安	門ノ		内	外ニ	<u>立</u>。	龍	ヲ	<u>マキ</u>
天	安	門ノ		内	外ニ	<u>タテシ</u>。	龍	ヲ	<u>メグラセ</u>

立にはタテのルビ

foloho	duin	den	amba	wehe	-i	tura	be,	aligan	-i	tura
<u>雕タル</u>	四ツノ	高ク	大ナル	石	ノ	柱	ヲ。	擎天柱		
<u>刻タル</u>	四ツノ	高ク	大ナル	石	ノ	柱	ヲ。	擎天柱		

sembi.

ト云フ。

ト云フ。

　(10) も『翻訳満語纂編』巻1上において鄭永寧が訳出した語句である。1行目の「ilibuha」を、濯足本では「立（タテ）」と訳しているが、歴博本では「タテシ」と訳している。これは連体形なので「タテシ」が正しい。すなわち、濯足本で誤っていた箇所を歴博本で正しているのである。注目に値する例をもう1例挙げる。

（11）kataha fadu ケアタアハア フアツウ 灼山鳥

ere	cecike	-i	guwendere	jilgan,	kataha	fadu,	kataha	fadu	sere
此ノ	雀_{コトリ}	ノ	鳴ク	聲。	カアタアハアフアツウ。	カアタアハアフアツウト			云フ
此ノ	雀_{コトリ}	ノ	鳴ク	声。	ケアダアハアフアツウ	ケアダアハアフアツウト			云。

此ノ　雀コトリ　ノ　鳴ク　聲。　カアタアハアフアツウ。　カアタアハアフアツウト　云フ
此ノ　雀コトリ　ノ　鳴ク　声。　ケアダアハアフアツウ　ケアダアハアフアツウト　云。

mudan	-i	adali	ofi	kataha	fadu	seme	gebulehebi.
音	ノ	同ナルヤウニ困リ。		カアタアハアフアツウト		名ツケタリ。	
音	ノ	同ナルニ困リ		ケアタアハアフアツウト		名ツケタリ。	

　（11）は『翻訳満語纂編』巻2上において衆学生が訳出した語句である。語釈中にある「kataha」を濯足本では「カアタアハア」と訳出しているが、歴博本では「ケアダアハア」としている。「kataha」は「清文字頭国字対音」の決まりに従って表記すると「ケアダアハア」なので、歴博本はこれに合わせるように修正したことが分かる。しかし注目すべきは濯足本でも見出し語句の横にふされたかな表記が「ケアタアハア」となっている点である[注4)]。つまり、見出し語句のかな表記が「カア」ではなく「ケア」になっているのは、部分的でこそあれ濯足本も「清文字頭国字対音」の表記が反映されていることを意味する。だとしたら濯足本の語釈中で「kataha」を「カアタアハア」と書いているのはなぜか。恐らくこれは鳥の鳴き声であるから、この単語を実際に発音する通りに書いたのではなかろうか。つまり、(11)は、第3章で言及したように、「清文字頭国字対音」が実際の発音を反映させたものではなく、あくまで満洲文字の翻字であり、実際に発音するときは別のやり方で文字を読んでいた可能性が高いことを支持しているのである。

　また、第5章（p.155）で言及した、日本語訳に返り点がふされている例も注目に値する。

（12）heheri faitame 横過山腿梁

šuseme	wasika	alin	-i	mudun	bethe	be	hetu	duleme	yabure
ハエ	サカリタル	山	ノ	スソ	モト	ヲ	横ニ	過キ	行ク

be,	heheri	faitame	yabumbi	sembi.
ヲ	横過山腿梁		行クト	云フ

(12) は『翻訳満語纂編』巻1下において鉅鹿篤義が訳出した語句である。この「heheri faitame」の日本語訳の「横過山腿梁」に歴博本で「横ニ過テ山腿梁（横ニ 山腿梁 過テ）」と返り点が入っている点は、既に第5章で言及したところである。だが、この返り点は歴博本のみにあり、濯足本には見られない。(5)、(6) のかな表記の工夫とともに、(12) のような工夫も、清書の段階で考案されたものと考えられる。

3.2.4. 修正するのかしないのか

上記の表6-4に挙げた、赤で修正が入った箇所であっても、必ずしも、歴博本で修正が行なわれたわけではない。先に「liyeliyere」の例を見たが、同様に、第4章 (p.136) で言及した『翻訳満語纂編』にのみ確認される語句として「saka bohū 肉膾」が挙げられる。濯足本におけるこの語句が以下の写真6-7 である。

写真 6-7 『翻訳満語纂編』巻1上 p.34

「saka 肉膾」は『清文鑑』にあるが、「saka bohū 肉膾」はない。写真 6-7 からも分かるように、濯足本の該当箇所には校合者による指摘が入っている。見出し語句に加え、語釈部分の「bohū」も消されているのみならず、「buhū」なら「鹿」の意だという書き込みまで入っている。それにも拘わらず、歴博本は「saka bohū」のままになっているのである。その理由は明らかでない。

最後に、同じくその理由が不可解な例として、以下の (13) を挙げる。

(13) (a) <u>niongniyaha</u> ニイ（ニイウンニイヤアハア） ［巻 2 上 27a 彭城昌宣］
　　 (b) <u>tinggin</u> ンカイム（ヂインカイム） ［巻 2 上 37b 蔡正邦］
　　 (c) <u>bangtu</u> パア（パアン<u>ヅウ</u>） ［巻 2 上 48b 彭城廣林］

(13) は第 3 章（p.113）で挙げた、かな表記が途中で途切れている例である。先には、該当箇所のかな表記をどのようにすべきか判断しかね、そのままになったのだろうと述べた。だが、興味深いのは濯足本の該当箇所である。濯足本の該当箇所は (a) が「ニイウンニイヤアハア」、(b) が「ヂインカイム」、(c) が「パアンヅウ」とそれぞれ正しく書かれているのである。濯足本が稿本（草稿）で、上呈本（清書）であったとしたら、なぜ歴博本が (13) のように欠如しているのだろうか、その理由は不明である[注5]。

4.　まとめ

以上、第 6 章では駒澤大学図書館濯足文庫に所蔵される写本について基礎的な考察を行なった。その結果、まず濯足本が稿本（草稿）である可能性が高いことを主張し、次に濯足本と歴博本における若干の内容比較を通じて、その相違点が意味するところをわずかではあるが考察した。歴博本で誤っている箇所が濯足本でも誤っている場合や、濯足本で誤っていた箇所が歴博本で修正されている場合は理解できるのだが、濯足本で誤りを指摘されているのに歴博本でそのまま放置されている例や、濯足本では正しかったのに逆に歴博本で誤っている例が意味するところについては、さらに考察を進めていかなければならな

い。いずれにせよ、このような比較研究を可能にする点が濯足本の資料的価値だと言える。濯足本と歴博本を比較することによって、より詳細な辞書の編纂過程、並びに訳編者の満洲語能力をより多角的に明らかにできると考えられるが、綿密な調査は今後の課題としたい。

第6章の注

1　この他に、游龍俊之の姓名の筆跡も「龍」の最後の画を左下にはねる癖が見られる。

2　2019年6月現在、濯足本の『翻訳満語纂編』と『翻訳清文鑑』は全巻インターネット上で画像公開されている。この頁数はこの「駒澤大学電子貴重書庫」上の頁数を表す。以下、同様。http://repo.komazawa-u.ac.jp/retrieve/kityou/index.html

3　ただし逆の例も見られる。『翻訳満語纂編』巻2上における頴川春重の訳編者名は「頴川陽重」とあり、「春」と「陽」で漢字が異なっている。この程度であれば、どの漢字を使うのか当時はそれほど厳密なものではなかっただろうからそれほど大きな問題ではないかもしれないが、同じく『翻訳満語纂編』巻1上における頴川春重の担当箇所には「頴川重春」とあり、名前の漢字が入れ替わっている。現代的な感覚からすると「春重」と「重春」のどちらでもよいということはないので、本人が署名したのだとしたらこのようなことは起こりえないと考えたくなるが、春重はのちに「重寛」を名のっているので、或いはこの「重春」は「春重」から「重寛」に至る中間的な表記だったのかもしれない。

4　歴博本は見出し語句のかな表記も「kataha fadu ケア*ダア*ハア　フアツウ　灼山鳥」に修正されている。

5　例えば、(13c)の「tu」は「ツ°°」の表記を用いるかどうかを判断しかねていた可能性はある。

第7章

唐通事にとって
満洲語学習とは何だったのか

前章までに、長崎唐通事が編纂した『翻訳満語纂編』と『翻訳清文鑑』の主に内容について考察を行なってきた。これらの辞書は、年に都合3冊のペースで完成しているが、第6章で述べたように最初の3年間は1年の間にさらに草稿の作成と清書まで行なっていたのだとしたら、そのような短期間で満洲語を学び、編纂したにしては、全体的によくできている印象を受ける。だが、第3章から第5章でも指摘したように、細かなところで誤りが見られる。誤りは主に満洲文字自体の表記や満洲文字のかな表記に見られ、その内容は現在でも初学者が犯しがちなものである。一方で、満洲語語釈の日本語訳からは一つ一つの満洲語の意味を比較的よく理解していたことが窺える。これは唐通事が『清文鑑』の各満洲語語句にふされた漢語訳を通じて、満洲語を学んでいたことを示唆している。また、第5章で見たように、満洲語の学習、辞書編纂において『清文鑑』しか利用できなかったとは思えないほど、文法についても理解していることが分かった。

　反面、第1章で言及したように、辞書編纂に年次計画があったようには思えず、第2章で言及したように、『翻訳満語纂編』の語句選抜においても、特に巻4・5の編纂時において、一部手抜きをしているのではないかと思われるほど、急いでいた痕跡も窺い知れる。第6章では駒澤大学図書館濯足文庫に所蔵されるもう一つの写本が稿本（草稿）だった可能性が高いと結論づけたが、草稿が前半3年分しかなく、後半2年分が現存していないのも、恐らくは初めからなかったものと考えられ、上記の事実とも符合する。

　以上のことを踏まえたうえで、本章では最後に、唐通事たちにとって、満洲語を学習し、このような辞書を編纂することにどのような意味があったのかについて考察する。

1.　満洲語の学習を再開したもう一つの理由

　第1章でも述べたように、唐通事が満洲語を学ぶことになった理由は、幕府（長崎奉行）から命が下ったからである。しかし19世紀初めにレザノフが満洲語の国書を携えてきた当初ならいざ知らず、実際に唐通事が満洲語の学習を始

めたのはそれから既に約半世紀が過ぎており、その後、江戸の高橋景保が満洲語の研究を進めていたことを考えると、19世紀の半ばになって満洲語を学習する積極的な理由はなかったように思われる。

　1644年明の滅亡とともに満洲人が北京に移住して以来、すでに1世紀半を経過し、その生活はすっかり定着してしまった。（…中略…）
　満洲人の民族精神の支柱として、国語である満洲語と、武力の基礎である騎射とを尊重せねばならぬと説かれたのは、ふるくまだ北京にはいらないホンタイジの時代からで、その後もおりにふれてこの二者の重要さが強調された。とくに乾隆帝はその唱道にもっとも熱心で、口を酸っぱくしてさとしてやまなかった。また彼は満洲語と漢語の対照辞典『増訂清文鑑』はじめ各種の満洲語辞典をつくったり、『満洲実録』『皇清開国方略』『満洲源流考』など清朝の栄光ある建国や満洲民族の歴史の書物を編纂したりして、満洲精神の振興につとめた。しかしそんなにしばしば満洲語と騎射とを強調しなければならなかったのは、それとうらはらにいっこう効果があがらなかったからにほかならない。満洲語は清朝における第一の公用語と称されながら、満洲人自身すでに漢語を日常語にもちい、満洲語をとくに学習しなければならなくなっていたのである。（岡田・神田・松村 2006: 322-324、下線は筆者による）

　満州語を教えた伊克坦は満州族の正白旗人で、満州語通訳進士の出身。私に九年余りの間、満州語を教えた。

　満州語も基本科目だったが、字母すら習得しないうちに、先生の伊克坦の死去にともなって終りになった。

　私の学業成績のもっとも悪かったものとしては満州語をあげなければならない。何年もかかって、一語しか覚えなかった。それは満州族の大臣が私のところへ御機嫌うかがいに来、床にひざまずいて例のとおり御機嫌うかがいの言葉（意味は臣何某ひざまずいて陛下の御機嫌をおうかがい申し上げます、というものだった）を述べたのち、私が答えなければならないあの言葉「伊立」

（立て）だった。 　　　　　　　　　　　　　　　　（愛新覚羅溥儀 1977: 64-69）

　岡田ほか（2006）の記述や、やや時代は下るが愛新覚羅溥儀の自白から鑑みても、19世紀の半ばにはとうの満洲人たちも大部分が満洲語を話せなくなっていたと容易に想像できるし、確かに公文書などでは満洲語も用いられつづけてはいたものの、中国語（漢語）ができれば大きな問題はなかったはずである。唐通事が満洲語を学習することになったのは本当に幕府からの命が下ったからだったのだろうか。仮にそうだとしても、唐通事らが2度は断っていたその命を最終的に断らずに受け入れたのには、何か別の現実的な理由もあったのではないだろうか。

　筆者は二つの理由を可能性として考えている。まず、一つ目は、唐船貿易との関係である。表7-1は安永年間以降に長崎に入港した唐船数の一覧である。

表7-1　長崎渡来唐船数一覧

年	数	年	数	年	数	年	数	年	数
1773　安永2	13	1795　7	10	1816　13	14	1837　8	7	—	—
1774　3	13	1796　8	5	1817　14	6	1838　9	6		
1775　4	13	1797　9	10	1818　文政元	5	1839　10	5		
1776　5	13	1798　10	9	1819　2	12	1840　11	7		
1777　6	13	1799　11	5	1820　3	8	1841　12	6		
1778　7	13	1800　12	9	1821　4	8	1842　13	6		
1779　8	13	1801　享和元	19	1822　5	8	1843　14	6		
1780　9	13	1802　2	11	1823　6	7	1844　弘化元	7		
1781　天明元	13	1803　3	10	1824　7	9	1845　2	5		
1782　2	13	1804　文化元	11	1825　8	4	1846　3	4		
1783　3	13	1805　2	12	1826　9	11	1847　4	9		
1784　4	13	1806　3	5	1827　10	13	1848　嘉永元	4		
1785　5	13	1807　4	7	1828　11	5	1849　2	6		
1786　6	12	1808　5	12	1829　12	9	1850　3	6		
1787　7	13	1809　6	10	1830　天保元	10	1851　4	5		
1788　8	13	1810　7	11	1831　2	4	1852　5	7		
1789　寛政元	13	1811　8	11	1832　3	10	1853　6	0		
1790　2	9	1812　9	13	1833　4	6	1854　安政元	2		
1791　3	10	1813　10	13	1834　5	4	1855　2	5		
1792　4	12	1814　11	7	1835　6	11	1856　3	1		
1793　5	12	1815　12	11	1836　7	8	1857　4	4		
1794　6	10								

〔金井俊行編『長崎年表』（長崎市史編さん委員会［編］2012: 486-487から一部抜粋）〕

安永年間から天明年間までの入港数は 13 隻と決まっていたものと思われる。寛政年間以降文化年間までは、年によって入港数に若干の増減があるが、概ね毎年 10 隻程度の入港は見込まれていたものと思われる。それが文政年間、天保年間になると、10 隻以上入港する年が稀になり、天保年間の終わりから弘化年間、嘉永年間になると、10 隻以上入港する年は完全になくなる。つまり、単純に計算して、天保年間の初めまで平均して月に 1 隻は入港していたのが、天保年間の終わりに 2 か月に 1 隻程度に半減しているのである。顕著な年は嘉永 6 (1853) 年で、1 隻の入港もない。なお、嘉永 6 年と言えば、満洲語辞書が編纂されはじめて 3 年目に当たる。

　ここから推測されるのは、唐通事が満洲語の学習を再開した嘉永 3 (1850) 年頃には、既に唐通事たちのあいだで、今後唐船の入港数が大幅に回復する見込みがない、むしろ減少の一途をたどるに違いないという雰囲気が蔓延していたのではないか、ということである。唐通事の主たる業務は唐船貿易に関わるものであるから、唐船の入港がなければ、それに伴って唐通事の仕事もなくなる。その状態が長期的に続くことになれば、唐通事にとっては死活問題であったろう。アヘン戦争の消息も伝わっていたに違いない。そこで打ち出した対策が満洲語学習の再開だった、と筆者は考えるのである。なお、唐通事が初めて満洲語を命じられたのは文化 5 (1808) 年であるが、文化 5 年と言えば、まだ唐船貿易が本格的に衰退しはじめる前のことである。

　第二に、これを後押ししたのが、阿蘭陀通詞による英語辞書の編纂だったと筆者は考える。すなわち、唐通事が満洲語学習を始めた（再開した）理由の二つ目は、同時期に阿蘭陀通詞が編纂した『エゲレス語辞書和解』との関係である。文化 5 (1808) 年の「フェートン号事件」を契機に幕府から英語の学習を命じられた阿蘭陀通詞の英語研究は、文化 8 (1810) 年成立の『諳厄利亜国語和解（諳厄利亜興学小筌)』、文化 11 (1814) 年成立の『諳厄利亜語林大成』などの後、しばらく途絶えていたが、嘉永元 (1848) 年に長崎に送還されたラナルド・マクドナルド (Ranald Macdonald 1824-94) から 14 名の阿蘭陀通詞が英語を学んだのを契機に、唐通事と同時期の嘉永 3 (1850) 年に、阿蘭陀通詞は幕府から英語学習の命を受ける。幕府が阿蘭陀通詞に英語の学習を命じたのは、第 1 章でも言及した通り、時代の流れに即したものであったと言える。

第 7 章　唐通事にとって満洲語学習とは何だったのか

このときの阿蘭陀通詞の英語学習の成果は、嘉永4 (1851) 年から安政元 (1854) 年にかけて編纂された『エゲレス語辞書和解』である[注1]。この『エゲレス語辞書和解』の編纂時期は、唐通事の満洲語辞書編纂の時期と完全に重なる。唐通事は総じて阿蘭陀通詞より地位が高かったとされるが、阿蘭陀通詞が英語研究で活躍するのを、唐通事は看過できなかったのではなかろうか。唐船貿易が衰退しつつある中となれば尚更である。

第6章の冒頭でも紹介した内藤 (1993) の指摘は、唐通事が満洲語の学習を始めたのは幕府からの命ではなく、唐通事自らの提案だったかのように読み取れるが、実は案外そうだったのかもしれない。

（前略）…それから後引続いてやる人が無かつたのですが、偶然是とは関係なしに、嘉永年間になつて、外国との交通が盛んになつて来た為か、長崎の通事などが、満洲語の研究をしたいといふ考を起した。幸ひに其の頃長崎へ来て居る人で、満洲人の端くれがあつたので、それに就いて研究をしたのであります。…（後略）

(内藤 1993: 75)

2. 満洲語辞書の編纂をやめたもう一つの理由

第1章でも述べたように、唐通事が満洲語辞書の編纂をやめた理由は、古賀 (1947) によれば、安政2 (1855) 年をもって長崎奉行川村対馬守に洋語の学習に転じることを勧められ、それに応じたためであった。しかし、1節で述べたように、唐通事の満洲語学習が、阿蘭陀通詞の英語学習に触発され、主体的に始めたものだったとしたら、満洲語の学習、すなわち満洲語辞書の編纂を中途で放棄した理由も、阿蘭陀通詞との関係に見出すことが可能である。阿蘭陀通詞の『エゲレス語辞書和解』の編纂は、唐通事の満洲語辞書編纂が終わる1年前、安政元 (1854) 年に中途で終わっている。その背景には、ペリー浦賀来航 (1853年7月)、日米和親条約調印 (1854年3月)、スターリング長崎来航、日英和親条約締結 (1854年10月)、プチャーチン下田来航、日露和親条約 (1855年2月) といった現実的な問題があった。阿蘭陀通詞はこれらの応対に通訳など

として駆り出され、結果、英語辞書の編纂どころではなくなってしまったのである[注2]。当時は英語の通訳が不足していたのも事実であるから[注3]、唐通事もその不足を埋めるべく英語学習に転じたのだと素直な解釈もできようが、阿蘭陀通詞が英語辞書の編纂を放棄してしまった以上、もし阿蘭陀通詞に対抗して満洲語辞書を編纂していたのだとしたら、唐通事もこれ以上辞書の編纂を継続する理由がなくなっただけだという、やや穿った見かたも可能である。この仮説を裏づけるものとして、下のグラフが挙げられる。

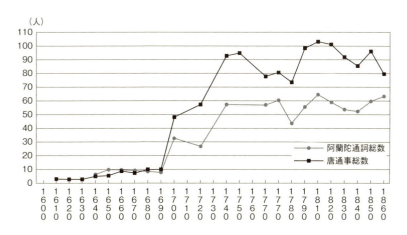

図7-1　阿蘭陀通詞・唐通事人員総数比較表（長崎市史編さん委員会［編］2012: 529）

　このグラフは阿蘭陀通詞と唐通事の人員総数を表したものであるが、1700年代以降、全体的に唐通事の数が阿蘭陀通詞の数よりも増えたことを除き、その増減に着目すると、両者はほぼ平行して推移していることが分かる。これは唐通事と阿蘭陀通詞が互いの活動に目を光らせ合っていたことを示唆しているのではないだろうか。

3. 職位の昇格

唐通事が満洲語を学び、満洲語辞書を編纂した背景には、このように実用的な目的以外の理由があったのではないかと推察されるが、この点に関連して、唐通事の職位昇格について見てみる。第1章で辞書編纂に関わった訳編者を紹介した際にも触れたが、満洲語辞書の編纂期間中に職位の昇格を果たした者が一定数いる。本節では、これが何を意味するのか考えたい。以下、宮田（1979）をもとに整理したものを年ごとに見ていく。

表 7-2　嘉永 3（1850）年の昇格者

氏名	日付	現職	昇格後
頴川雅範	12 月 30 日	小通事助	小通事

まず、嘉永 3（1850）年に昇格した者は頴川雅範のみである。この頴川雅範だけが満洲語の学習開始から 3 か月後、まだ始まったばかりの辞書編纂作業の 1 年目の途中で小通事助から小通事に昇格している。確かに頴川雅範の 1 年目の活躍は著しいものがあるにしても（『翻訳満語纂編』の担当語句数は 18 と著しく少ないが、その代わりに『翻訳清文鑑』巻 1 の訳述を一手に引き受けている）、多くの者たちが後述するように 1 年目の編纂作業終了後に昇格していることを考えると、この時期の昇格はやや異質である。全体の世話掛である小通事の鄭幹輔と頴川道恭が以後辞書編纂作業にかかりきりになると見込まれ、頴川雅範が昇格することで小通事としての通常業務を助ける役割が期待されていたのか（頴川雅範は 1 年目の編纂にのみ関わっており、2 年目以降は名前がなくなる）、或いは以下の表 7-3 で見るように、その翌年に鄭幹輔が大通事助に昇格することが内々に決まっており、引継ぎの意味合いがあったのかもしれない。

表 7-3　嘉永 4（1851）年の昇格者

氏名	日付	現職	昇格後	備考
鄭幹輔	12 月 28 日	小通事	大通事助	
潁川道恭	12 月 28 日	小通事	—	受用銀四貫五百目
官梅盛芳	12 月 28 日	小通事並	小通事助	
游龍俊之	12 月 28 日	小通事末席	小通事並	
早野志明	12 月 28 日	小通事末席	小通事並	
呉為祥	11 月 22 日	小通事末席	小通事並	父跡相続
潁川春重	6 月 7 日	無給稽古通事	小通事末席	
鉅鹿篤義	12 月 28 日	稽古通事	小通事末席	
彭城昌宣	12 月 28 日	無給稽古通事	小通事末席	
鄭永寧	12 月 28 日	無給稽古通事	小通事末席	
神代延長	12 月 28 日	無給稽古通事	小通事末席	

　嘉永 4（1851）年に昇格した者は多い。その大部分は 1 年目の辞書編纂作業を終えた約 4 か月後の 12 月 28 日に同時昇格を果たしている。明らかに辞書編纂の功績が認められたものと思われる。世話掛の鄭幹輔と潁川道恭は、共に小通事だったが、このとき潁川道恭は銀の受用に留まり、鄭幹輔が大通事助に昇格している。このことからも辞書編纂の世話掛の中心は鄭幹輔であった可能性が高い。

　ときに、12 月 28 日に昇格した者のうち、数名は若干の説明を要する。まず、官梅盛芳は 2 年目から辞書編纂に関わっている。つまり、1851 年 12 月と言えば官梅盛芳がまだ辞書編纂に携わりはじめてすぐの時期にあたり、この時点で昇格するほどの実績があったとは思えない。だが最終的に官梅盛芳は 2 年目から最終年まで 4 年間に亘り辞書編纂に関わることになる。この時点で満洲語の頭角を現していたのだろうか。或いは 1 年目から満洲語学習を始めていたものの、1 年目はまだ字句を担当するまでに至らなかったのだろうか。次に、早野志明と早野晴貞は第 1 章で言及したように同一人物の可能性があるが、仮に同一人物でなかったとしても、早野晴貞が辞書編纂に関わるのは 3 年目から早野志明が辞書編纂に関わるのは 4 年目からである。1 年目にはまだ業績がなかったはずである。同様に、神代延長と神代定光も同一人物の可能性があるが、仮に同一人物でなかったとしたら、神代延長が辞書編纂に関わるのは 4 年目から

第 7 章　唐通事にとって満洲語学習とは何だったのか

である。神代延長と神代定光が同一人物だとしたら5年間最初から最後まで辞書編纂に関わったことになるから1年目のこの時期に昇格するのは理解できる。

　昇格日が12月28日でない残る二人のうち、呉為祥は父親の跡を継いでの昇格なので辞書編纂と直接関係はなかったのだろう。実際、呉為祥が辞書編纂に関わるのは3年目からである。これに対して、頴川春重が6月7日と1年目の辞書編纂作業の途上で昇格を果たしている理由はよく分からない。上述のように、頴川春重が頴川道恭つながりから集められた者たちの中心的人物だったからかもしれない。

表7-4　嘉永5（1852）年の昇格者

氏名	日付	現職	昇格後
蘆塚恒徳	不明	小通事末席	小通事並

　嘉永5（1852）年に昇格したものは蘆塚恒徳のみである。昇格日は不明だが、恐らく辞書編纂の功績が認められたものと考えられる。蘆塚恒徳は4年目以外の4年間、辞書編纂に関わっている。

表7-5　嘉永6（1853）年の昇格者

氏名	日付	現職	昇格後
呉為祥	3月17日	小通事並	小通事助
蘆塚恒徳	3月17日	小通事並	小通事助

　嘉永6（1853）年に昇格したのは上の2名である。ともに日付は3月17日で小通事並から小通事助への昇格であり、共通点もあるので、辞書編纂の功績が評価されたものと見てよいだろう。興味深いのは、呉為祥は父の相続とはいえ1851年に、さらに蘆塚恒徳は前年の1852年に昇格したばかりだということである。蘆塚恒徳はよほど評価に値するほどの活躍があったのだろうか。なお、呉為祥が辞書編纂に関わるのは3年目からだから、1853年3月はまだ3年目の辞書が完成する前、すなわち、呉為祥はこのときまだ編纂作業の途上にあったことになる。

表7-6　嘉永7・安政元（1854）年の昇格者

氏名	日付	現職	昇格後
石﨑親之	閏7月27日	小通事助	小通事過人

　嘉永7・安政元（1854）年に昇格したのは石﨑親之のみである。石﨑親之は1年目から3年目までの3年間、辞書編纂に関わっている。よって、1854年は既に御役御免で、過去3年間分の功績が評価されて昇格したのだろう。

表7-7　安政2（1855）年の昇格者

氏名	日付	現職	昇格後
游龍俊之	11月6日	小通事並	小通事助
早野志明	11月6日	小通事並	小通事助
彭城昌宣	11月7日	小通事末席	小通事並
頴川春重	11月7日	小通事末席	小通事並
蔡正邦	12月6日	稽古通事格	稽古通事

表7-8　安政3（1856）年の昇格者

氏名	日付	現職	昇格後
鄭幹輔	4月15日	大通事助	大通事過人
官梅盛芳	3月22日	小通事助	小通事過人
呉為祥	3月22日	小通事助	小通事過人
蘆塚恒徳	3月22日	小通事助	小通事過人

　安政2（1855）年と安政3（1856）年に昇格した者たちは多い。辞書編纂作業は1855年の8月に終わっていることから、それまでの功績が評価されての昇格と見てよかろう。稽古通事に昇格した蔡正邦を除き、残りはより身分が下の者が1855年に、身分の上の者が1856年に昇格しているので関連性も認められる。また、蔡正邦を除き、このとき昇格した者はみな複数回目で、特に呉為祥と蘆塚恒徳に至っては3度目の昇格である。わずか5年足らずのあいだに急出世したことになる。

第7章　唐通事にとって満洲語学習とは何だったのか　　*229*

この他にも万延元（1860）年に大勢が昇格を果たしているが、これは満洲語の辞書編纂と直接的な関係があったとは考えにくい。恐らく同年に鄭幹輔が死去したことと関係があるのだろう。

以上、本節では満洲語辞書の編纂期間中に役職が昇格した者たちについて詳しく見てきた。辞書の訳編者のうち、辞書編纂を理由に昇格したと考えられる者は、実に素性が確認される 19 名中 13 名にのぼる。逆にこのとき昇格しなかった者は、彭城種美、高尾延之、彭城廣林、彭城永祥、潁川道香、彭城雅美の 6 名である。この昇格しなかった者のうち、まず注目すべきは、世話掛の一人潁川道恭の子潁川道香である。もう一人の世話掛、鄭幹輔の伝手で集められた鄭永寧、呉為祥、高尾延之、游龍俊之の 4 名はみな昇格しており、潁川道恭の伝手で集められたと考えられる道香以外の潁川春重、潁川雅範、神代延長も昇格している。潁川道香はわずか 1 年目のみ辞書編纂に関わっただけで昇格もしていない。親の伝手で招集がかかったものの、潁川道香は満洲語の学習に不向きだったのかもしれない。次に彭城廣林と彭城永祥であるが、彭城廣林は辞書編纂期間中の嘉永 6（1853）年に御暇御免に、彭城永祥は辞書編纂期間後の安政 6（1859）年に御暇御免になっている。何かあったのだろう。ちなみに彭城種美は辞書編纂中の 1854 年に死去している。残る高尾延之と彭城雅美であるが、高尾延之は安政 4（1857）年に小通事末席に、彭城雅美は文久元（1861）年に小通事助に、やや他の者から遅ればせながらではあるものの、無事昇格を果たしている。

以上、満洲語の辞書編纂と唐通事の職位昇格とのあいだには、明確な関連性が見られる。これは満洲語の学習及び辞書編纂が、職位の昇格に利用されていたことを示唆するものである。

4. その後の唐通事

本書の結びにあたって、満洲語の学習及び辞書編纂に関わった者たちが、その後、どのような道を歩んでいったのかについて若干の考察を加えたい。第 1 章で言及したように、うち数名はその後の足跡をたどることができる。ここで

は鄭幹輔とその伝手で集められた者の代表格である鄭永寧と、潁川道恭とその伝手で集められた者の代表格である潁川春重を取り上げる。

4.1. 鄭幹輔と鄭永寧

　まず、満洲語辞書編纂の世話掛3名中、実質的な中心人物であったと考えられる鄭幹輔は、辞書編纂の終了から5年が経過した万延元(1860)年の7月20日、50歳でその生涯を終える。この5年のあいだの特筆すべき事項は、安政5(1858)年、ときの長崎奉行岡部駿河守に唐通事が中国語に加えて英語を兼学すべき旨を提唱し、その翌年、すなわち死去の前年である安政6(1859)年1月2日に、游龍彦三郎、彭城大次郎（以上2名は『翻訳満語纂編』の編纂者）、太田源三郎、何禮之助、平井義十郎らとともにアメリカ船に赴き、Daniel Jerome Macgowanについて英語を学んだ点であろう[注4]。唐通事が満洲語辞書の編纂を終えることになったのは、長崎奉行川村対馬守に洋語の学習に転じることを勧められ、それに応じたからだとしたら、鄭幹輔はその勧告を忠実に実践しようとしていたことになる。だが、その志虚しく翌年に逝去し、英語の学習は他の唐通事たちへと引き継がれる。鄭幹輔の墓地は崇福寺にある。

写真 7-1　崇福寺境内にある鄭幹輔の碑
　　　　（筆者撮影 2012 年）

写真 7-2　崇福寺境内にある鄭家墓地
　　　　右から2番目が鄭幹輔の墓
　　　　（筆者撮影 2018 年）

　鄭幹輔はその功績や人柄が認められてか、没後20年の節目にあたる明治13(1880)年に、墓地のある崇福寺の境内（国宝の第一峰門前、後述する訳家学校があっ

第7章　唐通事にとって満洲語学習とは何だったのか　　*231*

た辺り）に、門下生たちによって「敏齊鄭先生遺徳碑」が建立される（前頁の写真7-1）。この碑文は満洲語辞書の訳編者の一人だった潁川春重（重寛）が撰文したものである。また、碑の建立に関わった19名が碑の裏面に挙げられているが[注5]、そこには満洲語辞書の訳編者だった神代延長、鉅鹿篤義の名が見られ、また宮田（1979）で確認されるところでは、当時既に本人が他界していた場合であっても、潁川雅範の子である潁川君平（1843-1919、『譯司統譜』の著者）、蘆塚恒徳の子（養子）である蘆高朗（1847-??）、彭城昌宣の子である彭城昌實（??-??）、游龍俊之の子である游龍鷹作（1849-??）、世話掛であった平野繁十郎祐長の孫である平野祐之（1843-1882）の名もある[注6]。この外にも呉泰蔵（鄭永寧の実兄）の子である呉榮正（1842-1902）、高尾延之が高尾家を相続する前の清河家から清河磯次郎（1823-1900）の名も見える。満洲語辞書の編纂による縁が20年後にも続いていたことが窺い知れる。

　鄭幹輔の子である鄭永寧は、英語学習の道へは進まなかった。鄭永寧は万延元（1860）年に小通事過人に昇格したのち、その足跡がかなり詳細に追えるほどの活躍を見せる。

　はじめに、文久元（1861）年に崇福寺境内の空き地に訳家学校を設立し、呉泰蔵（小通事＝永寧の兄）、潁川重寛（小通事助）とともに、本業教授方（支那語教授方）になる（33歳）[注7]。慶応元（1865）年には小通事に昇格している（37歳）[注8]。

　慶応3（1867）年4月、江戸幕府滅亡とともに唐通事もまたその役目を終える。すると鄭永寧はその翌明治元（1868）年に広運館[注9]の翻訳方になる（40歳）。だが、広運館時代は一瞬で終わりを告げ、その翌年に外務省から声がかかる。以後、10年余りは外務省勤務となり、その間、日清国交樹立に向けて、日清修好条規の締結などに通訳方として関わっている[注10]。

〔外務省時代（41〜53歳）〕
　　一等訳官に任命：明治2（1869）年4月25日
　　外務省の大訳官に任命：明治2（1869）年9月2日（10月10日叙）
　　樺太に出張：明治2（1869）年11月
　　漢語学所の設立準備（権正に任命）：明治3（1870）年5月12日
　　日清修好条規締結（1871）に際し、通訳として随行：明治3（1870）－明治

5（1872）年[注11]

批准書交換に際し、二等書記官として随行：明治6（1873）年

台湾出兵の処理に際し、一等書記官として随行：明治7（1874）年

上司との意見相違により外務省を辞任：明治14（1881）年7月

　鄭永寧は外務省を辞任したのちも御役御免とはならず、休みなく次は司法省勤務となる。司法省での主な仕事は大清会典[注12]の訓点督成だったようである。司法省時代にも天津条約締結のため一時的に外務省に復職するが、その業務を終えると司法省と併せて辞職することになる。

〔司法省時代（53 〜 58歳）〕

司法省御用掛に任命、大清会典の訓点督成を嘱される：明治14（1881）年12月

天津条約締結（1885）に際し、権大書記官として随行：明治18（1885）年4月[注13]

外務省を非職：明治18（1885）年12月

司法省御用掛も辞す：明治19（1886）年1月

　外務省と司法省を引退後は、夜学の清韓語学校[注14]で中国語を教授していたことが知られている[注15]。清韓語学校での勤務期間は明らかでないが[注16]、最終的に、明治30（1897）年7月29日に享年69歳で没し、谷中墓地に葬られる（次頁の写真7-3）。なお、死去の直前の1897年春には、頴川君平が著した『譯司統譜』に跋文を寄せている。死の直前まで活躍しつづけた生涯だったと言えよう。

第7章　唐通事にとって満洲語学習とは何だったのか　　233

写真 7-3　谷中霊園の鄭家墓地（筆者撮影 2018 年）

4.2.　頴川道恭と頴川春重

　もう一人の世話掛である頴川道恭は、辞書編纂作業終了後、矢継ぎ早に昇格を遂げる。安政 4（1857）年 3 月 2 日に大通事助、同年 10 月 2 日に大通事過人、翌安政 5 年（1858）年 3 月 29 日には最高位の大通事に昇格を果たしている（宮田 1979: 46-47）。この一連の急昇格は、諸立合大通事で世話掛の一人でもあった平野繁十郎祐長が、安政 4 年（1857）年 4 月に 62 歳で死去したのに伴った人事に相違ない。頴川道恭は平野繁十郎の死去 1 か月前から昇格を開始している。要するに、頴川道恭が平野繁十郎の後任だったのである。しかし、残念ながら頴川道恭は大通事昇格から 1 年半後の安政 6（1859）年 8 月 3 日にこの世を去る。

　頴川春重（以下、重寛）についても、鄭永寧同様、比較的詳細にその後の足跡をたどることができる。頴川重寛は鄭永寧の 2 歳年下、辞書編纂業務後は、まず前述の通り、安政 2（1855）に小通事並に昇格したのち、2 年後の安政 4（1857）年 3 月 2 日に立て続けに小通事助へと昇格し、同年に江戸学問所勤めとなる（27 歳）[注17]。その後は前々頁でも述べたように、文久元（1861）年に鄭永寧らとともに訳家学校を設立、本業教授方（支那語教授方）になる（31 歳）。

　幕府滅亡後、明治期になると、多くの唐通事出身者が長崎府職員に採用されるが、頴川保三郎（＝重寛）の名も明治元（1868）年の『長崎府職員録』に確認される。鄭永寧が上述の通り広運館の翻訳方になっているのに対して、頴川

234

重寛は外国管事役所掛の取締助役に就任している（許 2012a: 277-279）（38 歳）。

　その後、頴川重寛も鄭永寧同様、まもなく活動の拠点を東京に移す。はじめに取り掛かったのは鄭永寧と共に漢語学所の設立準備であった。鄭永寧が大訳官、権正、督長、すなわち筆頭教師かつ責任者であったのに対し、頴川重寛はそれを助ける大佑、全兼教導、すなわち教育面での中心を担う地位にあった[注18]。鄭永寧が漢語学所から退いたのちは、その後を継いで頴川重寛が督長に任命されている。

〔漢語学所時代（40 歳〜 42 歳）〕
　外務省三等書記官：明治 3（1870）年
　漢語学所の文書大佑に任命：明治 3（1870）年 6 月 27 日
　日清修好条規締結(1871)に際し、通訳として随行：明治 3(1870)- 明治 5(1872)年
　漢語学所の督長に任命：明治 5（1872）年 8 月 14 日

　漢語学所は洋語学所とともに明治 6（1873）年 5 月に外務省から文部省に収管され、改称して外国語学所となる。この外国語学所が東京外国語学校の設立に伴いその中に組み入れられ、漢語学所の教師と生徒が漢語学科の母胎となる。このとき漢語学所の督長だった頴川重寛は、引き続き東京外国語学校の漢語学科で教鞭を執ることになる（東京外国語大学史編纂委員会［編］1999: 869）。

〔東京外国語学校漢語科時代（43 歳〜 55 歳）〕
　漢語学一等教諭：明治 7（1874）年 3 月[注19]
　文部省一等教諭兼外務五等書記官として特命大使森有礼に従って中国に赴く：明治 8（1875）年 11 月[注20]
　漢語学科訓導：明治 12（1879）年 9 月[注21]

　六角（1988: 148）によると、頴川重寛は以後東京外国語学校が東京商業学校へ合併し、その後、学部が廃止されるまで在職したという。東京外国語学校［編］（1932）によると、東京外国語学校が東京商業学校と合併したのは明治 17（1884）

年、廃止されたのは翌明治 18（1885）年のことである。

　この間、明治 13（1880）年には上述した鄭幹輔の碑を撰文している（50 歳）。東京外国語学校が廃止になった後、明治 22（1889）年に病のため故郷の長崎へと戻り（59 歳）、最終的に明治 24（1891）年 4 月 21 日に享年 61 歳で没し、崇福寺の頴川家墓地に葬られる。

写真 7-4　頴川重寛　　　　　　写真 7-5　崇福寺境内にある頴川重寛
　　　（中嶋 2007: 45）　　　　　　　　　の碑（筆者撮影 2012 年）

　頴川重寛もまたその功績や人柄が認められてか、没後 13 年が経った明治 37（1904）年に、恐らくは 13 回忌に合わせて、多くの門下生らによって鄭幹輔の碑の隣に「頴川重寛先生之碑」が建てられている[注22]。碑を建立した門下生の中には鄭永寧の子である鄭永昌、鄭永邦の名も見える。これらの事実は鄭永寧と頴川重寛のつき合いの深さを物語っている。二人の長いつき合いは、嘉永 3（1850）年、満洲語の学習に際して、それぞれ鄭家と頴川家から選出された代表者としての出会いから始まったのであった。

5. まとめ

　以上、第 7 章では、様々な角度から唐通事にとっての満洲語学習の意味合い
について考察を試みた。満洲語学習は 19 世紀半ばにあって、もはや実用的な
意味を失っていたと思われる。本当に幕府からの命があったにせよ、或いは実
際は唐通事自らの発案だったにせよ、満洲語の学習と辞書編纂が、保身、すな
わち唐通事というポストの維持に利用されていた可能性がある。同時に彼らが
満洲語を学び、辞書を編纂したというその功績が、結果的に職位の昇格につな
がったのは間違いない。それを足掛かりに幕末から明治期以降に活躍の場を見
出した者として、満洲語辞書でも中心的な役割を果たしたと考えられる鄭永寧
と潁川重寛の二人の足跡を追った。二人は明治はじめ外務省に属し、漢語学所
の設立準備に関わった主要人物である。その後、鄭永寧は外務省から司法省
へと活躍の場を移し、潁川重寛は東京外国語学校で漢語（中国語）の教師とし
て長年勤める。明治以降このように活躍を遂げた二人の全ての始まりが嘉永 3
(1850) 年からの満洲語学習にあったと言っても過言ではあるまい。

第 7 章の注

1　『エゲレス語辞書和解』については古賀 (1947: 56-62)、古賀 (1966: 156-161)、石原 (1984)、
　　茂住 (1989: 277-280)、木村 (2012: 68-69) などを参照。

2　石原 (1984: 117-122) によると、『エゲレス語辞書和解』の編纂者のうち、森山栄之助
　　は嘉永 7 (1854) 年 10 月 17 日に普請役として幕臣に登用され、日露修好条約の草案を
　　訳出、プチャーチンが長崎を去るや江戸に急行し、再来航したペリーとの日米和親条約
　　締結交渉の場で、堀達之助、そして、森山同様『エゲレス語辞書和解』の編集に携わっ
　　た名村五八郎とともに通訳、翻訳の任務にあたっている。森山はその後も引き続き下田
　　勤務となり、また、木村 (2012: 149-160) によると、名村は安政元 (1854) 年夏に通訳
　　として箱館奉行堀利煕の樺太行きに同行、翌安政 2 (1855) 年には同じく『エゲレス語
　　辞書和解』の編纂者の一人であった岩瀬弥四郎とともに箱館開港に際し通訳として動員
　　されたのち、慶応元 (1865) 年まで箱館勤務となる。

3　安政 4 (1857) 年の「手頭留（八）」には次のような記事が見られる（森永 1970: 216)。
　　(66) 英語学習希望者募集

手附_江

　　　暎語稽古之もの新規増人申付候筈ニ 有之候間相願度ものともは来ル 廿九日迄ニ

　　　　向々より名前取揃差出可申候
　　　　右之趣不洩様支配之もの江 可申渡候
　　　　　巳八月

4　古賀（1947: 73-75）、茂住（1989: 293-294）、木村（2012: 120-121）などを参照のこと。
　　またその間には、安政3（1856）年に洋学所の設立に向けて幕府に上申がなされ、翌安
　　政4（1857）年には長崎西役所内に洋語伝習所（語学伝習所）が設置され、さらに翌安
　　政5（1858）年7月には岩原目付屋敷内の長崎奉行支配組頭永持享次郎の宿舎に英語伝
　　習所が設置され、英語に特化した教育が本格的に始まる。英語伝習所に関しては中嶋
　　（2007: 36-38）ほかを参照。
5　鄭幹輔の碑文については宮田（1975: 399-400）にその全文が掲載されている。
6　宮田（1979）には確認できないが、碑に名を連ねる者の中にある早野貞明、彭城種弘は、
　　その姓名から推測して、それぞれ辞書編纂に関わった早野志明（あるいは早野晴貞）、
　　彭城種美と何らかの関係があるかもしれない。
7　古賀（1947: 78）を参照。
8　「元治元年 慶応三年改 諸役人分限帳」と「慶応元年 明細分限帳」をもとに1864-1867
　　年頃の唐通事の職歴の変遷を追っている許（2012a: 268-276）の中にも鄭永寧の名は確
　　認される。その分析の中で許（2012a）は鄭幹輔・鄭永寧の鄭家が「訳司九家」という
　　中心的地位を確保するに至ったことを主張している。
9　文久3（1863）年創立。済美館と改称ののち、明治元（1868）年に広運館と改称。明治
　　5（1872）年に第六大学区第一番中学と改称（東京外国語学校［編］1932: 12）。
10　鄭永寧の漢語学所設立に関わる前後の足跡については六角（1988: 39-40）、朱（1997:
　　36-37）、東京外国語大学史編纂委員会［編］（1999: 867-869）を参照。また、鄭永寧の
　　外務省及び司法省時代の足跡については東亜同文会［編］（1968b: 33-36）、東京外国語
　　大学史編纂委員会［編］（1999: 869-872）にまとめられている。これ以外にも、これら
　　の研究を踏まえて鄭永寧の履歴全般とその評価を整理した許（2012b: 77-100）が最も詳
　　しい。しかし残念ながら、許（2012b）は本書が明らかにした満洲語学習と辞書編纂に
　　関する記述が欠如している。本書がそれを補った形になるが、結果、許（2012b）の記
　　述には一点のみ修正すべき箇所がある。鄭永寧が右十郎から永寧を名のりだした時期を
　　許（2012b: 80）は慶応3（1867）年に遡ると述べているが、『翻訳満語纂編』と『翻訳清
　　文鑑』に既に「鄭永寧」と書かれてあるため、永寧を名のりだした時期は、少なくとも
　　嘉永4（1851）年に遡る、とするのが正しい。
11　日清修好条規の交渉過程について東亜同文会［編］（1968a: 37-50）が詳しい。また清国
　　滞在中の明治5（1872）年にはマリア・ルイス号事件の処理にも関わったとされる（高
　　橋2016）。
12　大清会典は中国の清代に編纂された総合法典。現在、国立国会図書館に所蔵される『法
　　国律例』がそのときの成果だと考えられる。資料は2019年6月現在、国立国会図書館
　　デジタルコレクションとして、インターネット上で公開されている。
　　（http://dl.ndl.go.jp/search/searchResult?featureCode=all&searchWord=%E6%B3%
　　95%E5%9B%BD%E5%BE%8B%E4%BE%8B&viewRestricted=0）
13　天津条約の締結に関しては東亜同文会［編］（1968a: 178-183）が詳しい。
14　渋沢栄一などが設立した夜学の私立学校、京橋区肴町（現在の銀座）にあった（岩村

1942: 30)。

15 岩村（1942: 30）によると、清韓語学校時代の鄭永寧の風貌は「白い長髯が二尺餘もあり、まことに御立派な風采で矢張り日本服のみ着てゐられました」と、その教育については「此時は支那語の教科書もなく皆筆記でした。勿論字書もありませぬ」とある。

16 清韓語学校は、岩村（1942: 30）が「この学校は、日清戦争のころは、さかんなものでしたが、遼東半島を還付することになった後は、学生が追々すくなくなって、遂にやめることになりました。わたくしはそのときはまだ卒業期に達しておりませんでしたが、学校がやめになるので免状をもらいました」（表記は現代仮名遣いに改める）と述べていることから見て、最低でも明治28（1895）年ごろまでは存続していたことが分かる。仮に鄭永寧がその最後まで教育に関わっていたのだとしたら、結果死の直前まで現役を貫いたことになる。

17 宮田（1979: 64-65）を参照。

18 六角（1988: 39, 56）、東京外国語大学史編纂委員会［編］（1999: 872-875）を参照。

19 六角（1988: 147）、東京外国語大学史編纂委員会［編］（1999: 880-884）を参照。

20 許（2012b: 73-74）を参照。

21 東京外国語大学史編纂委員会［編］（1999: 890）を参照。このときになると、満洲語の辞書編纂者の一人であった神代延長も教員に名を連ねている（神代延長は明治13（1880）年に辞職）。なお、その後も明治14（1881）〜明治17（1884）年の「東京外国語学校一覧」に「漢語学 穎川重寛 長崎」の名が見える。

22 穎川重寛の碑文については注5で述べた鄭幹輔の碑同様、宮田（1975: 403-404）にその全文が掲載されている。

参考文献

愛新覚羅溥儀（1977）『わが半生（上）―「満州国」皇帝の自伝―』（小野忍・野原四郎・新島淳良・丸山昇［訳］）、東京：筑摩書房

赤峯裕子（1989）「〈翻刻〉『翻譯満語纂編』抄 その一」『文献探求』24: 57-75.

赤峯裕子（1990）「〈翻刻〉『翻譯満語纂編』抄 その二」『文献探求』26: 55-71.

赤峯裕子（1991）「〈翻刻〉『翻譯満語纂編』抄 その三」『文献探求』28: 72-89.

秋月辰一郎・越中哲也・片岡千鶴子・田中敏朗・外山三郎・中西啓・丹羽漢吉・森永種夫［監修］（1982）『長崎事典・風俗文化編』、長崎：長崎文献社

秋月辰一郎・越中哲也・片岡千鶴子・田中敏朗・外山三郎・中西啓・丹羽漢吉・宮田安・森永種夫［監修］（1982）『長崎事典・歴史編』、長崎：長崎文献社

石川遼子（2014）『金沢庄三郎―地と民と語とは相分かつべからず―』、京都：ミネルヴァ書房

石原千里（1984）「エゲレス語辞書和解とその編者たち」『英学史研究』17: 109-124.

今西春秋（1966）「清文鑑―単体から5体まで―」『朝鮮学報』39・40: 121-163.

岩村成允（1942）「外交と支那語」『中国文学』83: 30-38.

上田正昭・西澤潤一・平山郁夫・三浦朱門［監修］（2001）『講談社 日本人名大辞典』、東京：講談社

上原久（1961）「高橋景保とその著述（一）」『文献』6: 1-12.

上原久（1962）「高橋景保とその著述（二）」『文献』7: 12-36.

上原久（1963a）「高橋景保とその著述（三）」『文献』8・9: 16-25.

上原久（1963b）「高橋景保の満洲語学（1）」『埼玉大学紀要 人文科学篇』11: 8-50.

上原久（1964）「高橋景保の満洲語学（2）」『埼玉大学紀要 人文科学篇』12: 1-34.

上原久（1965）「高橋景保の満洲語学（3）」『埼玉大学紀要 人文科学篇』13: 21-83.

上原久（1971）「長崎通事の満州語学」『言語学論叢』11: 13-24.

上原久（1977）『高橋景保の研究』、東京：講談社

上原久（1988）「「満字考」について」『埼玉大学紀要人文科学篇』37: 1-9.

臼井勝美・高村直助・鳥海靖・由井正臣［編］（2001）『日本近現代人名辞典』、東京：吉川弘文館

越中哲也・白石和男［編］（1979）『ふるさと想い出写真集 明治大正昭和 長崎』、東京：国書刊行会

大橋百合子（1983）「唐通事の語学書―「訳詞長短話」管見―」『語文研究』（九州大学国語国文学会）55: 39-52.

大庭脩（1967）『江戸時代における唐船持渡書の研究』、吹田：関西大学東西学術研究所

岡田英弘・神田信夫・松村潤（2006）『紫禁城の栄光』、東京：講談社

奥村佳代子（2016）「18世紀長崎における口頭中国語―「初進館」の内容に基づく『譯家必備』再考―」『東アジア文化交渉研究』9: 37-46.

嘉数次人（2016）『天文学者たちの江戸時代―暦・宇宙観の大転換―』（ちくま新書1198）、東京：筑摩書房

金沢庄三郎（1910）「東洋語比較研究資料」『国語の研究』、東京：同文館

嘉村国男（1976）『新長崎年表（下）』、長崎：長崎文献社

河内良弘［編］（2014）『満洲語辞典』、京都：松香堂書店

河内良弘・清瀬義三郎則府（2002）『満洲語文語入門』、京都：京都大学学術出版会

喜多田久仁彦（1996）「唐通事の教本《養兒子》（一）」『京都外国語大学研究論叢』47: 188-199.

喜多田久仁彦（1997）「唐通事の教本《養兒子》（二）」『京都外国語大学研究論叢』49: 254-266.

喜多田久仁彦（1998）「唐通事の教本《養兒子》（三）」『京都外国語大学研究論叢』51: 278-292.

喜多田久仁彦（2001）「唐通事の教本について―《小孩兒》《養兒子》の教本としての特徴―」『京都外国語大学研究論叢』58：91-103.

喜多田久仁彦（2002）「唐通事の危機意識について」『京都外国語大学研究論叢』60: 143-152.

喜多田久仁彦（2016）「唐通事の中国語について」『研究論叢』（国際言語平和研究所）87: 9-20.

木津祐子（2000）「『唐通事心得』訳注稿」『京都大學文學部研究紀要』39: 1-50.

木村直樹（2012）『〈通訳〉たちの幕末維新』、東京：吉川弘文館

許海華（2012a）「幕末における長崎唐通事の体制」『東アジア文化交渉研究』5: 267-280.

許海華（2012b）「幕末明治期における長崎唐通事の史的研究」、博士論文（関西大学）

小泉欽司［編］（1994）『朝日 日本歴史人物事典』、東京：朝日新聞社

古賀十二郎（1947）『徳川時代に於ける長崎の英語研究』、福岡：九州書房

古賀十二郎（1966）『長崎洋学史（上）』、長崎：長崎文献社

胡増益［主編］（1994）『新満漢大詞典』、烏魯木斉：新疆人民出版社

斎藤兆史（2017）『英語襲来と日本人―今なお続く苦悶と狂乱―』、東京：中央公論新社

篠崎久躬（1997）『長崎方言の歴史的研究―江戸時代の長崎語―』、長崎：長崎文献社

朱全安（1997）『近代教育草創期の中国語教育』、東京：白帝社

邵艶（2005）「近代日本における中国語教育制度の成立」『神戸大学発達科学部研究紀要』12-2: 371-400.

新村出（1914）「高橋景保の満洲語学」『藝文』5（新村出 1927『東方言語史叢考』：44-72、岩波書店、所収）

新村出（1917）「長崎唐通事の満洲語学」『藝文』8（新村出 1927『東方言語史叢考』：80-92、岩波書店、所収）

新村出（1973）『新村出全集第 6 巻』、東京：筑摩書房

瀬野精一郎・新川登亀男・佐伯弘次・五野井隆史・小宮木代良（1998）『長崎県の歴史（県史 42）』、東京：山川出版社

園田尚弘・若木太一［編］（2004）『辞書遊歩―長崎で辞書を読む―』、福岡：九州大学出版会

高橋裕子（2016）「旧長崎唐通事が明治初期に果たした役割―マリア・ルス号事件を通じて―」『大学院論文集』（杏林大学大学院国際協力研究科）13: 1-20.

竹越孝（2016）『満漢字清文啓蒙〔会話篇・文法篇〕―校本と索引―』、東京：好文出版

趙阿平（2006; 2008）『満族語言与歴史文化』、北京：民族出版社

張照旭（2014）「唐船貿易における唐船の出航地と唐船乗組員の出身地について―明治初期中国語教育の背景―」『岡山大学大学院社会文化科学研究科紀要』38: 77-93.

津曲敏郎（2002）『満洲語入門 20 講』、東京：大学書林

東京外国語大学史編纂委員会［編］（1999）『東京外国語大学史―独立百周年（建学百二十六年）記念―』、東京：東京外国語大学

東京外国語大学史編纂委員会［編］（2001）『東京外国語大学史 資料編1―独立百周年（建学百二十六年）記念―』、東京：東京外国語大学

内藤湖南（1993）『清朝史通論』（東洋文庫571）、東京：平凡社

長崎市史年表編さん委員会［編］（1981）『長崎市史年表』、長崎：長崎市役所

長崎市史編さん委員会［編］（2012）『新長崎市史 第二巻近世編』、長崎：長崎市

長崎市立博物館［編］（2004）『長崎学ハンドブックⅢ 長崎の史跡（歌碑・句碑・記念碑)』、長崎：長崎市立博物館

長崎市立博物館［編］（2005）『長崎学ハンドブックⅣ 長崎の史跡（墓地・墓碑)』、長崎：長崎市立博物館

中嶋幹起（2007）『古賀十二郎―長崎学の確立にささげた生涯―』、長崎：長崎文献社

中田敬義（1942）「明治初期の支那語」『中国文学』83: 11-20.

中野三敏（2015）『書誌学談義 江戸の板本』、東京：岩波書店

中村質（1989）「唐通事」『国史大辞典』10: 177、東京：吉川弘文館

西川武臣（2016）『ペリー来航―日本・琉球をゆるがした412日間―』（中公新書2380）、東京：中央公論新社

野中正孝（2008）『東京外国語学校史―外国語を学んだ人たち―』、東京：不二出版

羽田亨（1936）「清文鑑和解・満語纂編解説」『東洋史研究』1（6）: 547-552.

羽田亨［編］（1937: 1972）『満和辞典』、東京：国書刊行会

原田博二（1999）『図説 長崎歴史散歩―大航海時代にひらかれた国際都市―』、東京：河出書房新社

林陸朗（2010）『長崎唐通事 増補版―大通事林道栄とその周辺―』、長崎：長崎文献社

早田輝洋（1977）「対語の音韻階層―なぜ「こっちあっち」と言わないか―」『文学研究』74: 123-152.

平山輝男［編］（1998）『長崎県のことば』（日本のことばシリーズ42）、東京：明治書院

深潟久（1980）『長崎女人伝（下）』、福岡：西日本新聞社

藤井省三（1992）『東京外語支那語部―交流と侵略のはざまで―』（朝日選書458）、東京：朝日新聞社

古市友子（2014）「近代日本における中国語教育に関する総合研究―宮島大八の中国語教育を中心に―」、博士論文（大東文化大学）

松本功（1957）「唐通事の研究―特に訳司統譜・唐通事会所日録を中心として―」『法政史学』10: 111-118.

満井録郎・土井進一郎（1974）『新長崎年表（上）』、長崎：長崎文献社

宮田安（1975）『長崎崇福寺論攷』、長崎：長崎文献社

宮田安（1979）『唐通事家系論攷』、長崎：長崎文献社

武藤長平（1917a）「崎陽訪古志」『歴史地理』（武藤長平1926『西南文運史論』: 204-232、東京：岡書院、所収）

武藤長平（1917b）「鎮西の支那語学研究」『東亜経済研究』2-1, 2-2（武藤長平1926『西南文運史論』: 42-63、東京：岡書院、所収）

Möllendorff, P.G.Von（1892）*A Manchu Grammar, with Analysed Texts*, Shanghai: The

American Presbyterian Mission Press.

茂住實男（1989）『洋語教授法史研究―文法＝訳語法の成立と展開を通して―』、東京：学文社

Li, Gertraude Roth（2000）*Manchu: A Textbook for Reading Documents*, Honolulu: University of Hawai'i Press.

六角恒廣（1981）「唐通事と唐話教育」『早稲田商学』292: 89-111.

六角恒廣（1988）『中国語教育史の研究』、東京：東方書店

〔資料〕

黒龍会（1966）『東亜先覚志士記伝（下巻）』、東京：原書房

東亜同文会［編］（1968a）『対支回顧録（上）』、東京：原書房

東亜同文会［編］（1968b）『対支回顧録（下）』、東京：原書房

東京外国語学校［編］（1932）『東京外國語學校沿革』、東京：東京外國語學校

東京外國語學校一覽　明治 14, 15 年

森永種夫［校訂］（1970）『長崎幕末史料大成 3―開国対策編Ⅰ―』、長崎：長崎文献社

森永種夫［校訂］（1974）『続長崎實録大成（長崎志続編）』、長崎：長崎文献社

付　録

【付録 1】 満洲文字とローマ字転写一覧 （Li 2000: 23-25）

Tables of alphabet symbols

Table 1: Vowels

	standing alone		initial position		middle position		final position	
a		1		2		3		4
e		5		6		7		8
i		9		10		11		12
o		13		14		15		16
u		17		18		19		20
ū		21		22		23		24
ai		25		26		27		28
ei		29		30		31		32
ui		33		34		35		36
oi		37		38		39		40
ūi		41		42		43		44

Box 4. ⺼ after all consonants except *b* and *p*; ⺄ after *b* and *p*. Example *amba*

Box 7. ⺄ after *k, g, h,* and front *d* and *t*, two consonant series that have dots for their own identification.

Box 8. ⺼ after *t*, ⺄ after *k, g, h (x)*, ⺄ after *b* and *p*.

Box 9. ⺄ as genitive case marker.

Boxes 15, 16, 19, 20. Mid-position and final *u* and *o* are incorporated into letters of circular shape *k, g, h (x), b,* and *p*. For examples see Table 4.

Boxes19 and 20. The letter *u* without a dot occurs after *k, g, h (x),* and *d* and *t*, i.e., the two consonant series that use dots for their own identification.

Box 26. When the letter *i* follows a vowel, it is doubled, written with two long strokes.

Boxes 38–39. When *o* is followed by a double-stroke *i*, it is *oi*, not *ūi*.

Box 44. The combination *ūi* exists only in final position.

Table 2: Consonants

	initial	middle	final	
n	ⲁ⳽	ⲁ⳽ ⳽	⳽ ⲁ⳽	Before a vowel mid-position *n* has a dot. Before a consonant mid-position *n* has no dot. Final *n* has a dot only in certain words of Chinese origin.
k (q)	⳽	⳽ ⳽	⳽	Before *a, o, ū.* Before a consonant mid-position *k* has two dots. Before a vowel mid-position *k* has no dots. Final k is preceded by *a, o, te, ū,* or *u* (but not *ku, gu, hu, hū*).
g (γ)	⳽'	⳽.		Before *a, o, ū.*
h (χ)	⳽	⳽		Before *a, o, ū.*
k	⳽	⳽	⳽	Before *e, i, u.* Occurs after *ku, gu, hu, hū,* or *e* when followed by a consonant. Final *k* is preceded by *i* or *e* but not *te.*
g	⳽'	⳽'		Before *e, i, u.*
h (x)	⳽°	⳽°		Before *e, i, u.*
b	⳽	⳽	⳽	
p	⳽	⳽		
s	⳽	⳽	⳽	
š	⳽	⳽		

付録　247

Consonants (continued)

	initial	middle	final	
t (back)	℘	ᴑ ᵩ	ᵩ	Before *a, o, ū, i.* Before another consonant *t* is written as ᵩ .
d (back)	℘	ᴑ.		Before *a, o, ū, i.*
t (front)	♭	ᴑ ᵩ	ᵩ	Before *e, u.* Before another consonant *t* is written as ᵩ .
d (front)	♭	ᴑ.		Before *e, u.*
l	↲	↳	↳	
m	↲	↳	↳	
c	⫝̸	⫝̸		
j	⌐	⌐		
y	⌐	⌐		
r	⌐	⌐	⌐	Initial *r* occurs only in foreign words/names.
f	⌐ ⌐	⌐ ⌐		Before *a* and *e* the letter *f* is written with a long stroke. Before *o, u, i, ū* a short stroke is used (*w* does not occur before these vowels).
w	⌐	⌐		Occurs only before *a* or *e.*
ng		⌐	⌐	

【付録2】 『清文鑑』のどの巻をいつ見たか（訳編者ベース）

1. 鄭永寧

	1	2	3	4	5	6	7	8	9	10	11	12	13	14	15	16
1		2		1			3				2					
3						3	2		**11**		4	1				1
4					2		4	7	4	9		1	3	**23**	3	
5					**15**	**12**	**23**	7								

	17	18	19	20	21	22	23	24	25	26	27	28	29	30	31	32
1		1	4	1				2			1	1	1		1	
3			2			6	4		2					1		
4	1	1					1	1							2	
5																

2. 彭城昌宣

	1	2	3	4	5	6	7	8	9	10	11	12	13	14	15	16
1				2		1	3						1			1
2	3	2	1	2			4		4		1					
3		2	3	3	1	6	1	3	1		2					1
4		2			1	1	3	1				1			2	
5					**12**	**10**	**11**	9	**13**							

	17	18	19	20	21	22	23	24	25	26	27	28	29	30	31	32
1			1	6		2	1		1			2		1	2	
2	1		2	7		2		1	1	1	1	2	2	5	2	
3	1	1	2	2	2	4	1	2	2	1			2	4		1
4		1	1	1	2			3	2		5	3	3	4	5	2
5																

3. 鉅鹿篤義

	1	2	3	4	5	6	7	8	9	10	11	12	13	14	15	16
1		2	1	1		3	7						1			
2				3			**12**	1	1							
3			2				5		2			1		1		
4	1						2		1	1						
5	2	**18**			1	**10**	3	4	1	2	1	2		3	3	5

	17	18	19	20	21	22	23	24	25	26	27	28	29	30	31	32
1			3	2	1		1		1				2	4	3	8
2			1	5	1		1			1	2	1	2	9		
3	1			6		3	5	1	1	1	2	2	**10**	1	4	2
4				7		3		1			2		5			3
5	2	1	2		2	1	1		1	2		6	1	2		3

4. 彭城種美

	1	2	3	4	5	6	7	8	9	10	11	12	13	14	15	16
1		1	2	2	3	1	2	1	3							1
2				1	3	1	7	4	2	2	1					
3	1		2		2	6	2		4	2						
4	6	2			3	3	3	1			3	2	1	4		1
5					**17**	**17**	**16**	7								

	17	18	19	20	21	22	23	24	25	26	27	28	29	30	31	32
1			1	2	1	8		2	1		1	2		3	2	1
2			1	3		3	1	1	1		1	1		4	1	2
3				2	2	2	1		3		1	1		5	1	2
4	1															5
5																

5. 高尾延之

	1	2	3	4	5	6	7	8	9	10	11	12	13	14	15	16
1		2	1				3			1		3				
2	1			2		1			1							
3								2	1							
4	4	**11**														
5		2	2				7						2	4	1	

	17	18	19	20	21	22	23	24	25	26	27	28	29	30	31	32
1			3	4		5		2	3		2			1	1	
2			1	4					5		2	3	6	3		1
3			5		1	4	5	2	4		5	1	3	4		3
4			2			1	1			2	1	3				4
5	2	1											1	2		

6. 穎川春重

	1	2	3	4	5	6	7	8	9	10	11	12	13	14	15	16
1		1			1		9		3	1						
2		1				4	2		2		1		2	4		
3	5	8			2	4		3	2		1		4	2		
4						5	7									

	17	18	19	20	21	22	23	24	25	26	27	28	29	30	31	32
1						8		1			3	1	2	2	5	3
2	1			2		1	1	2	5				1	5	5	1
3	1	1				**11**	2	1	1			4			1	
4				**12**		3										

付　録　　251

7. 蘆塚恒徳

	1	2	3	4	5	6	7	8	9	10	11	12	13	14	15	16
1		4	5	2	1		1			1						
2	2	1			2	2	1		3				2	2	1	1
3					4	2	4	1	2	3	2		1		2	1
5					2	1					**11**	2	2	1		1

	17	18	19	20	21	22	23	24	25	26	27	28	29	30	31	32
1			3			2					2	1				
2	1	2	2	2	1	4	1	1	4							
3	2		2			2			3	1			2		3	4
5	1	5					3	1	1		8		7		1	

8. 蔡正邦

	1	2	3	4	5	6	7	8	9	10	11	12	13	14	15	16
2	2	1		1			2	1	4	2					1	
3	1	3	1	1	1	1		3	3	2	2	2	1		1	
4	1				1	2	3		2		2			2		
5					1	2	4		2	8	5			4	2	

	17	18	19	20	21	22	23	24	25	26	27	28	29	30	31	32
2	1		3	3	1	3	2	2	4	5			1	3	3	2
3			6			1		1	5	2	2		1	6	8	1
4			1	1	1	6	4	3	3	3	1	2	1	5	3	
5	1		2	1	1	3	3	4	5	1	5	2		1	3	4

9. 官梅盛芳

	1	2	3	4	5	6	7	8	9	10	11	12	13	14	15	16
2				1	1	1	2		3	1						
3			1	1	3	6	5	2	4	2		1	2	1	1	
4				1	3	4	2	1	2			1				
5				1	3	5	1	5	2	1	1	1	1	1		

	17	18	19	20	21	22	23	24	25	26	27	28	29	30	31	32
2		2		4	3	1	2	2	2	2			1	1	1	3
3		1	1	2		2	2	4			2		1	1	1	2
4	1		3	1	1	4	1	3	2	1	3		2	1	2	2
5			1			1	2	4	1	3	4	3	1	3	3	5

10. 彭城廣林

	1	2	3	4	5	6	7	8	9	10	11	12	13	14	15	16
1		1		2			3			2						
2			1	4	1	**10**	3		1	1		3				
3			1	3	1	2	**11**		2	3						

	17	18	19	20	21	22	23	24	25	26	27	28	29	30	31	32
1			2	2		4			3		1	1	1	2		1
2			3			2	1		2	2			1	4	1	
3			2	6		2	3	4			4	1	2	2		1

11. 游龍俊之

	1	2	3	4	5	6	7	8	9	10	11	12	13	14	15	16
1		1				1	1	1	2							
2							7		1	1						
3			2	7	3				1			7		6		

	17	18	19	20	21	22	23	24	25	26	27	28	29	30	31	32
1			1			3	2	1			4	3	6	3	2	1
2			3	2		4		3	3		4	1	8		2	1
3	4	2	2	3	2	2	3		1						2	1

12. 石﨑親之

	1	2	3	4	5	6	7	8	9	10	11	12	13	14	15	16
1		1			2				1				1	4		
2			1		2		1		1	1	1	1	1		1	
3			1	4	1	2		4	1			2		1		1

	17	18	19	20	21	22	23	24	25	26	27	28	29	30	31	32
1			3	2		4		1	1	1	4		2	1	2	
2	1		3	2	1	9	1	3	2	2			2	2		
3			1	1	1	3	4	2		1	3	1	1	2		3

13. 神代定光

	1	2	3	4	5	6	7	8	9	10	11	12	13	14	15	16
1				1	3		1	1				2	1	1		
2			3	1	3	2	4	2	4							
3					3	1	4						4		1	

	17	18	19	20	21	22	23	24	25	26	27	28	29	30	31	32
1			2	1		1	1					1		4		
2				7		1			2	1			3	2		
3		7	1	1		1	1	4	3	1		4		6		5

14. 神代延長

	1	2	3	4	5	6	7	8	9	10	11	12	13	14	15	16
4		2	2			4		4					3	1		
5					1	2	1	**10**			3	9	2	1		2

	17	18	19	20	21	22	23	24	25	26	27	28	29	30	31	32
4	2	2		3	1	3	2	6		2		1	1		1	
5	3	5	2	1	2	1	1	2		2	1		4	6	1	

15. 彭城永祥

	1	2	3	4	5	6	7	8	9	10	11	12	13	14	15	16
4					1	1	1	1	1	1	2					
5		4							2	**10**				1	1	

	17	18	19	20	21	22	23	24	25	26	27	28	29	30	31	32
4					2	3	1	4			3	3	3		2		7
5	1	**19**		2		1	1	1	6		2		2	2	1	

16. 早野志明

	1	2	3	4	5	6	7	8	9	10	11	12	13	14	15	16
4					3	4	1	1	5	2		1		1		
5					2	3	3	1	2	2	3				2	

	17	18	19	20	21	22	23	24	25	26	27	28	29	30	31	32
4			1	1		5	1	1	1	3	4	1	4			1
5	1		6	2	2	2		2	1	1	2	1	6			1

17. 頴川雅範

	1	2	3	4	5	6	7	8	9	10	11	12	13	14	15	16
1			2	1			1									

	17	18	19	20	21	22	23	24	25	26	27	28	29	30	31	32
1				2	1	3		3		1			3		1	

18. 頴川道香

	1	2	3	4	5	6	7	8	9	10	11	12	13	14	15	16
1		1			1	1	4	1	3	2						1

	17	18	19	20	21	22	23	24	25	26	27	28	29	30	31	32
1			2	1				2			3	3	1		2	2

付録　255

19. 彭城雅美

	1	2	3	4	5	6	7	8	9	10	11	12	13	14	15	16
1		2		2			4		3	1	2					
	17	18	19	20	21	22	23	24	25	26	27	28	29	30	31	32
1			1	1	2	1		2		1	1	5	1			1

20. 衆学生

	1	2	3	4	5	6	7	8	9	10	11	12	13	14	15	16
2			2				**14**	9					3			
	17	18	19	20	21	22	23	24	25	26	27	28	29	30	31	32
2			3	7		4							5	**13**		

21. 呉為祥

	1	2	3	4	5	6	7	8	9	10	11	12	13	14	15	16
3			3	9	4	4	**12**			1		4				3
	17	18	19	20	21	22	23	24	25	26	27	28	29	30	31	32
3	1	1	1			1		4								

22. 早野晴貞

	1	2	3	4	5	6	7	8	9	10	11	12	13	14	15	16
3			1	2	3	5	4	1	5	1		1		1		
	17	18	19	20	21	22	23	24	25	26	27	28	29	30	31	32
3			4	2		1	2	2				1				1

【付録3】 『清文鑑』のどの巻をいつ見たか（『翻訳満語纂編』の巻ベース）

巻1（『清文鑑』巻1～8）

	1	2	3	4	5	6	7	8
鄭永寧		2		1			3	
高尾延之		2	1				3	
神代定光				1	3		1	1
彭城廣林		1		2			3	
石﨑親之		1		2				
游龍俊之		1				1	1	1
彭城種美		1	2	2	3	1	2	1
潁川春重		1			1		9	
潁川道香		1			1	1	4	1
潁川雅範			2	1			1	
彭城雅美		2		2			4	
鉅鹿篤義		2	1	1		3	7	
蘆塚恒徳		4	5	2	1		1	
彭城昌宣				2		1	3	
合計	0	18	11	14	11	7	42	4

巻1（『清文鑑』巻9～16）

	9	10	11	12	13	14	15	16
鄭永寧			2					
高尾延之		1		3				
神代定光				2	1	1		
彭城廣林		2						
石﨑親之	1				1	4		
游龍俊之	2							
彭城種美	3							1
潁川春重	3	1						
潁川道香	3	2						1
潁川雅範								
彭城雅美	3	1	2					
鉅鹿篤義					1			
蘆塚恒徳		1						
彭城昌宣					1			1
合計	15	8	4	5	4	5	0	3

巻1 (『清文鑑』巻17 ～ 24)

	17	18	19	20	21	22	23	24
鄭永寧			1	4	1			2
高尾延之			3	4		5		2
神代定光			2	1		1	1	
彭城廣林			2	2		4		
石﨑親之			3	2		4		1
游龍俊之			1			3	2	1
彭城種美			1	2	1	8		2
穎川春重						8		1
穎川道香			2	1				2
穎川雅範				2	1	3		3
彭城雅美			1	1	2	1		2
鉅鹿篤義			3	2	1		1	
蘆塚恒徳			3			2		
彭城昌宣			1	6		2	1	
合計	0	0	23	27	6	41	5	16

巻1 (『清文鑑』巻25 ～ 32)

	25	26	27	28	29	30	31	32	合計
鄭永寧			1	1	1		1		20
高尾延之	3		2			1	1		31
神代定光					1	4			20
彭城廣林	3		1	1	1	2		1	25
石﨑親之	1	1	4		2	1	2		30
游龍俊之			4	3	6	3	2	2	33
彭城種美	1		1	2		3	2	1	40
穎川春重			3	1	2	2	5	3	40
穎川道香			3	3	1		2	2	30
穎川雅範		1			3		1		18
彭城雅美		1	1	5	1			1	30
鉅鹿篤義	1				2	4	3	8	40
蘆塚恒徳		2	1						22
彭城昌宣	1		2			1	2		24
合計	10	3	22	20	19	21	21	18	

巻2（『清文鑑』巻1〜8）

	1	2	3	4	5	6	7	8
官梅盛芳				1	1	1	2	
高尾延之	1			2		1		
彭城昌宣	3	2	1	2			4	
穎川重春		1				4	2	
蔡正邦	2	1		1			2	1
彭城廣林			1	4	1	**10**	3	
神代定光			3	1	3	2	4	2
蘆塚恒徳	2	1			2	2	1	
彭城種美				1	3	1	7	4
鉅鹿篤義				3			**12**	1
衆学生			2				**14**	9
石﨑親之			1		2		1	
游龍俊之							7	
合計	8	5	8	15	12	21	59	17

巻2（『清文鑑』巻9〜16）

	9	10	11	12	13	14	15	16
官梅盛芳	3	1						
高尾延之	1							
彭城昌宣	4		1					
穎川重春	2		1		2	4		
蔡正邦	4	2					1	
彭城廣林	1	1		3				
神代定光	4							
蘆塚恒徳	3				2	2	1	1
彭城種美	2	2	1					
鉅鹿篤義	1							
衆学生					3			
石﨑親之	1	1	1	1	1		1	
游龍俊之	1	1						
合計	27	8	4	4	8	6	3	1

付 録

巻 2 (『清文鑑』巻 17 〜 24)

	17	18	19	20	21	22	23	24
官梅盛芳			2		4	3	1	2
高尾延之			1	4				
彭城昌宣	1		2	7		2		1
潁川重春	1			2		1	1	2
蔡正邦	1		3	3	1	3	2	2
彭城廣林				3		2	1	
神代定光				7		1		
蘆塚恒徳	1	2	2	2	1	4	1	1
彭城種美			1	3		3	1	1
鉅鹿篤義			1	5	1		1	
衆学生			3	7		4		
石﨑親之	1		3	2	1	9	1	3
游龍俊之			3	2		4		3
合計	5	2	21	47	8	36	9	15

巻 2 (『清文鑑』巻 25 〜 32)

	25	26	27	28	29	30	31	32	合計
官梅盛芳	2	2	2		1	1	1	3	33
高尾延之	5		2	3	6	3		1	30
彭城昌宣	1	1	1	2	2	5	2		44
潁川重春	5				1	5	5	1	40
蔡正邦	4	5			1	3	3	2	47
彭城廣林	2	2			1	4	1		40
神代定光	2	1			3	2			35
蘆塚恒徳	4								35
彭城種美	1		1	1		4	1	2	40
鉅鹿篤義		1	2	1	2	9			40
衆学生					5	**13**			60
石﨑親之	2	2			2	2			38
游龍俊之	3		4	1	8		2	1	40
合計	31	14	12	8	32	51	15	10	

巻3（『清文鑑』巻1〜8）

	1	2	3	4	5	6	7	8
呉為祥			3	9	4	4	**12**	
官梅盛芳			1	1	3	6	5	2
神代定光					3	1	4	
石﨑親之			1	4	1	2		4
彭城昌宣		2	3	3	1	6	1	3
潁川春重	5	8			2	4		3
彭城廣林			1	3	1	2	**11**	
蔡正邦	1	3	1	1	1	1		3
早野晴貞			1	2	3	5	4	1
蘆塚恒徳					4	2	4	1
鉅鹿篤義			2				5	
游龍俊之			2	7	3			
鄭永寧						3	2	
彭城種美	1		2		2	6	2	
高尾延之								2
合計	7	13	17	30	28	42	50	19

巻3（『清文鑑』巻9〜16）

	9	10	11	12	13	14	15	16
呉為祥		1		4				3
官梅盛芳	4	2		1	2	1	1	
神代定光					4		1	
石﨑親之	1			2		1		1
彭城昌宣	1		2					1
潁川春重	2		1		4	2		
彭城廣林	2	3						
蔡正邦	3	2	2	2	1		1	
早野晴貞	5	1		1		1		
蘆塚恒徳	2	3	2		1		2	1
鉅鹿篤義	2			1		1		
游龍俊之	1			7		6		
鄭永寧	**11**		4	1				1
彭城種美	4	2						
高尾延之	1							
合計	39	14	11	19	12	12	5	7

巻 3（『清文鑑』巻 17 ～ 24）

	17	18	19	20	21	22	23	24
呉為祥	1	1	1			1		4
官梅盛芳		1	1	2		2	2	4
神代定光	・	7	1	1		1	1	4
石﨑親之			1	1	1	3	4	2
彭城昌宣	1	1	2	2	2	4	1	2
穎川春重	1	1				**11**	2	1
彭城廣林			2	6		2	3	4
蔡正邦			6			1		1
早野晴貞			4	2		1	2	2
蘆塚恒徳	2		2			2		
鉅鹿篤義	1			6		3	5	1
游龍俊之	4	2	2	3	2	2	3	
鄭永寧				2		6	4	
彭城種美				2	2	2	1	
高尾延之			5		1	4	5	2
合計	10	13	27	27	8	45	33	27

巻 3（『清文鑑』巻 25 ～ 32）

	25	26	27	28	29	30	31	32	合計
呉為祥									48
官梅盛芳			2		1	1	1	2	48
神代定光	3	1		4		6		5	47
石﨑親之		1	3	1	1	2		3	40
彭城昌宣	2	1			2	4		1	48
穎川春重	1			4			1		53
彭城廣林			4	1	2	2		1	50
蔡正邦	5	2	2		1	6	8	1	55
早野晴貞				1				1	37
蘆塚恒徳	3	1			2		3	4	41
鉅鹿篤義	1	1	2	2	**10**	1	4	2	50
游龍俊之	1						2	1	48
鄭永寧	2					1			37
彭城種美	3		1	1		5	1	2	39
高尾延之	4		5	1	3	4		3	40
合計	25	7	19	15	22	32	20	26	

巻4（『清文鑑』巻1〜8）

	1	2	3	4	5	6	7	8
穎川春重						5	7	
鉅鹿篤義	1						2	
彭城永祥						1	1	1
高尾延之	4	**11**						
彭城種美	6	2		3	3	3	1	
早野志明					3	4	1	1
神代延長		2	2			4		4
官梅盛芳				1		3	4	2
彭城昌宣		2		1		1	3	1
蔡正邦	1			1		2	3	
鄭永寧					2		4	7
合計	12	17	2	3	11	23	26	16

巻4（『清文鑑』巻9〜16）

	9	10	11	12	13	14	15	16
穎川春重								
鉅鹿篤義	1	1						
彭城永祥	1	1	1	2				
高尾延之								
彭城種美		3	2	1	4		1	
早野志明	5	2		1		1		
神代延長					3	1		
官梅盛芳	1	2		1				
彭城昌宣				1			2	
蔡正邦	2		2			2		
鄭永寧	4	9		1	3	**23**	3	
合計	14	18	5	7	10	27	6	0

巻4（『清文鑑』巻17 〜 24）

	17	18	19	20	21	22	23	24
穎川春重				**12**		3		
鉅鹿篤義				7		3		1
彭城永祥					2	3	1	4
高尾延之			2				1	1
彭城種美	1							
早野志明			1	1		5	1	1
神代延長	2	2		3	1	3	2	6
官梅盛芳	1		3	1	1	4	1	3
彭城昌宣		1	1	1	2			3
蔡正邦			1	1	1	6	4	3
鄭永寧	1	1					1	1
合計	5	4	8	26	7	27	11	23

巻4（『清文鑑』巻25 〜 32）

	25	26	27	28	29	30	31	32	合計
穎川春重									27
鉅鹿篤義			2			5		3	26
彭城永祥		3	3	3		2		7	36
高尾延之		2	1	3				4	29
彭城種美								5	35
早野志明	1	3	4	1	4			1	41
神代延長		2		1	1		1		40
官梅盛芳	2	1	3		2	1	2	2	41
彭城昌宣	2		5	3	3	4	5	2	43
蔡正邦	3	3	1	2	1	5	3		47
鄭永寧								2	62
合計	8	14	19	13	11	17	13	24	

巻5（『清文鑑』巻1〜8）

	1	2	3	4	5	6	7	8
鄭永寧					**15**	**12**	**23**	7
蘆塚恒徳					2	1		
早野志明					2	3	3	1
官梅盛芳					1	3	5	1
鉅鹿篤義	2	**18**		1	**10**	3	4	1
彭城昌宣					**12**	**10**	**11**	9
彭城永祥		4						
高尾延之		2	2				7	
蔡正邦					1	2	4	
神代延長					1	2	1	**10**
彭城種美					**17**	**17**	**16**	7
合計	2	24	2	1	61	53	74	36

巻5（『清文鑑』巻9〜16）

	9	10	11	12	13	14	15	16
鄭永寧								
蘆塚恒徳			**11**	2	2	1		1
早野志明	2	2	3				2	
官梅盛芳	5	2	1	1	1	1	1	
鉅鹿篤義	2	1	2		3	3	5	
彭城昌宣	**13**							
彭城永祥	2	**10**				1	1	
高尾延之					2	4	1	
蔡正邦	2	8	5			4	2	
神代延長			3	9	2	1		2
彭城種美								
合計	26	23	25	12	10	15	12	3

卷5（『清文鑑』卷17〜24）

	17	18	19	20	21	22	23	24
鄭永寧								
蘆塚恒德	1	5					3	1
早野志明	1		6	2	2	2		2
官梅盛芳			1			1	2	4
鉅鹿篤義	2	1	2		2	1	1	
彭城昌宣								
彭城永祥	1	**19**		2		1	1	1
高尾延之	2	1						
蔡正邦	1		2	1	1	3	3	4
神代延長	3	5	2	1	2	1	1	2
彭城種美								
合計	11	31	13	6	7	9	11	14

卷5（『清文鑑』卷25〜32）

	25	26	27	28	29	30	31	32	合計
鄭永寧									57
蘆塚恒德	1		8		7		1		47
早野志明	1	1	2	1	6			1	45
官梅盛芳	1	3	4	3	1	3	3	5	53
鉅鹿篤義	1	2		6	1	2		3	79
彭城昌宣									55
彭城永祥	6		2		2	2	1		56
高尾延之					1	2			24
蔡正邦	5	1	5	2		1	3	4	64
神代延長		2	1		4	6	1		62
彭城種美									57
合計	15	9	22	12	22	16	9	13	

【付録4】 『清文鑑』の部類別に見た『翻訳満語纂編』の収録語句数（全）

略号：「巻」＝『清文鑑』の巻、「巻別数」＝『清文鑑』のその巻の中から『翻訳満語纂編』に選ばれた語句数、「部」＝『清文鑑』の部名、「部別数」＝『清文鑑』のその部の中から『翻訳満語纂編』に選ばれた語句数、「類」＝『清文鑑』の類名、「類別数」＝『清文鑑』のその類の中から『翻訳満語纂編』に選ばれた語句数

巻	巻別数	部	部別数		類	類別数	
1	29	天部	29	29	天文類1	8	29
					天文類2	6	
					天文類3	3	
					天文類4	2	
					天文類5	4	
					天文類6	2	
					天文類7	4	
2	77	時令部	25	25	時令類1	4	25
					時令類2	2	
					時令類3	4	
					時令類4	5	
					時令類5	2	
					時令類6	3	
					時令類7	2	
					時令類8	2	
					時令類9	1	
		地部	52	52	地輿類1	6	52
					地輿類2	9	
					地輿類3	2	
					地輿類4	7	
					地輿類5	2	
					地輿類6	6	
					地輿類7	3	
					地輿類8	5	
					地輿類9	1	
					地輿類10	1	
					地輿類11	8	
					地輿類12	0	
					地輿類13	2	
					地輿類14	0	

付　録　　267

巻	巻別数	部	部別数		類	類別数	
3	40	君部	9	9	君類 1	8	9
					君類 2	1	
		諭旨部	23	23	諭旨類	10	10
					封表類 1	6	13
					封表類 2	7	
		設官部 1	8		旗分佐領類 1	6	8
					旗分佐領類 2	2	
4	63	設官部 2	63	71	臣宰類 1	6	53
					臣宰類 2	4	
					臣宰類 3	2	
					臣宰類 4	6	
					臣宰類 5	1	
					臣宰類 6	3	
					臣宰類 7	2	
					臣宰類 8	6	
					臣宰類 9	2	
					臣宰類 10	6	
					臣宰類 11	2	
					臣宰類 12	3	
					臣宰類 13	8	
					臣宰類 14	2	
					陞轉類	8	8
					考選類	2	2
5	118	政部	118	118	政事類	19	19
					巡邏類	1	1
					事務類 1	9	35
					事務類 2	15	
					事務類 3	8	
					事務類 4	3	
					繁冗類	8	8
					辦事類 1	2	9
					辦事類 2	7	
					官差類	8	8
					輪班行走類	7	7
					爭鬪類 1	4	10
					爭鬪類 2	6	
					詞訟類 1	1	3
					詞訟類 2	2	
					刑罰類 1	5	10
					刑罰類 2	5	
					捶打類	3	3

巻	巻別数	部	部別数		類		類別数	
5	118	政部	118	118	寬免類	1	1	
					安慰類	4	4	
6	149	禮部	149	149	禮儀類	15	15	
					鹵簿器用類 1	10	53	
					鹵簿器用類 2	11		
					鹵簿器用類 3	7		
					鹵簿器用類 4	11		
					鹵簿器用類 5	14		
					朝集類	10	10	
					禮拜類	3	3	
					筵宴類	11	11	
					祭祀類 1	9	16	
					祭祀類 2	7		
					祭祀器用類 1	15	21	
					祭祀器用類 2	6		
					喪服類 1	6	13	
					喪服類 2	7		
					灑掃類	7	7	
7	252	樂部	64	64	樂類 1	8	25	
					樂類 2	9		
					樂類 3	8		
					樂器類 1	11	39	
					樂器類 2	17		
					樂器類 3	11		
		文學部	188	188	書類 1	12	91	
					書類 2	12		
					書類 3	14		
					書類 4	12		
					書類 5	10		
					書類 6	13		
					書類 7	6		
					書類 8	12		
					文學類	11	11	
					文教類	9	9	
					文學什物類 1	15	42	
					文學什物類 2	27		
					儀器類	20	20	
					數目類 1	7	15	
					數目類 2	8		

付　録　　269

巻	巻別数	部	部別数		類		類別数
8	92	武功部1	92	213	兵類	13	13
					防守類	2	2
					征伐類1	8	43
					征伐類2	3	
					征伐類3	3	
					征伐類4	4	
					征伐類5	10	
					征伐類6	2	
					征伐類7	8	
					征伐類8	5	
					歩射類1	5	12
					歩射類2	7	
					騎射類	4	4
					馴馬類	8	8
					撩跂類1	5	10
					撩跂類2	5	
9	121	武功部2	121		畋獵類1	4	12
					畋獵類2	2	
					畋獵類3	6	
					頑鷹犬類	7	7
					軍器類1	9	70
					軍器類2	3	
					軍器類3	7	
					軍器類4	4	
					軍器類5	11	
					軍器類6	23	
					軍器類7	13	
					製造軍器類1	4	13
					製造軍器類2	2	
					製造軍器類3	2	
					製造軍器類4	5	
					撒袋弓靫類	5	5
					鞍轡類1	8	14
					鞍轡類2	6	
10	71	人部1	71	398	人類1	5	31
					人類2	9	
					人類3	4	
					人類4	10	
					人類5	3	
					人倫類1	9	11
					人倫類2	2	

巻	巻別数	部	部別数	類		類別数	
10	71	人部1	71	親戚類	3	3	
				朋友類	1	1	
				老少類1	3	4	
				老少類2	1		
				人身類1	3	21	
				人身類2	4		
				人身類3	2		
				人身類4	3		
				人身類5	0		
				人身類6	3		
				人身類7	4		
				人身類8	2		
11	50	人部2	50	容貌類1	0	12	
				容貌類2	2		
				容貌類3	1		
				容貌類4	2		
				容貌類5	2		
				容貌類6	3		
				容貌類7	1		
				容貌類8	1		
			398	性情類1	0	3	
				性情類2	3		
				福祉類	4	4	
				富裕類	2	2	
				孝養類	5	5	
				友悌類	1	1	
				仁義類	3	3	
				忠清類	4	4	
				聰智類	3	3	
				徳藝類	4	4	
				厚重類1	3	3	
				厚重類2	0		
				敬愼類	2	2	
				親和類	4	4	
				省倹類	0	0	
12	40	人部3	40	眶勉類	4	4	
				勇健類	9	9	
				名誉類	6	6	
				稱奨類	0	0	
				問答類1	4	7	
				問答類2	3		

付録　*271*

巻	巻別数	部	部別数		類	類別数	
12	40	人部 3	40	398	觀視類 1	1	3
					觀視類 2	2	
					聆會類	3	3
					喚招類	1	1
					詳驗類	0	0
					催逼類	1	1
					遲悞類	1	1
					倚靠類	0	0
					取與類	0	0
					助濟類	1	1
					均賑類	1	1
					分給類	1	1
					取送類	2	2
					落空類	0	0
13	51	人部 4	51		求望類	3	3
					生育類	0	0
					生産類	12	12
					喜樂類	1	1
					愛惜類	7	7
					嘻笑類	0	0
					戲要類	6	6
					貧乏類	4	4
					當借類	1	1
					饑饉類	6	6
					寒戰類	4	4
					怨恨類	0	0
					愁悶類	0	0
					悔嘆類	1	1
					哭泣類	2	2
					怒惱類	2	2
					怕懼類 1	1	2
					怕懼類 2	1	
14	65	人部 5	65		言論類 1	5	13
					言論類 2	1	
					言論類 3	1	
					言論類 4	6	
					聲響類 1	4	36
					聲響類 2	4	
					聲響類 3	1	
					聲響類 4	15	
					聲響類 5	5	
					聲響類 6	7	

巻	巻別数	部	部別数	類	類別数	
14	65	人部5	65	隱顯類	2	2
				坐立類1	3	4
				坐立類2	1	
				行走類1	2	10
				行走類2	1	
				行走類3	5	
				行走類4	2	
15	26	人部6	26	歇息類	0	0
				去來類	5	5
				疲倦類	3	3
				睡臥類1	0	0
				睡臥類2	0	
				急忙類	1	1
				留遣類	3	3
				遷移類	0	0
				搖動類	0	0
				挈放類	6	6
				擲撒類	1	1
				遇合類	1	1
				憎嫌類	0	0
				侵犯類	0	0
				鄙薄類	4	4
				讎敵類	0	0
				責備類	2	2
				折磨類	4	4
				咒罵類	2	2
				叛逆類	1	1
				逃避類	1	1
				竊奪類	0	0
16	14	人部7	14	疾病類1	1	1
				疾病類2	0	
				疼痛類1	0	1
				疼痛類2	0	
				疼痛類3	1	
				瘡膿類1	0	0
				瘡膿類2	0	
				腫脹類	0	0
				傷痕類	4	4
				殘欽類	0	0
17	31	人部8	31	僭奢類	1	1
				淫黷類	1	1

(部別数 column: 398 spans rows for 巻15, 16)

付　録　　*273*

巻	巻別数	部	部別数	類	類別数	
17	31	人部8	31	猜疑類	4	4
				驕矜類	6	6
				輕狂類	2	2
				強凌類	3	3
				懦弱類1	2	4
				懦弱類2	2	
				愚昧類	3	3
				過失類	1	1
				羞愧類	1	1
				暴虐類	1	1
				懶惰類	0	0
				怠慢迂疎類	1	1
				欺哄類	2	2
				奸邪類	0	0
				讒諂類	1	1
18	50	人部9	50	兇惡類1	4	8
				兇惡類2	4	
				貪婪類	5	5
				邋遢類	1	1
				厭惡類	3	3
				鄙瑣類	0	0
				鈍繆類	17	17
				洗漱類	3	3
				乾燥類	1	1
				濕潮類	2	2
				抽展類（屈伸類）	1	1
				完全類	2	2
				爾我類1	2	4
				爾我類2	2	
				散語類1	0	3
				散語類2	0	
				散語類3	3	
19	92	僧道部	29	佛類1	15	24
				佛類2	9	
				神類	5	5
		奇異部	7	鬼怪類	7	7
		醫巫部	8	醫治類	8	8
		技藝部	18	賭戲類	2	2
				戲具類1	7	16
				戲具類2	9	

398

巻	巻別数	部	部別数	類		類別数	
19	92	居處部 1	30	城郭類	17	17	
				街道類	13	13	
20	133	居處部 2	133	宮殿類	9	9	
				壇廟類	5	5	
				部院類 1	9		
				部院類 2	7		
				部院類 3	14		
				部院類 4	9		
				部院類 5	8		
				部院類 6	10	119	182
				部院類 7	10		
				部院類 8	9		
				部院類 9	7		
				部院類 10	8		
				部院類 11	13		
				部院類 12	15		
21	36	居處部 3	19	室家類 1	7		
				室家類 2	2	16	
				室家類 3	2		
				室家類 4	5		
				開閉類	2	2	
				倒支類	1	1	
		産業部 1	17	田地類	4	4	
				農工類 1	1		
				農工類 2	0	4	
				農工類 3	3		
				農器類	7	7	
				割採類	0	0	
				收藏類	1	1	
				扛擡類	1	1	
22	158	産業部 2	158	碾磨類	0	0	175
				趕拌類	2	2	
				捆堆類	6	6	
				貿易類 1	12	17	
				貿易類 2	5		
				衡量類 1	10	12	
				衡量類 2	2		
				打牲類	4	4	
				打牲器用類 1	10		
				打牲器用類 2	15	44	
				打牲器用類 3	13		
				打牲器用類 4	6		

付　録　　275

巻	巻別数	部	部別数		類		類別数
22	158	産業部 2	158	175	工匠器用類 1	10	33
					工匠器用類 2	12	
					工匠器用類 3	11	
					貨財類 1	21	40
					貨財類 2	19	
23	68	烟火部	21	21	烟火類 1	9	21
					烟火類 2	6	
					烟火類 3	3	
					烟火類 4	3	
		布帛部	47	47	布帛類 1	10	33
					布帛類 2	6	
					布帛類 3	2	
					布帛類 4	7	
					布帛類 5	4	
					布帛類 6	4	
					絨棉類	6	6
					采色類 1	2	5
					采色類 2	3	
					采色類 3	0	
					紡織類 1	0	3
					紡織類 2	3	
24	95	衣飾部	95	95	冠帽類 1	7	12
					冠帽類 2	5	
					衣服類 1	10	29
					衣服類 2	10	
					衣服類 3	3	
					衣服類 4	6	
					巾帯類	4	4
					靴韈類	8	8
					皮革類 1	4	5
					皮革類 2	1	
					熟皮類	0	0
					穿脱類	5	5
					鋪盖類	9	9
					梳粧類	2	2
					飾用物件類	13	13
					剪縫類 1	3	3
					剪縫類 2	0	
					剪縫類 3	0	
					氊屋帳房類	4	4
					包裹類	1	1

巻	巻別数	部	部別数		類	類別数	
25	89	器皿部	89	89	器用類1	6	69
					器用類2	9	
					器用類3	9	
					器用類4	9	
					器用類5	9	
					器用類6	10	
					器用類7	9	
					器用類8	8	
					盈虚類	1	1
					雙單類	1	1
					多寡類1	1	2
					多寡類2	1	
					増減類	2	2
					量度類	3	3
					新舊類	1	1
					同異類	0	0
					大小類	3	3
					破壊類	1	1
					斷折類	0	0
					斷脱類	1	1
					孔裂類	0	0
					諸物形狀類1	3	5
					諸物形狀類2	1	
					諸物形狀類3	1	
26	47	營造部	23	23	營造類	1	1
					塞決類	2	2
					折鎚類	6	6
					截砍類	1	1
					煨折類	0	0
					鏃鑽類	0	0
					雕刻類	0	0
					膠粘類	3	3
					鋥磨類	2	2
					砌苫類	2	2
					間隔類	2	2
					拴結類	2	2
					油畫類	0	0
					剖解類	1	1
					殘毀類	0	0
					完成類	1	1

付　録　　277

巻	巻別数	部	部別数		類		類別数	
26	47	船部	14	14	船類1	6	14	
					船類2	4		
					船類3	1		
					船類4	3		
		車輛部	10	10	車輛類1	7	10	
					車輛類2	3		
27	94	食物部1	94	117	飯肉類1	4	22	
					飯肉類2	7		
					飯肉類3	6		
					飯肉類4	5		
					菜穀類1	9	38	
					菜穀類2	9		
					菜穀類3	9		
					菜穀類4	11		
					茶酒類	9	9	
					餑餑類1	7	16	
					餑餑類2	5		
					餑餑類3	4		
					飲食類1	0	9	
					飲食類2	3		
					飲食類3	3		
					飲食類4	3		
28	68	食物部2	23		生熟類	3	3	
					煑煎類	3	3	
					焼炒類	4	4	
					剥割類1	3	4	
					剥割類2	1		
					滋味類	4	4	
					輭硬類	4	4	
					旨盛類	0	0	
					澆淬類	1	1	
		雜糧部	16	16	米穀類1	10	16	
					米穀類2	6		
		雜果部	29	29	果品類1	7	29	
					果品類2	12		
					果品類3	7		
					果品類4	3		
29	107	草部	34	34	草類1	7	34	
					草類2	13		
					草類3	11		
					草類4	3		

巻	巻別数	部	部別数		類	類別数	
29	107	樹木部	31	31	樹木類 1	4	31
					樹木類 2	6	
					樹木類 3	6	
					樹木類 4	8	
					樹木類 5	1	
					樹木類 6	4	
					樹木類 7	0	
					樹木類 8	1	
					樹木類 9	0	
					樹木類 10	1	
		花部	42	42	花類 1	3	42
					花類 2	10	
					花類 3	9	
					花類 4	8	
					花類 5	11	
					花類 6	1	
30	137	鳥雀部	137	137	鳥類 1	10	80
					鳥類 2	7	
					鳥類 3	10	
					鳥類 4	9	
					鳥類 5	8	
					鳥類 6	10	
					鳥類 7	6	
					鳥類 8	6	
					鳥類 9	8	
					鳥類 10	6	
					雀類 1	8	47
					雀類 2	11	
					雀類 3	7	
					雀類 4	3	
					雀類 5	10	
					雀類 6	8	
					羽族肢體類 1	1	10
					羽族肢體類 2	1	
					飛禽動息類 1	2	
					飛禽動息類 2	6	
31	78	獸部	42	42	獸類 1	8	38
					獸類 2	5	
					獸類 3	4	
					獸類 4	2	
					獸類 5	9	

付　録　　279

巻	巻別数	部	部別数		類		類別数
31	78	獸部	42	42	獸類 6	2	38
					獸類 7	8	
					走獸肢體類	3	3
					走獸動息類	1	1
		牲畜部 1	36	56	諸畜類 1	1	8
					諸畜類 2	4	
					諸畜類 3	3	
					牲畜孳生類	3	3
					馬匹類 1	7	10
					馬匹類 2	3	
					馬匹類 3	0	
					馬匹毛片類	4	4
					馬匹肢體類 1	1	2
					馬匹肢體類 2	1	
					馬匹馳走類 1	2	3
					馬匹馳走類 2	1	
					馬匹動作類 1	4	6
					馬匹動作類 2	2	
					套備馬匹類	0	0
32	91	牲畜部 2	20		駱駝類 1	2	2
					駱駝類 2	0	
					牧養類 1	0	0
					牧養類 2	0	
					馬畜殘疾類 1	1	2
					馬畜殘疾類 2	1	
					牛類	8	8
					牲畜器用類 1	6	8
					牲畜器用類 2	2	
		鱗甲部	45	45	龍蛇類	7	7
					河魚類 1	7	19
					河魚類 2	4	
					河魚類 3	3	
					河魚類 4	5	
					海魚類 1	7	14
					海魚類 2	7	
					鱗甲肢體類	5	5
		蟲部	26	26	蟲類 1	5	23
					蟲類 2	3	
					蟲類 3	8	
					蟲類 4	7	
					蟲動類	3	3

【付録5】 濯足本『翻訳満語纂編』で擦って修正された箇所

巻	頁	見出し語句	担当者	修正箇所	修正内容
	12	aliha bithei da	鄭永寧	語釈満洲語	dasara
	12	alibun	鄭永寧	語釈満洲語	de donjibume
	13	inenggi abkai dambin	鄭永寧	語釈満洲語	dergi mutun
	17	naman	高尾延之	語釈満洲語	naman sembi
	17	nasara bithe	高尾延之	かな表記	**ナアサアルア**
	19	nomun	高尾延之	かな表記	**ノオムウム**
	30	—	石﨑親之	冒頭担当字頭	pi
	32	pilutu	石﨑親之	語釈日本語訳	**毘盧帽**
	35	sele futa	石﨑親之	語釈満洲語	**holboro**
	37	sisi	游龍俊之	かな表記	**シイシイ**
	38	sisa	游龍俊之	語釈満洲語	turi ci majige ajigen
	40	suberhe	游龍俊之	語釈満洲語	daniyan
1 上	42	šetuhen	游龍俊之	語釈日本語	二十**五**
	43	šokū	游龍俊之	語釈満洲語	se**mbi**
	43	šokū	游龍俊之	語釈日本語訳	作リタルモノ**モ**
	46	tatangga hangse	彭城種美	語釈満洲語	obuhangge
	47	dalunmbi	彭城種美	語釈満洲語	waha **ulha** ujin
	47	dalunmbi	彭城種美	語釈日本語訳	殺シ**タル 牲**畜
	48	dabakū	彭城種美	見出し満洲語	daba**kū**
	48	teherebuku	彭城種美	語釈満洲語	teng**neku**
	49	teherebuku	彭城種美	語釈満洲語	tokto**bumbi**
	49	dere	彭城種美	語釈満洲語	sinda**me**
	50	deribumbi	彭城種美	語釈満洲語	for**iha**
	51	derakū	彭城種美	語釈満洲語	bahana**rakū**
	51	tohon	彭城種美	語釈満洲語	sinda**me**
	51	toro	彭城種美	語釈満洲語	tube**ngge**

付　録　　281

巻	頁	見出し語句	担当者	修正箇所	修正内容
	7	lekerhi	頴川春重	かな表記	レエケエレパイ
	9	—	頴川道香	冒頭担当字頭	lu
	9	luhulebuhebi	頴川道香	語釈満洲語	kuruke babe muhulebuhebi（正しくは luhulebuhebi 見出し語句の部分も白で修正？）
	10	lugiya hengke	頴川道香	語釈日本語訳	略
	10	macihi jafambi	頴川道香	語釈日本語訳	道ヲ **修ルヲ 坐静ト**云。**即** 戒ヲ
	11	mekeni	頴川道香	語釈満洲語	isi**me**
	13	muduri	頴川道香	語釈満洲語	u**ju**
	14	muke be necin obure tampin	頴川道香	語釈日本語訳	同**ウ**シテ
1 下	15	muke be necin obure tampin	頴川道香	語釈満洲語	**m**uke
	15	muke dendere tampin	頴川道香	語釈日本語訳	後
	15	muke dendere tampin	頴川道香	語釈満洲語	ergi fejileken
	17	cecike tatara asu	頴川雅範	語釈日本語訳	**サキニ**
	25	yeye handu	彭城雅美	かな表記	**エ**ヱ**エ**ヱ
	25	yeye šušu	彭城雅美	かな表記	**エ**ヱ**チエ シオシオ**（チエ シオシオはそのまま）
	25	yeru	彭城雅美	かな表記	**エ**ヱ**ルウ**
	25	yehere	彭城雅美	かな表記	**エ**ヱ**ケ**エ**ルエ**（ケエはそのまま）
	25	yekengge haha	彭城雅美	見出し満洲語	**ye**kengge
	25	yekengge haha	彭城雅美	かな表記	**エ**ヱ**ケエンカエ**
	26	yolo	鉅鹿篤義	語釈日本語訳	*ハグ*（訂正前は「バ」）

巻	頁	見出し語句	担当者	修正箇所	修正内容
1下	29	geren goloi baita be icihiyara bolgobure fiyenten	鉅鹿篤義	かな表記	イツイハイヤアルア
	32	hereku	鉅鹿篤義	語釈満洲語	baita**larangge be**
	33	kina ilha	鉅鹿篤義	語釈日本語訳	窄（セマク）
	36	hukun	蘆塚恒徳	語釈満洲語	ehe sara buraki be
	38	fiyenten	彭城昌宣	語釈日本語訳	諸
	38	fika	彭城昌宣	語釈日本語訳	如キホ**ド**ニシテ
	40	foyoro	彭城昌宣	語釈満洲語	jancuhūn
	40	fulun caliyan icihiyara ba	彭城昌宣	かな表記	イツイハイヤアラア
	41	wahangga singgeri	彭城昌宣	語釈満洲語	aniyain**gge** gūi**mali**
	41	wecere juktere bolgobure fiyenten	彭城昌宣	語釈満洲語	bol**go**bure
	41	wesimbure bithe arara ba	彭城昌宣	かな表記	アルアルア
2上	5	—	官梅盛芳	訳編者氏名	官梅 **盛芳**
	8	iletu kiyoo	官梅盛芳	語釈日本語訳	椅子ノ（コシカケ） 同ヤウニ（ゴトキ）
	8	ilingga hiyan	官梅盛芳	かな表記	イリインカア
	10	ule	官梅盛芳	語釈日本語訳 (ルビ)	吃（クラ）フ
	10	ūren	官梅盛芳	かな表記	ヲルエム
	17	galai amban	高尾延之	かな表記	カアララア井
	18	garudangga yengguhe	高尾延之	語釈日本語訳	五ツ彩ノ（トホリ）
	18	galai fileku	高尾延之	語釈日本語訳 (ルビ)	作（コシラヘ）
	19	hafan -i jurgan kungge yamun	高尾延之	語釈満洲語	**pilehe wesimbure bithe** selgiye**re**
	21	goroki be bilure bolgobure fiyenten	高尾延之	語釈日本語訳	貝子

付 録　　283

巻	頁	見出し語句	担当者	修正箇所	修正内容
2上	22	hoseri dengjan	高尾延之	語釈満洲語	lakiyafi
	23	horonggo yangsangga deyen i bithe weilere ba	高尾延之	語釈満洲語	han
	23	hotoci	高尾延之	語釈日本語訳	樹ノ 同（コトク）
	24	kūwaran faidan usiha	高尾延之	語釈日本語訳	蓋ノ下ニ
	25	hūjaci be kadalara ba	彭城昌宣	語釈満洲語	kadalame
	25	hūšahū	彭城昌宣	語釈日本語訳	小ク
	28	biregen	彭城昌宣	語釈日本語訳	柳條邊
	28	biyalari ilha	彭城昌宣	漢語訳	月季花
	29	biyangga inenggi	彭城昌宣	語釈日本語訳	此
	29	bolori be bodoro hafan	彭城昌宣	語釈満洲語	bolori
	31	—	穎川春重	訳編者名	穎川陽重譯編
	35	sara	穎川春重	語釈日本語訳	項（ヲモテ）
	37	sabingga sence	穎川春重	語釈日本語訳	珊瑚ノ
	41	somiha saisa	蔡正邦	語釈満洲語	baitalaburakūngge
	43	šori	蔡正邦	語釈日本語訳	米穀
	46	šu be badarambure temgetun	彭城廣林	語釈日本語訳	旌ノ 同（ゴトク）（修正前は「ニ」）
	46	tacikū de enggelembi	彭城廣林	語釈満洲語	enggelelefi（正しくは enggelefi）
	47	tafuršambi	彭城廣林	かな表記	ダアフウレシアモピイ
	48	tetušembi	彭城廣林	かな表記	デエヅウシエモピイ
	50	temen cecike	彭城廣林	語釈日本語訳	駱駝ノ 同シ（コト）
	50	tetun	彭城廣林	語釈日本語訳	盛ル者ヲ（イレ）
	50	deribure giyangnan	彭城廣林	かな表記	キイヤアンナアム
	50	dele hargašambi	彭城廣林	かな表記	ハアレカアシアモピイ
	51	tojingga šun dalikū	彭城廣林	語釈日本語訳	體験（ウツシテ）

巻	頁	見出し語句	担当者	修正箇所	修正内容
2下	7	tukiyari cecike	神代定光	語釈日本語訳	因リ （修正前は「因リテ」）
	9	latubuha afaha	神代定光	語釈満洲語	hacin be **afaha de sar**kiyame
	9	lakiyakū hacuhan	神代定光	かな表記	ラアケイヤアケウハ アツウハアム
	9	lakiyakū hacuhan	神代定光	語釈満洲語	buda bujurengge
	9	lakiyakū hacuhan	神代定光	語釈日本語	掛鍋 （掛がやや変）
	10	lekembi	神代定光	語釈満洲語	jeyan banjibume （jeyan は jayan の間違いか？）
	11	lobi hutu	蘆塚恒徳	語釈満洲語	lobi hutu
	14	mederi juwere calu	蘆塚恒徳	語釈満洲語	gemun hecen -i
	17	ceku	彭城種美	語釈日本語訳 （ルビ）	踾〔ノル〕
	17	cekemu	彭城種美	語釈満洲語	ergi（圏点部分）
	17	cekemu	彭城種美	語釈日本語訳 （ルビ）	絨頭〔イトグチ〕
	18	cira mangga	彭城種美	語釈満洲語	obu**habi**
	18	cohonggo kingken	彭城種美	かな表記	ツオハオンカオ
	19	cobangga gin	彭城種美	語釈日本語訳	棹〔サヲ〕 高キ所ニ
	20	jakūn gūsai ne beidere baita icihiyara ba	彭城種美	語釈満洲語	ang**gala**
	20	jakūn gūsai ne beidere baita icihiyara ba	彭城種美	語釈日本語訳	農家ニ 為〔ツイテ〕 訟〔ウツタヘ〕タル 事 ヲ
	22	jakanabumbi	彭城種美	語釈日本語訳 （ルビ）	哄〔アザムイテ〕 （ムイテの箇所）

巻	頁	見出し語句	担当者	修正箇所	修正内容
2下	27	juwere jekui baita be tefi icihiyara hafan	鉅鹿篤義	かな表記	**チ**ウワエルエ
	28	yahana coko	鉅鹿篤義	語釈日本語訳	頭ニ
	29	yadali cecike	鉅鹿篤義	語釈日本語訳（ルビ）	斑（ゴマフ）
	29	yacin ūn cecike	鉅鹿篤義	かな表記	ツエツイケエ（さらに ūn のかな表記が完全欠如している）
	32	kesi be tuwakiyara gurun de aisilara gung	衆学生	見出し満洲語	**kesi** be
	33	giyamun tebumbi	衆学生	語釈日本語訳	報（トイケ）
	34	gidaha	衆学生	見出し満洲語	gidaha（圏点部分）
	34	giyen gasha	衆学生	かな表記	カアス**ハ**ア
	36	giyahūn ujire ba	衆学生	見出し満洲語	ba（訂正前は be だったと思われる）
	37	hidakū	石﨑親之	語釈日本語訳	簾ニ
	40	huwejen	石﨑親之	語釈日本語訳	出口
	43	—	游龍俊之	訳編者名	游龍俊之譯編
	44	fi -i ulgakū	游龍俊之	かな表記	ウルカア**ケウ**
	46	fulehun baimbi	游龍俊之	語釈満洲語	šele**re**
3上	10	ejeku hafan	呉為祥	語釈満洲語	**hafan**
	15	ohotono	官梅盛芳	かな表記	オ°ハオ**ドオ**ノオ
	18	uyunju dulefun -i durungga tetun	官梅盛芳	かな表記	ツウルウンカ**ア**
	19	uyunggeri ibereleme miyoocalambi	官梅盛芳	かな表記	ミイヨ**オ**ウツアラアモピイ

286

巻	頁	見出し語句	担当者	修正箇所	修正内容
	19	uyan lala	官梅盛芳	語釈満洲語	uyan
	21	namarambi	神代定光	漢語上の赤丸	削除
	21	narambi	神代定光	漢語上の赤丸	削除
	21	nami	神代定光	漢語上の赤丸	削除
	21	nami	神代定光	語釈満洲語	araha elgin -i etuku
	22	nikan hergen	神代定光	語釈日本語訳	挙 音声ニ ^{ヒキ}
	24	niyamani adage dadage madage	神代定光	漢語上の赤丸	削除
	25	nikekungge sektefun	神代定光	見出し満洲語	nikekungge
	25	ni gidambi	神代定光	語釈日本語訳	人ノ
	25	norombi	神代定光	語釈満洲語	ba ci
	27	karu temgetu	石﨑親之	見出し満洲語	karu
	33	kotoli	石﨑親之	語釈満洲語	inu kotoli sembi
3 上	33	golo	彭城昌宣	かな表記	カオロオ
	35	hoton -i da	彭城昌宣	かな表記	ハオドオムニ
	35	horonggo cecikengge mukšan	彭城昌宣	かな表記	ツエツイケエンカエ
	36	horilakū asu	彭城昌宣	語釈日本語訳	泊 ^{カヽル}
	38	hūyasun	彭城昌宣	語釈日本語訳	鷹 小鷹 ^{コタカ}
	42	bešeme agambi	潁川春重	語釈満洲語	bešeke
	44	boconggo tugi	潁川春重	見出し満洲語	boconggo tugi
	45	boje	潁川春重	語釈日本語訳 （ルビ）	記 ^{シルス} （スの部分、修正前は「シ」）
	47	poror seme	潁川春重	かな表記	ボオルオレ
	49	šajingga sabsikū	彭城廣林	漢語上の赤丸	削除
	50	šu ilhai hitha	彭城廣林	語釈満洲語	niyaman
	50	šu ilhai hitha	彭城廣林	語釈日本語訳	蓮花

付録　　*287*

巻	頁	見出し語句	担当者	修正箇所	修正内容
3上	53	tafukū	彭城廣林	語釈満洲語	tangkan
	54	tatara gurung	彭城廣林	語釈満洲語	bodome banjibuha
3下	7	dasihire hafan	蔡正邦	語釈満洲語	da -i sirame
	8	teliyeku	蔡正邦	語釈満洲語	moo **be**
	10	deberen	蔡正邦	語釈満洲語	yaya ergengge
	14	toroi etuku （正しくは doroi）	早野晴貞	語釈満洲語	erkume （正しくは ergume）
	14	tulergi gurun	早野晴貞	かな表記	ヅウレエレ**カイ**
	17	tuhe	早野晴貞	語釈日本語訳	同ク^{ゴト}
	19	lasihikū tungken	蘆塚恒徳	語釈満洲語	acing**giyame**
	22	mayan	蘆塚恒徳	語釈日本語訳	手
	23	marimbu wehe	蘆塚恒徳	語釈日本語訳	色 **有**リ
	26	cuseri toro ilha	鉅鹿篤義	語釈日本語訳	葉ノ 同^{コトシ}
	28	jeku be baicara tinggin	鉅鹿篤義	かな表記	テイン**カイム**
	28	jeseri	鉅鹿篤義	語釈日本語訳	擦 飛^{スリツイテトビ} （ビの部分）
	29	jilihangga hehe	鉅鹿篤義	かな表記	チイリイハアン**カア**
	29	jilihangga sargan jui	鉅鹿篤義	かな表記	チイリイハアン**カア**
	29	jiha -i kemneku	鉅鹿篤義	かな表記	**ケエモ子エケウ**
	30	joringga -i yarum	鉅鹿篤義	かな表記	**ヤアルウム**
	33	yatarakū miyoocan	游龍俊之	語釈満洲語	mi**yoocan sembi**
	34	yeye	游龍俊之	語釈満洲語	dalhi
	35	kenehunjembi	游龍俊之	かな表記	ケエ子エハウムチエ **モピイ**
	45	―	彭城種美	担当語句数	四字頭四十言
	47	gurun -i juse be hūwašabure yamun	彭城種美	見出し満洲語	hūwa**šab**ure

巻	頁	見出し語句	担当者	修正箇所	修正内容
3 下	47	huwekiyebun	彭城種美	語釈満洲語	**m**ujilen
	48	huwejehengge tojin	彭城種美	見出し満洲語	huweje**h**engge
	49	huwethi	彭城種美	語釈満洲語	fu**n**iyehe ada**li**
	49	falu	彭城種美	語釈満洲語	nin**gge**
	50	falu	彭城種美	語釈満洲語	sere**ngge**
	50	fakū	彭城種美	語釈日本語訳 （ルビ）	口^{デグチ} （チの部分）
	50	fenehe cecike	彭城種美	かな表記	フエ子**エ**ハエ
	50	fenihe ulhūma	彭城種美	かな表記	フエニ**イ**ハエ
	51	felere antaha	彭城種美	かな表記	フエ**レ**エルエ
	51	fiyan tuwabumbi	高尾延之	語釈日本語訳	整^{ソロヘテ} （ソロの部分）
	51	fiyan tuwabumbi	高尾延之	語釈満洲語	**fiyan tuwabumbi**
	53	fika jinggeri	高尾延之	語釈満洲語	jin**ggeri be**
	53	fiyelengkū （正しくは fiyelenggū）	高尾延之	語釈日本語	雌
	53	fisin	高尾延之	語釈満洲語	yali sembi
	54	fodoba	高尾延之	語釈満洲語	niowanggiya**kan**
	54	fuseli	高尾延之	見出し満洲語	fuseli

付　録　　*289*

あとがき

　大学院博士後期課程時代の 2007 年、筆者は指導教員だった久保智之先生発案のもと、長崎歴史文化博物館に幕末の唐通事が編纂した満洲語の辞書があると、先生の指導学生だった大学院生数名らとともに、文献調査に訪れる機会を得ました。このとき閲覧したのが、本書で扱った『翻訳満語纂編』と『翻訳清文鑑』です。今思えば、満洲語学の世界ではそれなりに有名だったこの辞書を当時初めて見知った筆者は、原本を目の当たりにして当時の唐通事たちの満洲語学習に対する努力にある種の感慨を覚えた記憶があります。今ほど教科書や参考書もない時代にどうやってこれを編纂したのだろう、と。そのときは時間的な制約もあって詳細な調査をするには至りませんでしたが、まもなく 2009 年 9 月、筆者は長崎市内にある前任校に奉職することとなりました。就任直後まだ比較的時間のあった筆者は、これは何かの宿命だと思い、すぐさま長崎歴史文化博物館に通いはじめました。ですが、すぐに忙しくなってなかなか思ったように研究ははかどらず、気がつけばあれからちょうど 10 年がたちました。その間、本書で扱ったテーマに関して、少しずつ学会での口頭発表や学会誌などへの論文投稿を行なってきました。本書は主にこれまで発表してきた内容を再整理し、その後新たに明らかになった事実を加筆、あるいは明らかに誤りと分かった箇所を修正したものです。初出は次の通りです。

〔初出論文〕
(1) 「『翻訳満語纂編』の語彙選抜基準」『Current Trends in Altaic Linguistics (A Festschrift for Professor Emeritus Seong Baeg-in on his 80th Birthday)』、159 ～ 202 頁、2013.11
　　→ 第 2 章に反映。
(2) 「『翻訳満語纂編』と『清文鑑和解』の編纂過程」『長崎外大論叢』第 17 号、61 ～ 80 頁、2013.12
　　→ 第 1 章と第 7 章に反映（ただし大幅に加筆、修正を加えた）。

(3) 「『翻訳満語纂編』の満洲語かな表記について」『満族史研究』第 12 号、27 〜 52 頁、2013.12

　　→ 第 3 章に反映。

(4) 「『翻訳満語纂編』の見出し満洲語について」『九州大学言語学論集』第 35 号、329 〜 345 頁、2015.3

　　→ 第 4 章に反映。

(5) 「『翻訳満語纂編』の語釈における日本語の誤訳について」『長崎外大論叢』第 21 号、61 〜 73 頁、2017.12

　　→ 第 5 章に反映。

(6) 「『翻訳満語纂編』の満洲語語釈に対する日本語訳の原則」『Diversity and Dynamics of Eurasian Languages (Contributions to the Studies of Eurasian Languages Series20)』、321 〜 344 頁、2018.3

　　→ 第 5 章に反映。

　本書では、唐通事がなぜ満洲語を学んだのかという問いに対して、やや穿った推論を行なっています。唐通事が満洲語を学んだのは、町年寄（ひいては長崎奉行或いは幕府）からの命が下ったからです。ですが、唐通事と同時期に阿蘭陀通詞が学んだ英語はさておき、レザノフ来航から半世紀近くたった 19 世紀の半ばの日本において、満洲語を学ぶ積極的な理由はなかったと思われます。なぜ町年寄は唐通事に満洲語の学習を命じた（ことになっている）のでしょう。公文書等で依然として満洲語が使われていたとはいえ、清（中国）との外交は漢語（中国語）ができれば充分だったはずです。本文中では唐通事ら自身のポストの維持と職位の昇格が目的ではなかったろうか、と述べました。ただ確たる証拠はありません。真相は闇の中です。ですが、こういった点も日本における外国語学（研究）史の一端と見ることができるでしょう。

　いずれにせよ、長崎唐通事の編纂した満洲語辞書が、高橋景保の成果と合わせて、日本における満洲語学の嚆矢の一つであることに疑いの余地はありません。高橋景保の遺した満洲語に関する研究については、既に新村出博士（新村 1914）や上原久氏（上原 1961、1962、1963a、1963b、1964、1965、1977）による一連の優れた業績があります。一方の唐通事については、これまで戦前に新村

出博士や羽田亨博士が着目して書誌学的な考察を加えて以来（新村 1917、羽田 1936）、40 年間ほど放置されていたところ、1971 年に上原久氏が一篇の論文において若干の言語学的考察を加えたのが事実上の最後でした。それからさらに 40 年間余り経った今回、本書がこれまでの研究をわずかにでも進展させられたとしたら、これに勝る喜びはありません。一方で、本書には部分的にしか明らかにできなかった課題も残されています。特に、訳編者別の綿密な分析、すなわち、訳編者間の満洲語能力の比較や、複数年辞書編纂に関わった訳編者の年ごとの満洲語能力の変化などの詳細な考察は、学習と並行して辞書の編纂が行なわれていたのであれば必要となってきますが、歴博本と濯足本の詳細な比較を含め、今後の課題です。

　末筆ながら、文献閲覧に際して労を惜しまずご協力くださった長崎歴史文化博物館と駒澤大学図書館の関係者の皆様、筆者の口頭発表や論文発表に対し、大変有益なコメントをくださった学会員と査読者の方々、『清文鑑』の検索ソフトの使用をご快諾くださいました栗林均先生（東北大学名誉教授）、漢文読解にご助言くださった野田雄史先生（長崎外国語大学准教授）、本書の刊行に手を挙げてくださった明石書店編集部の神野斉部長、その明石書店に筆者をつないでくださった姫野順一先生（長崎大学名誉教授）、恐らく普段の仕事以上に煩雑だったろう本書の編集と校正を引き受けてくださったエムスの金野博さんと松田宇宙太さん、そして最後に、筆者に満洲語をご指導くださり、文献の存在をご教示くださった久保智之先生に、改めてこの場を借りて感謝の意を表します。上記の方々によるご協力、ご助言、ご教示のどれか一つでも欠けていたら、本書は成りえなかったに相違ありません。

令和元（2019）年 6 月 30 日

平成と長崎生活最後の年に　　著者記す

＊本研究の一部は、「平成 29 年度長崎県学術文化研究費補助金（若手等育成型）」（研究課題：「長崎唐通事の満洲語学習と辞書編纂に関する研究」、研究代表者：松岡雄太）の助成を受けて実施されたものです。また、本書の刊行に際しては「令和元年度 科学研究費補助金（研究成果公開促進費「学術図書」）課題番号：19HP5059」の助成を受けています。

人名索引

あ行

愛新覚羅溥儀　222

蘆塚五郎助(蘆塚恒徳)　29, 39, 53, 100, 168, 189, 228, 229, 232

阿部伊勢守(阿部正弘)　44

石﨑(嵜)次郎[太](石﨑(嵜)親之)　29, 122, 135, 166, 172, 186, 188, 198, 229

岩瀬弥四郎　237

穎川君平　28, 30, 232, 233

穎川君平(穎川雅範)　26, 30, 32, 141-143, 183, 226, 230, 232

穎川仁十郎　16, 24

穎川藤吉郎(穎川道香)　30, 32, 171, 174, 178, 204, 230

穎川藤三郎(穎川道恭・陳勲)　22, 25, 32, 226-228, 231, 234

穎川保三郎(穎川春重・穎川重寛)　26, 28, 30, 32, 33, 39, 40, 51, 75, 83, 101, 122, 134, 174, 182, 204, 209, 210, 218, 228, 230-237, 239

鉅鹿太作(鉅鹿篤義)　28, 47, 65, 69, 71, 72, 74, 75, 81, 83, 141-143, 155, 174, 190, 192, 199, 216, 232

太田源三郎　25, 231

岡部駿河守　231

荻生徂徠　3

か行

何禮之助　25, 231

金沢庄三郎　194, 195, 205

川村対馬守　45, 224, 231

官梅源八郎(官梅盛芳)　29, 39, 227

清河磯次郎　232

神代太十郎　16, 24, 33

神代時次(神代延長)　30, 32, 33, 67-69, 73, 74, 117, 227, 228, 230, 232, 239

神代時次(神代定光)　30, 67, 68, 75, 104, 182, 186, 187, 200, 227, 228

呉榮正　232

呉碩三郎(呉為祥)　31, 32, 121, 228-230

呉泰蔵　31, 232

呉定次郎(呉定四郎)　16, 24, 32

呉藤次郎　31

呉用蔵　31

古賀十二郎　19

さ行

蔡恒次郎(蔡正邦)　29, 51, 53, 67, 69, 70, 100, 122, 229

蔡慎吾　19, 50, 51

彭城常三郎(彭城雅美)　30, 33, 174, 178, 230

彭城助次郎(彭城種美)　28, 47, 66-69, 72, 74, 81, 138, 168, 174, 185, 186, 188, 190, 200, 230, 238

彭城仁左衛門　16, 24, 33

彭城政次郎(彭城永祥)　30, 47, 75, 131, 188, 230

彭城大次郎(彭城昌宣)　25, 26, 28, 33, 39, 47, 53, 81, 100, 174, 183, 185, 188, 231, 232

彭城太次兵衛　16, 24, 33

彭城定三(彭城廣林)　26, 29, 39, 67, 166, 230

彭城昌實　232

衆学生　31, 51, 185, 200

スターリング　224

293

た行

高尾宗三（高尾延之）　28, 31, 32, 39, 53, 131, 138, 141, 186, 187, 190, 230, 232

高尾和三郎　32

高島作兵衛　21, 41

高島四郎兵衛　16

高橋景保　3, 16-18, 93, 115, 137, 144, 221

鄭右十郎（鄭永寧）　26, 27, 31-33, 39, 47, 51, 53, 69-71, 75-77, 83, 100, 134, 166, 168, 189, 199, 230-239

鄭永昌　236

鄭永邦　194, 236

鄭幹輔（鄭永昌・鄭昌）　22, 24, 25, 27-29, 31, 32, 51, 189, 205, 226, 227, 230-232, 236, 238, 239

東海安兵衛　16, 24

な行

名村五八郎　237

西吉兵衛　22

は行

早野新次郎（早野志明）　30, 31, 69, 72, 73, 117, 227, 238

早野新次郎（早野晴貞）　31, 227, 238

馮六　6

平井義十郎　25, 231

平井考三郎　16, 24

平野栄三郎（平野祐之）　33, 232

平野繁十郎（平野祐長・馮璞）　22, 24, 33, 48, 51, 199, 232, 234

平野平兵衛（平野祐義）　33

福田猶之進　21, 41

プチャーチン　224, 237

ペリー（ペルリ）　44, 224, 237

堀達之助　237

堀利熙　237

ま行

マクゴーワン（Daniel Jerome MacGowan）　25, 28, 231

マクドナルド（Ranald Macdonald）　22, 115, 223

向井元升　49

森山栄之助　22, 237

や行

游龍鷹作　232

游龍彦三郎（游龍俊之）　25, 29, 32, 75, 137, 166, 172, 173, 181, 186, 218, 230-232

游龍彦十郎　32, 51

楊又四郎　16, 24

ら行

ラングスドルフ（G. H. von Langsdorff）　16

レザノフ（Resanoff）　16, 19, 22, 220

蘆高朗　29, 232

著者紹介

松岡 雄太（まつおか　ゆうた）

1978 年福岡県京都郡生まれ。関西大学外国語学部准教授。専門は朝鮮語・モンゴル語・満洲語などの東アジア諸言語を対象とする言語学。九州大学大学院人文科学府言語・文学専攻博士後期課程修了。博士（文学）。長崎外国語大学外国語学部講師、同准教授を経て、2019 年 4 月より現職。主な著作に「《捷解蒙語》와 満洲語資料의 關係」（『알타이학보』第 15 号）、「蒙学三書の編纂過程―"語套"の観点から見た"蒙文鑑"―」（『日本モンゴル学会紀要』第 36 号）などがある。

長崎唐通事の満洲語学

2019年10月31日　初版第 1 刷発行

著　者	松　岡　雄　太
発行者	大　江　道　雅
発行所	株式会社　明石書店

〒 101-0021 東京都千代田区外神田 6-9-5
電　話　03（5818）1171
ＦＡＸ　03（5818）1174
振　替　00100-7-24505
http://www.akashi.co.jp

組　版	株式会社エムス
装　丁	明石書店デザイン室
印　刷	株式会社文化カラー印刷
製　本	本間製本株式会社

ISBN978-4-7503-4923-7

Printed in Japan　　　　（定価はカバーに表示してあります）

JCOPY 〈出版者著作権管理機構 委託出版物〉
本書の無断複製は著作権法上での例外を除き禁じられています。複製される場合は、そのつど事前に出版者著作権管理機構（電話 03-5244-5088、FAX 03-5244-5089、e-mail: info@jcopy.or.jp）の許諾を得てください。

古写真に見る 幕末明治の長崎

姫野順一 著

長崎大学附属図書館所蔵の幕末・明治期古写真コレクションを通して、日本の伝統と西洋、中国の文化的影響が溶け合う長崎の独特の街と人々の姿が鮮やかに甦る。朝日新聞連載のコラム「長崎今昔」（2007年6月〜13年3月）を再構成し書き下ろしを加える。

■A5判／並製／216頁 ◎2000円

●内容構成●

はじめに

序　章　"異域"長崎と古写真
第一章　幕末開港、世界史の中へ
第二章　坂本龍馬と勝海舟　維新のうねり
第三章　長崎外国人居留地
第四章　古くて新しい中国との交流
第五章　文明開化
第六章　江戸の残像、明治の光
終　章　幕末明治を撮った日本人写真師

あとがき

F.ベアト写真集1・2
横浜開港資料館編

1 幕末日本の風景と人びと
2 外国人カメラマンが撮った幕末日本

◎1巻2800円
◎2巻2200円

幕末・明治の横浜　西洋文化事始め
斎藤多喜夫著

◎2800円

キリシタンが拓いた日本語文学
郭南燕編著

◎6500円

アイヌ語古語辞典
平山裕人著

◎8600円

言葉のなかの日韓関係
教育・翻訳通訳・生活
徐勝、小倉紀蔵編

◎2200円

消滅の危機に瀕した中国少数民族の言語と文化
ホジェン族の「イマカン（英雄叙事詩）」をめぐって
于暁飛著

◎7000円

先住・少数民族の言語保持と教育
カナダ・イヌイットの現実と未来
長谷川瑞穂著

◎4500円

言語と教育
多様化する社会の中で新たな言語教育のあり方を探る
杉野俊子監修　田中富士美、波多野一真編著

◎4200円

〈価格は本体価格です〉